彭恒利 著

民族汉考(MHK)与教育测量理论应用研究

北京语言大学出版社
BEIJING LANGUAGE AND CULTURE UNIVERSITY PRESS

图书在版编目（CIP）数据

民族汉考（MHK）与教育测量理论应用研究 / 彭恒利著 .-- 北京：北京语言大学出版社，2015.9
ISBN 978-7-5619-4208-6

Ⅰ. ①民… Ⅱ. ①彭… Ⅲ. ①汉语－少数民族教育－教育测量－研究 Ⅳ. ① H19

中国版本图书馆 CIP 数据核字（2015）第 120418 号

民族汉考（MHK）与教育测量理论应用研究
MINZU HANKAO (MHK) YU JIAOYU CELIANG LILUN YINGYONG YANJIU

排版制作：北京创艺涵文化发展有限公司
责任印制：姜正周

出版发行：北京语言大学出版社
社　　址：北京市海淀区学院路 15 号，100083
网　　址：www.blcup.com
电子信箱：service@blcup.com
电　　话：编辑部　8610-82303390
　　　　　发行部　8610-82303650/3591/3648
　　　　　北语书店　8610-82303653
　　　　　网购咨询　8610-82303908
印　　刷：北京中科印刷有限公司

版　　次：2015 年 9 月第 1 版　　印　　次：2015 年 9 月第 1 次印刷
开　　本：787 毫米 × 1092 毫米 1/16　　印　　张：13.5
字　　数：233 千字
定　　价：36.00 元

PRINTED IN CHINA

序

谢小庆

2015 年 4 月 27 日，在美国大城市巴尔的摩发生大规模骚乱，许多建筑物和汽车被烧毁，多名警察受伤。巴尔的摩所处的马里兰州州长宣布该市进入紧急状态，巴尔的摩市实行宵禁。骚乱的原因是 25 岁的黑人青年格雷在被警察拘捕的过程中重伤身亡。近几年，类似因民族关系引发的骚乱在美国的多个地区多次发生。

不同民族和谐相处的问题，不是美国一国的问题，是世界上许多国家共同面临的问题。中国是一个多民族的国家，同样面临着各民族和谐相处问题。为了实现民族和谐相处，需要使各个民族，尤其是少数民族，实现经济发展和文化繁荣。

中国的少数民族人口数量达 1 亿多人，许多少数民族学生需要通过学习汉语来融入主流社会，扩大自己的就业机会，提高自己的就业竞争能力。十几年来，中国少数民族汉语水平等级考试（拼音缩写“MHK”，以下简称“MHK”）在促进少数民族学生汉语学习方面发挥了重要的作用。

在很长的时间里，少数民族地区的汉语教学主要沿用普通汉族学校语文课的教学模式，忽视第二语言教学规律，过于强调对语文知识的记忆而忽视对实际言语交际能力的训练，过于强调语文知识的系统完整而忽视言语能力的培养，过于强调语法的分析而忽视语感的体验，过于强调对少数课文掰开揉碎的“精读”而忽视开拓学生的视野。这种偏向使学生把大量精力用于死记硬背语言知识，使教师把对作品思想意义、篇章结构或文学特色的概念化、标准化分析作为汉语教学的重点。结果，汉语教学效果很不理想。

我本人曾经就汉语教学问题在新疆、内蒙古等少数民族聚居地区进行过调研。调研发现，在 MHK 被引入这些地区以前，这些地区的汉语教学与内地欠发达地区的英语教学很相似，少、慢、差、费。像内地许多学习了多年的英语的学生仍然不具备英语交流能力一样，许多学习了整整10年汉语的少数民族孩子，仍然不能说汉语，不能写汉语。尽管花了这样多的课时，却没有取得预期的效果，汉语并没有成为帮助少数民族学生完成学习和工作任务的有效工具，并未增加他们的就业竞争力，并未帮助他们拓宽自己的人生发展道路。无疑，这是一种对少数民族孩子生命的浪费。

今天，中国教育改革的一个重要主题是用“素质教育”取代“应试教育”。之所以有“应试教育”与“素质教育”的对立，就是因为考试所考查的不是“素质”而是“背书”。一旦考试可以考查“素质”，应试教育与素质教育就得以统一。

中国是一个考试大国，各种各样的考试五花八门，但真正能够促进素质教育的考试却难得一见。由教育部民族教育司组织开发、教育部考试中心具体实施的MHK在全国少数民族地区的推广，是一个考试推动素质教育的成功范例，是一个应试教育与素质教育得以统一的成功范例，代表了今后中国考试改革和教育改革的方向，为全中国做出了一个好的榜样。

之所以这样说，主要有这样一些理由：

1. 促进了汉语教学从“知识记忆”向“能力发展”的转变

在很长时间内，少数民族的汉语教学都是简单模仿汉族学校的语文教学。被模仿的汉族学校的语文教学，本身就存在很大的问题。从小学到高中毕业，语文一直是主课，是花费学生学习时间最多的课程之一。语文课的效率受到广泛的质疑。

模仿传统母语教学的少数民族汉语教学，更是违背了第二语言教学规律，忽视了第二语言学习的特点。在MHK中，倡导了“教语言、考语言”的教学和测试方向。学习汉语与学习汽车驾驶具有某种相似之处。少数民族汉语教学应该培养的是“驾驶员”，而不是“修理工”。“修理工”需要掌握有关汽车的机械系统、传动系统、电路系统、冷却系统等方面的专业知识，“驾驶员”则不一定需要掌握这些方面的知识。与学习汽车驾驶相仿，学习汉语是为了借助汉语这个工具在知识的海洋中遨游。少数民族汉语教学应该培养的是汉语工具的使用者，而不是汉语的研究者，不是语言学者，更不是文学家。因此，汉语教学必须以提高学生的实际汉语应用能力和交际能力为目标。语言测试应以考查语言实际交际能力为主。

2. 将语法的考查寓于语言交际能力的考查之中

一些必要的语法知识是第二语言学习的重要“拐棍”。学习一定的语法知识可以促进第二语言的学习，可以使学习者在第二语言学习中取得事半功倍的效果。但是，学习语法是手段，不是目的，学习语法的目的是提高汉语交际能力。

许多语法知识与语言能力没有关系。例如，“我头疼”的主语是什么？是“我”还是“头”？（正确答案是“我”）这是一个语法知识问题。无论是汉族学生还是少数民族学生，都不一定需要掌握这类语法知识。一个少数民族学生，他头疼的时候会对汉族医生用汉语说“我头疼”，他的汉族朋友用汉语说“我头疼”的时候他理解自己朋友的痛苦，就可以了，就足够了，他并不一定需要知道这句话的主语是“我”还是“头”。

因此，MHK 不直接考查语法知识，而是将对语法的考查寓于对听、说、读、写等语言技能的考查之中，在语用之中考查语法。MHK 不要求考生记忆特定的语法知识和语法概念。

3. 不依赖于特定教材

MHK 没有指定教材，不以任何特定教材为依据。一些汉语教师曾经对此不理解，认为这种脱离教材的考试“破坏了正常教学秩序”，“鼓励了应试教育”，“使汉语教师无所适从”，“使汉语课没法教了”。MHK 没有被这些议论所动摇，坚持了自己的理念。以往，从母语教学到第二语言教学，曾经存在“教一本书、学一本书、背一本书、考一本书”的情况。在这种情况下，虽然有的学生通过背书取得了似乎不错的成绩，但实际的汉语交际能力并不高。MHK 改变了这种局面。MHK 的理念是：好的教材、好的教法都是针对特定的教师条件和学生特点而言，不存在脱离特定教师条件和学生特点的普遍适用的好教材、好教法，不存在“放之四海而皆准”的好教材、好教法。适用于克拉玛依、石河子的汉语教材和汉语教法，并不一定适合于和田、喀什地区。适用于延边的教材教法，不一定适用于新疆。汉语教学需要“因材施教”，需要实事求是，需要依靠广大教师和教学研究人员的创造性劳动。为了提高汉语教学质量，为了改变汉语教学效率低的局面，需要广大教师和教学研究人员的创造性发挥。只有在教材编写、教法创新方面造成一种“千帆竞发”“百舸争流”的局面，才能开创出汉语教学的新局面，才能在汉语教学领域实现素质教育。

4. 编制了 MHK 字表和词表

为了给命题工作提供依据，MHK 编制了《中国少数民族汉语水平等级考试字词表》，对命题使用的字和词进行了分级。同时，该字词表作为教育部 2002 年颁布的《全日制民族中小学汉语教学大纲（试行）》和 2006 年颁布的《全日制民族中小学汉语课程标准（试行）》的附件，成为国家汉语课程标准的组成部分。课题组新近修订的一、二级字词表作为附件收在教育部 2013 年 12 月颁布的《民族中小学汉语课程标准（义务教育）》之中。

5. 实现了统计等值

MHK 是水平考试和证书考试，必须保证在不同时间、使用不同试卷的考生可以得到公平的对待，必须保证证书的授予标准不随试卷难度而起伏，必须保证不同试卷得分之间具有可比性。如果今年一个标准，明年又一个标准，如果对使用这一份试卷的人一个标准，对使用另一份试卷的人又一个标准，那么，不仅会大大影响考试的信度和效度，而且会对有关的决策产生误导，会使考生受到不公平的对待。将测验不同版本的分数统一在一个量表上的过程即等值。等值是测验公平性的保证。尽管我们在命题过程中总是尽量保持考试难度的稳定性，但不同试卷之间在难度、信度、分数分布方面的差别很难完全避免，这种差别会使考生受到不公平的对待。同时，实现题目等值是题库建设的需要，是实现计算机化考试的前提。MHK 一直坚持统计等值，考试的所有正式试卷都被等值到同一份标准试卷。

6. 实现了保证考试公平性的 DIF 分析

MHK 考试能否公平地对待蒙古族和维吾尔族的考生？能否公平地对待男生和女生？能否公平地对待在不同地区参加考试的考生？能否公平地对待文科和理科背景的考生？这些问题关系到考试的公平性。MHK 运用

Mantel-Haenszel 方法、标准化（Standardization）方法、Sibtest 方法、Raju 面积测量法和 Lord 卡方检验法等试题功能特异性分析（DIF）方法，坚持对试题的公平性进行统计分析，保证了考试的公平性。

7. 实现了主观性试题网上阅卷的实时动态评分误差控制

借助计算机和网络系统，MHK 实现了对作文、口试等主观性试题阅卷评分的实时动态误差控制，对阅卷员的评分状况进行全程计算机自动监控，随机对阅卷员的评分准确性进行抽查监测，及时发现阅卷员评分尺度把握过严或过宽的情况，对阅卷员的评分表现进行动态评价，及时对阅卷员进行提醒。

8. 实现了基于人工智能与语音识别技术的口语计算机“人机对话”式测试

MHK 实现了口语的计算机“人机对话”式测试。考试时，试题在计算机屏幕上呈现，考生根据计算机屏幕上的提示，面对麦克风回答问题，考生的语言答题资料被数字化后安全保存。

9. 实现了部分口语试题的计算机自动评分

在 MHK 的口语测试中，包括朗读、封闭性简答题（如夏天之后是什么季节？）和开放性问答题三种题型。朗读题实现了完全计算机自动评分，简答题实现了半计算机半自动评分，问答题则完全由人工评分。目前正在开发问答题的计算机自动评分系统。

10. 开展了主观评分“趋中倾向”的研究

在实现了主观试题评分误差实时动态监控以后，MHK 又面临了新的问题。一些阅卷员为了减少“无效卷”的数量，倾向于打“安全分”，出现了评分的“趋中倾向”。针对这种新的问题，MHK 课题组展开了关于“趋中倾向”监测的研究。

从以上 10 个方面可以看出，MHK 确实是一个考试推动素质教育的成功范例。

《民族汉考（MHK）与教育测量理论应用研究》一书对 MHK 的发展历程进行了总结，对 MHK 发展中遇到的种种问题进行了深入系统的思考，可以带给从事考试研究的同志许多启发，也可以成为教育测量和语言测试专业的参考书。同时，本书的下部深入讨论了主观性试题的评阅和等值、公务员录用考试、考试研发与考试安全、基础教育评价等方面的问题。

如果说，考试分数的连接和等值，关于试题公平性的DIF分析，主观性试题的评分误差控制，主观性试题的计算机自动评分等属于今天国际教育测量研究领域中的“前沿”问题，那么，主观性试题的分数连接，主观性试题评分中“趋中趋势”的探测，高科技集团作弊的甄别防范等，则属于“前沿中的前沿”，属于今天在国际范围内也鲜有人触碰的研究课题，属于教育测量领域中的尖端课题和高难度课题。

我1991年3月进入北京语言大学汉语水平考试（拼音缩写“HSK”）中心从事语言测试工作。那时，本书作者彭恒利同志已经是考试中心的老员工了。他1989年10月就已经在考试中心工作，到今天，他已经在语言测试和教育测量领域中辛勤耕耘了26年。他曾经担任HSK中心的主任助理、办公室主任和考务室主任。从2001年考试中心的MHK研究室成立开始，他一直担任研究室主任。十几年来，他为MHK的发展倾注了极大的心血，克服了许多难以想象的困难，才使MHK获得今天的发展。

通过以上关于MHK的介绍，我们有理由期待，在彭恒利同志和MHK工作团队的共同努力之下，MHK不仅将继续服务于成千上万的少数民族汉语学习者，帮助他们去实现自己的梦想，而且将为许许多多从事考试科学研究的同志们提供一个考试科学化的典范。我们更有理由期待，MHK将通过帮助少数民族学生更好地学习汉语而促进少数民族地区的经济发展和文化繁荣，帮助中国探索出一条实现各民族和谐发展的成功之路，从而使中国在民族团结方面为全世界树立一个典范。

2015年4月30日

目　录

上部

民族汉考（MHK）研究

第一章　研发背景

第一节　项目缘起

一、国内外少数民族的双语教育问题

少数民族的语言教育问题，特别是“双语学习”和“三语学习”问题，是一个国际性的难题。随着全球化进程的加快，人员的迁徙和流动日益频繁，这一难题在不断扩大和加剧。不仅像中国这样历史悠久的多民族国家会有这类的问题，北美、西欧的许多国家对此同样感到棘手。说其棘手，一方面，是要出台相关法律和政策，帮助少数民族掌握官方语言或国家通用语言，更好地融入主流社会，获得较强的生存能力和职业竞争力；另一方面，也要有相关的法律和政策来保护少数民族的民族文化遗产，避免民族语言的消亡。其中涉及法律、政治、经济、文化、宗教、语言等多个层面，稍有遗漏和疏忽，都可能造成无法挽回的损失。虽然世界各国都在探索，也取得了一些成功的经验，但总体讲，这一问题尚未找到很好的解决方式，失败的教训多于成功的经验。

自秦汉起，中国就已成为一个统一的多民族国家。发展到现在，全国除汉族外还有 55 个少数民族。55 个少数民族分别使用 80 多种语言，这些语言分属汉藏、阿尔泰、印欧等语系。由于历史、地理、宗教等因素的影响，各民族的分布形成了“大杂居、小聚居”的格局，各民族间的语言交流成为彼此间生存和发展的现实问题。

有关少数民族语言文字学习使用的问题，国家在《宪法》《民族区域自治法》

和《国家通用语言文字法》等有关法规中，都有明确的规定：各民族一律平等，各民族都有学习、使用和发展自己的语言文字的自由。因此，在少数民族地区实施双语教学是法律赋予公民的基本权利。在我们这个汉族人口占绝大多数的多民族国家中，少数民族要迅速繁荣发展，除了学习使用本族语言文字外，还应加强对国家通用语言文字的学习和使用。因为汉字记载了中国各族人民共同创造的历史文化和经验，汉语是全国各民族相互交际共同使用的语言工具，民汉双语教学有利于促进各民族学生之间的沟通和交流，有利于促进各民族学生的全面发展和终身发展，有利于增强各民族学生的国家意识，有利于增强中华民族的凝聚力。

近年来，世界各大国都在加紧制定自己的语言战略，提升国家处理国内外各种事务的语言能力，利用语言维护国家的信息和文化安全，对内消解社会矛盾、凝聚民心，促进和谐，对外传播国家的文化和理念。众所周知，语言文字应用能力对人的成长及全面发展具有基础性作用。加强少数民族地区双语教育，研究少数民族地区的语言能力评价标准和测评体系，对提升少数民族的语言应用能力、弘扬中华优秀文化、建立中华民族共有精神家园、实现中华民族的伟大复兴具有重要的现实意义和深远的历史意义。

二、国内少数民族双语教育的模式与汉语教学中存在的问题

（一）国内少数民族双语教育的模式

世界各国双语教育现象中一个普遍性的特点是双语教育类型的多样化。在我国，由于民族成分众多，分布交错复杂，社会经济文化发展不平衡以及开展汉语教学的时间、基础等有差异，双语教育类型同样呈现多样化的特点。根据我国少数民族语言文化的特点，许多双语教育专家从不同的角度对双语教育进行了分类。具有代表性的如严学宭（1985）从区域的角度划分出了延边式、内蒙古式、新疆式、西南式和扫盲式；周耀文（1987）从民族地区双语教育体制的角度划分出了双语教育的九种类型；周庆生（1991）根据双语教学计划的附加功能把双语教育分为保存型、过渡型和权宜型三大类。

进入 21 世纪以来，我国的双语教育事业又有了新的发展。根据教育部官方网站的统计，目前全国有 1 万多所学校共使用 21 个民族的文字开展民汉双语教

学，接受双语教育的在校生人数达600多万（张强，2009）。广大教育工作者本着遵循教育规律、满足群众要求的原则，积极探索双语教育发展模式，逐步形成了全部课程使用民族语言文字授课，加授国家通用语言文字课程；全部课程使用国家通用语言文字授课，加授民族语文课程；部分课程使用国家通用语言文字授课，部分课程使用民族语授课；用民族语言辅助教学等四种基本教学模式。

一些少数民族地区根据本地的教学实际，对上述教学模式做了相应的变革和调整。新疆2007年把本区的教育模式分成了三类，2011年又将三类模式改成了两类：模式一，汉语和数学等理科类课程使用国家通用语言文字授课，其他课程使用本民族语言文字授课；模式二，全部课程使用国家通用语言文字授课，开设民族语文课程（李儒忠，2012）。

（二）少数民族地区以往的汉语教学中存在的问题

少数民族地区的汉语教学历史悠久，但正规化、规模化的教学是从20世纪50年代开始的。在20世纪90年代中期以前，少数民族地区各级各类学校的汉语教学，主要沿用普通学校汉语文教学的模式，虽然“教学质量有了明显提高，基本解决了升学就业中对少数民族学生的汉语要求”（阿尔宾达来，1999），但效果不甚理想，少数民族学生实际运用汉语的能力较差。这些问题突出表现在以下几方面：一是沿用普通学校汉语文教学的模式和方法，没有遵循第二语言的教学规律，从少数民族学生学习第二语言的实际出发，建立一套科学的、适合少数民族学生学习汉语实际的教学体系和教学方法；二是汉语与民族语言的评测体制各自为政，缺乏科学的、统一的、规范的评测体系，重知识要求，轻能力考核；三是缺乏民族语言的测评专业人员，没有科学的、规范的评价标准和测试指南，各少数民族地区尚未开发出一套真正意义上的民族语言的标准化考试。

在少数民族汉语教学中，汉语水平的考查一直占据着重要的地位。但在以往对少数民族学生汉语水平的考查中，知识性的考查占了主要部分，尤其是偏重于对特定教材中的汉语知识和教材内容的记忆，由此，不可避免地造成“教师教一本书，学生背一本书，考试考一本书，考试后忘一本书”的现象。不少学生尽管考试得到了较高的分数，但在实际生活交际中依然听不懂，张不开口。一些少数民族学生经过近十年的汉语学习，进入到大学里听课仍然有困难，需要花一到两年的预科学习才能初步达到入系学习专业的要求。因此，传统的考试评价方式和考试成绩已经不能全面、真实而有效地反映学生的汉语实际运用能力。同时，通过考试，也反映出长期以来，少数民族地区传统的汉语教学在教学目标、教学内容和教学方法等方面已经不能很好地适应汉语教学改革的要求，不能满足民族地区社会经济文化发展的需要，少数民族学校汉语教学改革势在必行。

三、少数民族双语教学改革的探索

找到了问题所在是进行教学改革的基础，但仅限于此是不够的，因为教学改革是个系统工程，还应找到改革的切入点和突破口。

考试作为人类的一种社会活动，随着应用领域的不断扩大，它所产生的影响越来越显著。迈克尔·米兰诺维奇（1999年）认为，从广义上讲，这种影响至少发生在两个层面：1. 社会—文化层面（就种种教育制度和社会整体而言）；2. 个人层面（就直接接受考试和考试结果影响的人而言）。随着竞争的日趋激烈，以及考试的标准化、规范化和社会化的进程，考试与人们的机遇和选择愈来愈密切相关，它所产生的影响日益受到社会各界的关注和重视。回顾人类的文明发展史，不难看出考试在其中发挥了极其重要的作用，科举制度就在中国历史上发挥了重要作用。因此，有学者认为，“考试可以振兴一个民族，也可以贻误一个民族”（鞠文雁，1999）。

同时，语言教学的实践也表明，好的考试会对教学产生促进作用，引导教学向着积极的方向发展。从教学的属性和方式来说，少数民族的汉语教学与对外汉语教学同属第二语言教学范畴，彼此之间完全是可以相互学习借鉴的。从20世纪八九十年代语言教学的状况来看，在教学理念、教学方式等方面，对外汉语教学无疑走在了少数民族汉语教学的前列，因此，国家教委副主任何东昌做出了“要把对外汉语教学的有关成果用于少数民族的汉语教学中”的指示。根据何东昌的指示，汉语水平考试研制组于1988年先后在中央民族学院、延边大学，1989年先后在延边大学、新疆大学对少数民族学生进行了较大规模的汉语水平考试。这四次大规模的试测，是由外到内的刺激，是“传经送宝”（刘明章，2002），虽然不是少数民族地区教学界主动提出的，但依然对试测院校和试测地区的汉语教学带来了较大的冲击。

为了准确了解延边州朝鲜族学生的真实汉语水平，1990年8月延边大学和延边州教改办先后向国家汉办和教育部提出了考试申请，11月，国家汉办在延边州龙井市对358名中小学生进行了试测。刘明章、姜永德根据试测情况撰写了《延边朝鲜族中小学汉语水平考试（HSK）成绩分析》一文，在1992年举办的首届汉语考试国际学术讨论会上进行了宣读。与前四次试测相比，这次试测是自发的、主动的，反映出少数民族地区对自身汉语教学差距的清醒认识，以及改革汉语教学现状的强烈愿望。基于此，这次测试对少数民族地区的汉语教学改革发展来说具有里程碑的意义。

此后，新疆地区的一些院校也意识到了汉语水平考试（HSK）的积极作用，使用样卷对本院校的少数民族学生进行了试测。1995年10月，新疆财经学院开始在民族班推行HSK，目的是要借HSK这个“东风”使新疆的汉语教学发生革命性的变革，“推行HSK，在其带动下，重构一套全新的汉语教学体系，是振兴新疆民族汉语教学，从而振兴整个新疆民族教育的有效途径”（鞠文雁，1999）。

1996年6月14—16日，国家对外汉语教学领导小组办公室和新疆维吾尔自治区教委在新疆财经学院联合召开了“HSK与新疆少数民族教育研讨会”。会议的中心议题是探讨汉语水平考试在新疆维吾尔自治区的推广和运用，以及以HSK为突破口，推动少数民族教育质量的提高，探索全面发展民族教育的理论和有效途径。通过这次会议，新疆维吾尔自治区教育界对HSK的功能，HSK对新疆民族教育乃至对新疆的社会稳定和经济发展可能产生的影响都有了更进一步的认识。1996年6月15日，新疆首次正式的汉语水平考试在新疆财经学院举行，12所院校的1554名考生参加了考试。

1996年9月，国家教委民族教育司、国家对外汉语教学领导小组办公室和新疆维吾尔自治区教委在新疆财经学院联合召开了“全国民族学校汉语文教学改革研讨会”，来自吉林、内蒙古、四川、青海、贵州、云南等省份或自治区的民教处、教研、出版部门的代表以及有关院校的学者出席了会议。会议的议题主要有三项：一、学习汉语水平考试的办法和制度；二、交流少数民族地区推行汉语水平考试的经验；三、研讨在少数民族地区如何推广汉语水平考试，改革汉语教学，提高少数民族教育质量。这次会议意义重大，新疆、吉林等有关省份或自治区开始了HSK的试点工作，由此拉开了少数民族地区全面试行HSK的帷幕。之后，新疆成立了汉语水平考试办公室，全权领导、协调全区的汉语水平考试工作。

1997 年，原国家教委印发了《关于在少数民族学校推行汉语水平考试试点的通知》([1997]7 号，以下简称《通知》)，文件规定从 1998 年开始，在新疆、内蒙古、青海、吉林等地进行为期两年的试点。目标是，从第二语言教学的特点出发，改革教材与教法，在少数民族学校推行中国汉语水平考试，以中国汉语水平考试成绩代替少数民族考生高考汉语文成绩。为贯彻《通知》的精神，广西民族学院、青海师范大学、内蒙古师范大学和延边民族教育改革办公室先后设立了正式考点；新疆从 1998 年开始了用 HSK 替代汉语文高考的实验，2002 年，HSK 正式替代了汉语文高考。

1998 年 9 月，“HSK 与少数民族汉语教学研讨会议”和“新疆第二届 HSK 与少数民族教育研讨会”先后在乌鲁木齐市召开。会议对两年的试点工作进行了总结，并围绕汉语水平考试与改革少数民族汉语教学的若干问题进行了广泛深入的研讨。

第二节 项目启动

一、总结与探索

根据原国家教委印发的《通知》([1997]7 号）的要求，新疆、内蒙古、青海、吉林等地区从 1998 年开始进行了为期两年的 HSK 试点工作。HSK 试点工作在各地产生了较大的反响，参加考试的人数增长迅速，1998 年为 18726 人次，1999 年上升为 48109 人次，2000 年增加到 54171 人次，试点工作达到了预期的目的。

从试点工作的进程来看，原国家教委民族教育司在少数民族地区试行HSK所采取的策略是积极稳妥的。针对教学效果不甚理想的现状，没有盲目地照搬对外汉语教学的经验，而是在积极地学习和引进，在实际工作中又因地制宜地结合各地的教学实际稳妥地推进。具体的做法是，在新疆、延边等地引入HSK取得成功经验后，及时召开研讨会进行总结，在听取各方意见的基础上才有步骤地在其他地区大规模推广，并及时纠正试测中的出现的问题。

几年的探索表明，HSK的试行对少数民族汉语教学产生了积极的影响，促进了少数民族汉语教学模式的转变，即从原来的“教材翻译模式”向“交际模式”的转化，从注重知识向注重能力的转化，从注重书本向注重口语的转化，从重视课文讲解向注重技能训练的转化。HSK的推广开始改变一些进入以汉语文授课的普通高等院校的少数民族学生听不懂、不能说、不能记笔记的情况，使少数民族汉语教学改变了原有的“知识、语法、翻译”模式，从“语”“文”并重的普通中小学语文模式开始向强调“语”的第二语言教学模式迈进，走上了注重汉语交际能力培养的道路。

但是，毕竟HSK是以来华留学生为主要测试对象的考试，用来测量少数民族的汉语水平有其自身的局限性。如考生的社会、文化背景不同、学习的环境不同、考试的目的不同等。因此在试点过程中发现HSK存在一些不适应少数民族汉语学习的方面。主要表现在：第一，在广泛使用的HSK初、中等考试中没有包含写作和口语，不符合少数民族地区汉语教学的要求；第二，HSK基本是模仿早期基于结构主义语言学研发的“托福”，没有充分吸收近年来人类在第二语言教学和测试方面的研究成果，尤其没有充分吸收有关语言交际能力测试方面的研究成果；第三，HSK在试题语料的选择上，主要考虑适应外国人学习汉语的特点，不能很好反映少数民族学生学习汉语的特点；第四，HSK是一个主要面向成人的考试，试题语料成人化，不能适应少数民族青少年汉语学习的特点。

特别是作为少数民族考生人数最多的新疆，在引进和推广HSK的几年后，深切地体会到了HSK的局限性。经过认真地反思，新疆财经学院的宋赴前等老师代表考试使用单位向原国家教委民族教育司以及HSK的研发单位提出了开发HSK新疆版的需求。

由此，为少数民族地区各类汉语学习者量体裁衣，研发一套适合他们自身特点的国家级汉语标准化考试就被提上了日程。

二、为少数民族开发专门的国家级标准化考试

为了推进少数民族汉语教学改革，满足少数民族地区汉语教学的需要，教育部民族教育司在总结有关省份或自治区为期两年的试行 HSK 的经验和教训的基础上，决定组织专家，研发适用于中国各少数民族的“中国少数民族汉语水平等级考试”。

根据少数民族地区广大教师的需求，教育部民族教育司委托北京语言文化大学汉语水平考试中心的专家起草了考试的研发方案，并于 2000 年 10 月在广西桂林召开了立项论证会，就项目开发的必要性、可行性进行了广泛论证。

2001 年 4 月初，教育部民族教育司司长夏铸、巡视员阿尔宾达来一行到访北语，与校领导王路江、曲德林等在逸夫楼见面，就中国少数民族汉语水平等级考试开发的有关事宜交换了意见。夏铸司长表示，教育部民族教育司正式委托北京语言文化大学组织专家开发中国少数民族汉语水平等级考试，希望学校委派了解少数民族教学实际、具有国际化视野、有丰富考试开发经验的专家来领导项目的开发工作。经教育部民族教育司和学校、考试中心领导商定，决定由谢小庆教授担任项目负责人，主持项目开发工作。

为了确保研发工作能够科学有序地推进，民族教育司对研发工作提出了明确的要求：“在第二语言教学理论的指导下，吸收 HSK 的优点，从中国少数民族学习汉语的实际出发，着重考查学生实际运用汉语的能力。在中国少数民族汉语水平等级考试的研制过程中，需要吸取国内外包括‘托福’、HSK 等在内的各种第二语言测试的经验教训，避免重走别人走过的弯路。”“开发不仅将为各级各类学校少数民族学生的汉语水平和能力提供更加科学的评价标准，更重要的是将对今后少数民族学校的汉语教学产生积极的导向作用，促进少数民族汉语教学的改革，提高汉语教学水平。我们希望以开发民族汉考为契机，摸索出一条学习汉语、掌握语言工具的‘多快好省’的途径”（中国少数民族汉语水平等级考试大纲，2002）。

2001 年 4 月 26 至 27 日，教育部民族教育司在北京西郊宾馆召开了“中国少数民族汉语等级考试工作会议”，来自新疆、内蒙古、吉林、青海、四川等有关省份或自治区教育厅民教处的负责同志、少数民族双语教学专家、北京语言文化大学汉语教育和汉语水平测试领域的专家学者出席了会议。会议的议题是：1. 正式启动“中国少数民族汉语等级考试”的开发研制工作，2. 讨论修改《开发

中国少数民族汉语等级考试的初步设想》。这次会议的召开，预示着中国少数民族汉语等级考试的研制工作正式启动。

综上，MHK 的研发有着深刻的时代背景，它融汇了第二语言教学、双语教学特别是国内外语言测试的最新研究成果，顺应了少数民族地区日益高涨的汉语学习的需求，顺应全面推行素质教育的要求。同时，也与标准化考试精细化的发展趋势相向而行。

三、项目研发的模式

在项目开发中确定项目的研发模式是一项非常重要的工作，它不仅涉及项目的权属，也制约着项目开发的功效。为了提高研发工作的效率，在项目启动的伊始，教育部民族教育司就确定了项目的研发模式：委托研发、项目负责制。其含义是项目由教育部民族教育司组织实施，并提供项目开发的费用，确定考试的用途；课题组负责研发的具体工作。并且，这一模式通过书面文件的方式得以确认。教育部民族教育司在《关于印发〈中国少数民族汉语等级考试工作会议纪要〉的函》（教民司函〔2001〕12 号）中写道："'中国少数民族汉语等级考试'的开发研制由教育部民族教育司负责组织实施。具体任务由以北京语言文化大学人员为主的有关专家承担。'中国少数民族汉语等级考试'的开发研制实行项目负责人制，北京语言文化大学汉语水平考试中心的谢小庆教授为项目负责人。具体工作由项目负责人负责，民族教育司予以协调。"（谢小庆、鲁新民，2002）通过这一方式，明确了项目的权属、研发的方式以及委托方和被委托方各自的权利和责任，体现了责、权、利的统一。

四、项目的突破点

既然是面向少数民族的汉语水平考试，那么中国少数民族汉语水平等级考试（以下简称"民族汉考"或者 MHK）的考试对象就应该涵盖小学、初中、高中、大学以及成人等不同层级。这是一个复杂的体系设计，既要整体规划，也要寻找研究的切入点和突破口。

经过在新疆、内蒙古等地的实地调研，并广泛征询了有关省份或自治区双语教学专家以及教研人员的意见，课题组确定了民族汉考的总体结构，并决定首先开发面向高中毕业生的三级考试，以此为研究的切入点和突破口。这一研究方案形成了两个文件《中国少数民族汉语水平等级考试》《中国少数民族汉语水平等级考试三级考试大纲》，提交于 2001 年 7 月 23 至 25 日在北京杏林山庄召开的第二次工作会议讨论。在这次会议上，与会的专家学者对课题组提出的研发方案给予了认可和肯定。

根据课题组的设计，民族汉考三级考试将主要满足普通汉语授课高等院校从少数民族考生中招收学生的需要。之所以选择三级为研究的切入点和突破口，主要基于以下两点考虑：一是要充分发挥考试的导向作用。三级为整个考试体系的“腰”，起着上下承接的作用，牵一发而动全身。它向下延伸到九年义务教育，向上衔接的是高等教育，涉及基础教育的出口和高等教育的入口。如果把握好了三级，就能充分发挥高考的“指挥棒”作用，既能促进教学理念的转变和基础教育的改革，又能为高等教育输送合格的人才。二是回避了收费的问题。民族汉考既然是面向广大少数民族的公开考试，考试组织实施必然需要经费支出，这就不可避免地涉及费用问题。在研发的初期，考试的作用还无法体现，申请收费许可的难度极大，而高考科目已取得合法的收费许可和认定的收费标准，各地按当地的收费标准收费，可以免除收费方面的顾虑。命题、评分等费用从项目开发经费中支出，试卷印刷、考试组织、阅卷等费用从各地的高考报名费中支出，这就有效地规避了收费的难题。民族汉考试行和推广的实践表明，这种基于现实的研发方案是切合实际和高效的。

参考文献：

[1] 阿尔宾达来 . 母语与第二语言教学是少数民族教育的突出特点 [A]. 少数民族汉语教学研究 [C]. 乌鲁木齐：新疆教育出版社，1999：13-23.

[2] 戴庆厦，董艳 . 中国少数民族双语教育的历史沿革 [A]. 民族中小学汉语教学论稿 [C]. 北京：人民教育出版社，2008：1-43.

[3] 姜德梧 . 从 HSK 到民族汉考——民族汉考刍议 [A]. 考试研究文集（第 1 辑）[C]. 北京：经济科学出版社，2002：37-45.

[4] 鞠文雁．HSK 在新疆 [A]. 少数民族汉语教学研究 [C]．乌鲁木齐：新疆教育出版社，1999：249-256．
[5] 李儒忠．双语教育十论 [M]. 乌鲁木齐：新疆人民出版社，2012．
[6] 刘明章，姜永德．延边朝鲜族中小学汉语水平考试（HSK）成绩分析 [A]. 首届汉语考试国际学术讨论会论文选 [C]．北京：北京语言学院出版社，1995：196-203．
[7] 刘明章．成果共享，开创朝鲜族学校汉语教学新局面 [A]. 考试研究文集（第 1 辑）[C]．北京：经济科学出版社，2002：251-262．
[8] 马文华．少数民族双语教育现状及其战略思考 [J]．民族教育研究，2014（3）：98-103．
[9] 迈克尔·米兰诺维奇．对剑桥 EFL 考试影响的思考 [R].《题库与考试技术讲座》讲稿．北京，1999：249-256．
[10] 谢小庆，鲁新民．考试研究文集（第 1 辑）[C]．北京：经济科学出版社，2002．
[11] 严学宭．《中国对比语言学浅说》[M]．武汉：华中工学院出版社，1985.
[12] 张强．实施双语教学中若干认识和实践问题 [J]．民族教育研究，2009（1）：88-90．
[13] 周庆生．中国双语教育类型 [J]．民族语文，1991（3）：65-69．
[14] 周耀文．双语现象与双语教育 [J]．云南民族语文，1987（3）：29-37.

第二章　总体设计

第一节　总体设计

一、MHK研发的路线图

谈到测试研发，自然会面临“为什么要考”“考什么”“怎么考”的问题，清楚地解答了这些问题，实际上也就将测试研发的路线图描绘出来了。

谢小庆（2002）在《中国少数民族汉语水平等级考试的理论框架》一文中介绍了民族汉考的理论框架，并声明，框架参考了2000年公布的“托福2000”的一些最新研究成果。框架主要包括六项内容：1. 对考试目的的界定和描述；2. 关于语言能力构成要素的界定和描述；3. 关于考试中所包含各项任务（题目）的特征界定和描述；4. 将题目的特征操作化；5. 关于题目变量体系的效度研究思路；6. 一个关于各个等级标准的描述。这六项内容实际上已回答了MHK“为什么要考”“考什么”“怎么考”的问题。

谢小庆（2010）认为，语言能力测试的开发有两条路线可选择，一是“观察—归纳”的路线，二是“猜测—反驳”的路线。“在语言能力测验的开发中，在许多涉及复杂心理特征的能力测验和职业测验中，理论上似乎合理的‘观察—归纳’路线图在实践中是行不通的。在这些测验的开发中，我们往往需要采用‘猜测—反驳’的路线图。”

虽然谢小庆在《中国少数民族汉语水平等级考试的理论框架》一文并没有清晰地描绘出MHK的研发采用了哪种路线，但从MHK的发展轨迹中我们还是可以看出“猜测—反驳”轨迹的端倪。事实上，在上文中谢小庆已经意识到了这个问题，他谈道：“只有具备一个合理的关于考试的理论框架，才可能就考生对考试题目的反应做出合理的推论，才可能赋予考试分数以意义并对考试分数进行解释。”并且，他也意识到这种构想所将面临的困难，需要采取的策略，“在民族汉考的开发过程中，需要在科学性与可行性之间取得适当的妥协”（谢小庆，2002）。也就是说，可以借助“托福2000”的成功经验，对MHK做出科学性的“猜测”，一旦在现实过程中遇到“反驳”，那么就可以对“猜测”进行修订，在科学性与可行性之间做出妥协。

测试是妥协的结果，常常需要在科学性和现实性上做出选择。采用哪种路线图不仅是方法论的问题，也体现着工作的效率问题，需要决策者权衡利弊，做出选择。采用“猜测—反驳”的路线图提高了民族汉考的研发效率，在短短的三年之内就推出了四个级别的考试，在项目启动的两年之后，MHK三级就正式用于吉林省的高考之中，足见这种研发理念的效率之高。当然，每一种路线图都会有其适应性，也会有风险，也需要交学费。这种“猜测—反驳”的路线图也使MHK口语测试的研发走了一段弯路，使MHK四级考试大纲的题目数量和实测的题量之间出现了不一致，给考生和用户带来了一些困惑。

二、MHK研发的理念

依据上述的理论框架，已经清晰地展现了MHK的研发理念，通过“考什么”“怎么考”以及考试与教学之间关系的细致分析，我们可以清晰地看出它的脉络。

（一）MHK考什么

“考什么”是考试研发必须回答的基础性问题，它是在工作分析基础之上确立的测评要素的集合，是构架试卷结构的基础，是决定考试有效性的关键。

在回答“考什么”之前，首先要明确考试的性质和目的以及理念。对此，MHK的研发者做了以下考虑：

第一，MHK是考查少数民族学生第二语言学习的工具，必须结合少数民族的汉语教学过程，必须符合少数民族学生学习汉语的心理特征。

第二，重点不是考查考生对语法知识和文学知识的掌握程度，而是考查考生在实际的学习、生活和工作中运用汉语进行交际的能力。

第三，不仅考查考生对汉语的接受、理解的能力，而且要考查考生的汉语表达能力。

第四，MHK 将为促进少数民族地区的汉语教学发挥重要作用。考试的结果不仅可以为招生、聘用部门服务，也要为教师和学生服务，能够为汉语教学的改进提供有用的信息。

第五，考虑少数民族地区的实际，兼顾科学性和可行性。

第六，主要依据具有丰富教学经验和语言文化素养的教师和研究者的经验积累，并把统计分析和定量研究作为专家定性判断的基础。

这实际上也就回答了 MHK“考什么”的问题，作为专门测试母语非汉语的少数民族汉语学习者汉语水平的国家级标准化考试，MHK 主要考查应考者实际运用汉语进行交际的能力，考查应考者运用汉语工具完成生活、学习、工作和社会交往任务的能力。

具体来说，MHK 主要考查考生的汉语交际能力，包括：

（1）运用汉语获得信息和传递信息的能力；

（2）对汉语环境的适应能力；

（3）在汉语环境中完成一定学习和工作任务的能力；

（4）在一定情景、一定语言背景中运用汉语的能力，而不是某些特定的语法知识或是某个孤立单词、句式的记忆或识记。

基于以上考虑，MHK 主要由一些包含上下文、包含一定情景的题目组成，不要求考生记忆孤立的语法知识和语法概念。MHK 并非不考语法，而是将对语法的考查寓于对听、说、读、写等语言技能的考查之中，在语用之中考查语法。（谢小庆，2002）

通过上面“考什么”的细致分析，我们就可以对 MHK 的考试用途做出清晰的界定。第二语言的学习是一个长期的、日积月累的过程，如果我们将学习汉语的过程视为一次旅行，那么，这次旅行的逻辑起点就是“对汉语一无所知”，也就是“零起点”，这次旅行的终点就是“与母语为汉语的人没有差别”，即“民汉兼通”。MHK 可以帮助考生、家长、老师和机构了解考生在这个行程中已经走到了什么位置。MHK 具有多方面的用途，主要包括：

（1）评价应考者在不同汉语学习阶段中是否达到预期的学习目标，帮助他们了解自己在学习进程中的学习效果；

（2）有关部门在招生、招工、人员任用等决策过程中评价应考者汉语水平的依据；

（3）各类学校允许学生免修汉语课程的参考依据；

（4）以汉语授课的教师的任职资格评审的参考依据之一（谢小庆，2002）。

（二）MHK 怎么考

在回答 MHK“考什么”的同时，也就确定了 MHK“怎么考”，“怎么考”是“考什么”的具体呈现。

MHK 从低到高分为互为衔接的一、二、三、四四个级别。一级为民族小学毕业生应该达到的水平，二级为民族初中毕业生应该达到的水平，三级为民族高中毕业时或大学预科班结业时应该达到的水平，四级为民族大学毕业生应该达到的水平。

MHK 四个级别虽然在内容和题型结构上有差异，但考试形式均分为笔试和口试两部分。笔试采用客观题和主观题相结合的方式，各个级别的听力和阅读部分主要采用客观性试题，四级笔试的听力部分除客观题外还包含听后写这种半主观性试题；书面表达部分包含客观题、半主观性试题和主观题；口试采用基于国际先进的人工智能与语音识别技术的“人机对话”的测评系统进行，题型主要有朗读、复述和回答问题，回答问题又分为封闭性问题和开放性问题。

（三）考教分离

在如何处理教学与测试的关系问题上，新旧汉语水平考试（HSK）采取了截然不同的两种态度。旧 HSK 一直坚持“考教分离”的原则，强调命题“不以任何特定教材为依据”；而新 HSK 则相反，强调“考教结合”，在考试之外还开发了配套的教材以及相关学习、辅导材料，变“单一的考试系统”为“以学习、培训为主，以考试为辅的汉语学习系统”。MHK 作为与 HSK 类似的以测试应考者汉语实际运用能力的水平考试，强调教学应遵循自身的规律，为避免应试对教学的干扰，与旧 HSK 一样采用了“考教分离”的原则。

谢小庆（2002）认为，MHK 的一个突出特点就是不以任何特定教材为依据。

“MHK的理念是：好的教材、好的教法都是针对特定的教师条件和学生特点而言，不存在脱离特定教师条件和学生特点的普遍适用的好教材、好教法，不存在‘放之四海而皆准’的好教材、好教法。”“我们认为，汉语教学需要‘因材施教’，需要实事求是，需要依靠广大教师和教学研究人员的创造性劳动。”“只有在教材编写、教法创新方面造成一种‘千帆竞发’‘百舸争流’的局面，才能开创出汉语教学的新局面，才能在汉语教学领域实现素质教育。”

综上，MHK之所以遵循“考教分离”的原则，是认为教学有自身的规律，考试不能干扰教学，要服务教学；考试可以引领教学，反馈教学，不能替代教学，否则还会走向“应试教育”的老路，违背了考试研发的目的，背离了素质教育的初衷。

（四）MHK的特色

基于以上的分析，我们可以看出MHK具有以下几方面的突出特点：

1. 试题的命制以《全日制民族中小学汉语课程标准（试行）》（以下简称“《课程标准》”）和《中国少数民族汉语水平汉字和词汇等级大纲》（以下简称“《汉字和词汇等级大纲》”）为依据，而不仅仅是凭直觉经验。《汉字和词汇等级大纲》的编制以词频统计为基本依据，贴近少数民族生活和汉语教学的实际，同时组织资深汉语教师进行经验判断。这样，命题就不仅仅靠“眉头一皱、计上心来”，而是依循了一定的规矩。

2. 所有用于正式考试的题目都经过严格的审定和检验。MHK试题命制有严格的审阅流程，第一关是专家单独审题。只有经过两名专家“双盲”匿名审定的题目，才能进入会审。第二关是专家集体审题。在审题会中，专家结合教学实际和命题经验，对每道题目“横挑鼻子竖挑眼”。第三关是预测。经过预测，那些难度、区分度、猜测度、DIF（关系公平性的统计量）等统计指标不合格的题目将被淘汰。只有经受住专家挑剔的题目，才能编入正式试卷。第四关是敏感性审查。专门聘请蒙、藏、维、朝等少数民族专家学者，审查题目中是否有违背和冒犯少数民族风俗习惯的内容。

3. MHK的正式试卷都经过了精致设计的统计等值，这样，就保证了不同时间所采用的不同试卷的考试分数之间具有可比性，保证了证书授予标准的稳定性，保证了考试的公平性。

4. 口试使用“人机对话”的口试测评系统进行。该系统采用国际先进的人工智能与语音识别技术，实现了口试测试的无纸化、朗读的计算机自动评分和回答问题的辅助评分，不仅提高了工作效率，而且还提高了主观性试题阅卷的质量，保障了考试的科学性和公平性。

5. 主客观卷一体化、主观性试题采用网上评阅系统进行。MHK 的答题卡实现了主客观卷一体化，正面为考生信息和客观题，背面为主观题。MHK 的作文和口试均使用计算机网上评阅系统，采用“2+1+1”的模式进行，即每位考生的答卷均随机由两名老师进行一评和二评，一评、二评在规定的误差内取两人的平均分；一评、二评分超过规定误差，答卷会转到小组长处评分；小组长的评分和一评、二评分进行比较，若和其中的任何一个在规定的误差内取两人的平均分，若还是超过规定误差，则提交到专家组处评阅和仲裁。问题卷均由专家组商定得出。

阅卷过程包括挑选标杆卷、阅卷培训、试评、正式评阅、问题卷处理等多个环节，使用“计算机网上评阅平台”系统进行，该系统包括阅卷人员考核、阅卷进度、质量监控、试卷抽查、任务管理、阅卷监控等功能，可以对阅卷的过程进行全方位的实时动态监控，这就为公平、公正、高效、快捷地完成阅卷任务提供了科学的依据和坚实的技术保障。

第二节　等级标准的确定和汉字与词汇大纲的制定

一、等级标准的确定

从考试的分类来看，民族汉考是标准参照的能力考试，因此等级的确定以及等级标准的制定就非常重要。

在 2001 年 4 月北京西郊宾馆召开的课题启动会上，谢小庆代表课题组报告了考试研发的初步设想，向与会代表提交了《中国少数民族汉语等级考试的理论框架》供大家讨论。在这个框架中，划分了民族汉考的等级，从低到高分为一、二、三、四共四个级别，并对各个等级的标准进行了初步的描述。2001 年 7 月在杏林山庄召开的研讨会上，与会代表讨论了《中国少数民族汉语等级考试介绍》等六份文件，进一步明确了民族汉考应该考什么、各个级别的及格线确定等问题。随后，谢小庆参考代表们的建议，对考试介绍和理论框架进行了修改补充。2002 年 2 月，《中国少数民族汉语水平等级考试（三级）大纲》正式出版，"中国少数民族汉语等级考试"增加了"水平"两个字，变成了"中国少数民族汉语水平等级考试"，考试的性质更加明晰，等级标准的描写更加全面。《中国少数民族汉语水平等级考试的理论框架》一文也发表在 2002 年 10 月出版的《考试研究文集（第 1 辑）》上，使外界对民族汉有了更加清楚的认识和了解。

以民族汉考三级的等级标准为例：

通常接受过 1200 ～ 1600 学时现代汉语正规教育的学习者可以达到此标准。达标者掌握全部甲级、乙级、丙级词和部分丁级词，可以适应汉语授课的普通高等学校的学习。在生活、学习和工作中能使用汉语进行正常交际。在汉语授课课程的学习中基本没有听力和阅读方面的障碍。可以理解一些比较抽象的概念，概括事物的基本特征和要点，分析事情的原因，做出合理的推断；可以用汉语以口头和书面方式简单叙述事情的发展过程，做出简单的评论；可以较熟练地正确书写常用句子，会使用常用标点符号。在一般的叙述、说明、分析性的语段写作上，基本没有语言文字、一般句式和常见汉文化方面的障碍。可以阅读科普文章和新闻报道。可以做笔记、记录、写信，并能按要求完成归纳、概括、缩写等书面表达任务。可以撰写一般性学习活动的经验总结和常见叙述文、应用文。

在这个标准中，对学习的时长、应掌握的词汇等级和数量、在听说读写四个方面能做什么等都做了比较详细的描述。尽管现在看来，这个标准是参照 HSK 建立起来的，对能做什么描述得还不够清晰，但在当时，这个标准的编写理念已经比较先进，它融会了包括"托福 2000"在内的一些考试的最新研究成果，满足了民族汉考试卷编写的基本需求。

二、汉字与词汇大纲的制定

编制汉字和词汇大纲是民族汉考研制的基础性工程，它的编制是为了使MHK试卷的编写更加合理、更加科学。而且，依据汉字和词汇大纲确定的字词表是《课程标准》的重要组成部分，关系到汉语课程的目标能否真正落实到实处。虽然各个等级标准已从不同的角度为试卷的编写提供了参考，但许多指标的描述是不够清晰的，许多界限的界定也要靠专家的主观判断，因此，这些指标只能算是“软指标”，对实际区分等级作用不大。而字词是“硬指标”，各个级别应掌握的字词量一旦确定，语料或考点超不超纲很容易界定出来，从此也可以看出编制汉字和词汇大纲的重要意义所在。

根据课题组的安排，由姜德梧副教授具体负责汉字与词汇大纲的编制工作，并组建了由8位对外汉语教学专家和民族汉语教学专家组成的大纲编制组。大纲的具体编写过程在姜德梧（2002）《关于民族汉考词汇大纲的编制》一文中有详细的描述，其中主要介绍了汉字和词汇大纲编制的原则、方法、依据等。下面择要简述。

民族汉考汉字和词汇大纲的编写以国家汉语水平考试委员会办公室考试中心编制的《汉语水平词汇与汉字等级大纲》为基础，主要是做了两项工作，一是对《汉语水平词汇与汉字等级大纲》的词汇进行了删减和调整，二是增加新词。在具体工作前，修订组首先确定了修订的原则：1. 只收词，基本不收录句式和语素；2. 除了一般通用词汇外，收录部分常用固定格式和成语；3. 只收语词，一般不收百科词汇；4. 新增的词以新的语料为主；5. 只做一般的修订，不做彻底的修改，不是重新编写。

根据以上的原则，修订组采取了调整、删除和新增的方法，编制了民族汉考的字词表。具体做法如下：

1. 调整词的级别。调整采用双方向的调整，既有由低向高的级别调，也有由高向低的级别调，而且可以跨级别。依据专家的经验，经过两个回合，共调整了379个词。

2. 删除了六类词。过时的词，如“万元户”等；属于方言土语的词，如“啥”等；属于淘汰的词，如“公顷”等；属于百科类的词，如“氧化”等；不属于词的句式，如“除了……以外”等；不属于词的语素，如“复”等；共删掉77个词。

3. 新增词语。根据少数民族常用词语、对称性原则、以类相从的原则，使用一个 2000 多万字的语料库并对照原 HSK 大纲筛选词汇，参照词频的高低，经过专家干预和集体讨论，选出新词 161 个。

通过以上方法，最终确定了民族汉考字词的等级和数量，其中甲级字 794 个、乙级字 804 个、丙级字 596 个、丁级字 675 个，附录 41 个；增补字 601 个，附录 20 个，共 3531 个；甲级词 1022 个、乙级词 2051 个、丙级词 2285 个、丁级词 3525 个，增补词 1242 个，共 10125 个。同时，还明确了各个级别应掌握的字词数量，如三级考试，考生应掌握的字词数量分别是，甲级字 794 个、乙级字 804 个、丙级字 596 个、丁级字 675 个，共 2870 个；甲级词 1022 个、乙级词 2051 个、丙级词 2285 个、部分丁级词 844 个，共 6202 个。而四级考试，除上述字词外，还要掌握附录和增补字共计 3531 个，全部丁级词和增补词共计共 10125 个。

从以上的编制过程来看，这次编制虽然去掉了一些适合留学生、不适合少数民族学生的词，但根据编制的原则，此次编制只是对原 HSK 大纲的修订，原大纲的基本框架得以保留，因此民族汉考的字词表带有明显的 HSK 的痕迹，民族特色体现得不太突出。仅以字词表的等级序列编号而言，这种编号方式虽通用，但没有和民族汉考的等级一一对应起来，而且要靠组合的方式确定，如三级词，除甲乙丙三类词外，还要加上部分丁级词，解释起来比较烦琐，操作起来不够简洁。

三、汉语课程标准字表与词表的制定

为了推动少数民族地区的汉语教学改革，2002 年，教育部组织专家对原来《汉语文大纲》进行了全面修订，修订后的大纲正式更名为《全日制民族中小学汉语教学大纲（试行）》（以下简称《汉语大纲》）。之所以将“汉语文”改成了“汉语”，就是为了尊重教学规律，强调少数民族的汉语课程与普通中小学的语文课程具有不同的性质和特点，具有不同的培养目标，从根本上讲，它是第二语言课程，应充分体现第二语言教学的特点和规律。

新《汉语大纲》的一个显著特点是废除了以往规定各阶段统一篇目的做法，改为要求掌握常用汉字 2900 个左右，常用词汇 6200 个左右。这就改变了过去大纲统得过死的做法，看到了少数民族地区汉语教学的差异性和不平衡性，把教材编写和教学方法的自主权下放到了地方，调动了各地教学的积极性。为了和少数民族地区即将试行的民族汉考统一标准、统一要求，新《汉语大纲》采用了民族汉考的常用字表和词表。民族汉考三级的常用字表和词表为等级字表和词表，分为甲、乙、丙、丁四个级别，其中甲级字 794 个、乙级字 804 个、丙级字 596 个、丁级字 675 个，共 2870 个；甲级词 1022 个、乙级词 2051 个、丙级词 2285 个、部分丁级词 844 个，共 6202 个。“这些常用字词在一般语料中的覆盖率已达 98% 和 92%，可以基本满足民族学生高中毕业时在阅读和表达方面的需求。”（徐学文，2014）常用字表和词表作为附件列在了大纲之后，同大纲一起正式颁布。

根据第八次全国基础教育课程改革的精神，教育部于 2005 年启动了新课程标准的编制工作，2006 年 10 月，《课程标准》正式颁布。这一版的课程标准在理念上有了较大的突破，并为教材编写、教师教学和学生评估留下了空间。例如，对小学、初中和高中三个阶段要求认识和掌握的字词有了弹性标准，其中，高中阶段要求累计认识常用汉字 2800~3000 个、常用词 7000~8000 个。总体上看，《课程标准》比原《汉语大纲》的要求稍微提高了一些，特别是词的最低要求提高了 800 个。

与 2002 年的做法相同，《课程标准》中的字词表仍然委托民族汉考课题组编制。课题组发现，通过几年的试行，原有的字词的级别划分已不适应少数民族地区的教学需要，原字词表亟待修订。为了修订好字词表，课题组组建了由对外汉语教学、少数民族汉语教学、计算机专家和工作人员组成的修订组，制定了详细的修订方案，进行了系统的修订工作。

修订组确定了本次修订的基本原则，即以词频统计为主要依据，根据语言使用和教学实际的情况进行人工干预。为此，修订组专门购买了最新的词频统计资料，确定了以下五方面修订的主要内容：

（1）把原甲、乙、丙、丁四个级别重新划分为一、二、三级，分别对应于小学、初中、高中阶段。

（2）汉字数由原来的 2910 个增加为 3000 个，一级 1300，二级 1200（累计 2500），三级 500（累计 3000）。

（3）词汇数由原来的 6200 个增加为 7000 个，一级 3000，二级 2000（累计 5000），三级 2000（累计 7000）。

（4）在原汉字和词汇大纲的基础上，删去不适合少数民族汉语学习的汉字和词语。

（5）参照《现代汉语词典》第5版对原来的词性标注进行修订。

除上述五项外，为方便教师和学生查阅字词表，新字词表增加按音序排列的汉字和词汇总表。

经过修订组成员的共同努力，修订后的字词表按时交付。新的常用字和常用词各分为一、二、三级，分别适用于小学、初中和高中阶段。常用字一级为1300字，二级为1200字，三级为500字，共3000字；常用词一级为3055个，二级为2173个，三级为2050个，共7278个。

新字词表是在比较充分地吸收了近年来汉字和汉语词汇信息处理成果的基础上，结合少数民族汉语教学的实际情况研制而成的。这次修订的最大亮点是改变了词表的等级序列名称。原字词表是参照HSK的等级序列甲、乙、丙、丁命名，虽然便于和HSK对照，但词表的等级和MHK考试的等级不对应，使用起来不太方便。

根据试行的情况，教育部于2010年启动了对2006版《课程标准》的修订工作。这次修订突出了学段的概念，将课程标准分成为义务教育和普通高中两个部分。新《课程标准》已于2013年12月正式颁布，普通高中阶段的课程标准的修订工作于2014年下半年正式启动。

这次的字词表修订工作仍然由民族汉考课题组承担，但修订组增加了人民教育出版社汉语室的专家，修订分成了义务教育和普通高中两个阶段。目前已与课程标准修订组同步完成了义务教育阶段的字词表的修订，新的字词表作为附录已于2013年12月颁布，高中阶段的修订正在进行调研。这次修订工作的原则、方法与流程和2006年基本一致，修订工作仍然按词频统计、人工干预、统计分析和形成字词表四个步骤进行。主要的成果体现在以下三点：

1. 调整了各级别汉字和词汇的数量。由于新《课程标准》对义务教育阶段的识字量做了调整，在总量保持2500个不变的前提下，增加了小学阶段的识字量，减少了初中阶段的识字量，相应地MHK一级的汉字量由1300个提升为1500个，二级的汉字量由1200个减少到了1000个。由此，词汇量也相应发生了变化，MHK一级的词汇量由3055个增加至3067个，二级的词汇量由2173个增加至2182个，共计5249个。

2. 调整了汉字和词汇的等级。由于新《课程标准》的识字量有所调整，加上词频发生了明显的变化，新字词表的等级也相应地做了调整。新一级字表的构成是：等级没有变化的一级字 1288 个；旧字表为二级，新字表改为一级的 209 个；新增旧字表中没有的一级字 3 个。新二级字表的构成是：等级没有变化的二级字 957 个；旧字表为一级，新字表改为二级的 12 个；新增旧字表中没有的二级字 31 个。新一级词表的构成是：等级没有变化的一级词 2889 个；旧词表为二级，新词表改为一级的 45 个；新增旧词表中没有的一级词 133 个。新二级词表的构成是：等级没有变化的二级词 1831 个；旧词表为一级，新词表改为二级的 183 个；新增旧词表中没有的二级词 168 个。

3. 突出了汉语作为国家通用语言文字的地位。2013 版的《课程标准》对汉语课程的性质的描述有了变化，它指出，"汉语课程是一门学习运用国家通用语言文字的基础性、实践性课程，具有工具性和人文性双重性质。"为了突出汉语作为国家通用语言文字的地位，把社会主义核心价值体系教育有机地渗透到课程的性质、基本理念、目标以及实施建议各个方面，突出社会主义核心价值体系教育的必要性和重要性，修订组在制定字词表时进行了合理的安排，如"国歌、国旗、国庆、社会主义、红领巾、少先队、爱国主义、公民、共产主义、共青团"等词均列入了常用词汇之中。

第三节　考试与教学

在教育与心理测量领域，在工作中常会用到"测量""测试""测验""考试""评价""评估"等术语或说法。它们之间既有联系又有区别，不能混为一谈。下面主要介绍本书用到的"测验"和"考试"两个术语。

测验（test）又称为测试，不同的心理学家对它的理解不同，定义也有差异。

目前公认的最权威的定义是 Anastasi 的，他认为“测试实质上是对行为样本所做的客观的标准化的测量”（转引自刘润清、韩宝成，1991）。也就是说测验是用于测量个体的行为或作业的工具，是一种评价手段或评价步骤。测验有多种分类，从测量的内容上分，可分为智力测验、人格测验、技能测验、成就测验等；从应用的领域上分，可分为教育测验、人事测验、心理健康测验等；从测量的目的上分，可分为诊断性测验、选拔性测验、教育评估性测验等；从分数解释上分，可分为常模参照测验和标准参照测验；从施测的方式上分，可分为团体测验和个体测验。

考试是一种严格的知识水平鉴定方法。考试一词出自中国，由两个意义相近的字“考”和“试”组成，最初两字单用，皆有考查、检测、考核等多重意义。“考”和“试”二字连用始于西汉董仲舒的《春秋繁露》的《考功名篇》。二字合用后其内涵逐渐演变为特指考查知识或技能的方法和制度。依照不同的标准，考试也有多种分类，从目的上分，分为效果考试（成就考试）和资格考试，典型的效果考试有课堂考试、期中考试、期末考试；典型的资格考试有中考、高考、律师资格考试、托福考试等；从考试的形式上来分，可分为升学考试、职位 / 资格考试、语言考试等。

从以上的分析可以看出，“测验”和“考试”在内涵上有很多交叉，因此，在许多场合特别是在教育领域，两者同义，可以相互替代。相比较而言，“测验”比“考试”的内涵和外延要大，它的使用范围更广，在产品检验和医学指标检测等场合，常用“测验”或“测试”，不能用“考试”。下面的内容主要限定在教育领域，因而使用“考试”一词。

一、教学考试与水平考试的区别

成就考试又称知识考试，主要考查应考者已经具有的那些知识和技能水平，学校中的各种教学考试一般均属于成就考试。水平考试一般属于能力考试，它主要考查应考者的那些影响较大的、比较稳定的、潜在的、不易受到环境影响的心理特征。知识考试与能力考试如知识与能力一样既有联系又有区别，知识是能力形成的基础，但知识并不一定都能转化为能力，而具备了一定的学习能力就可获得更多的知识。知识考试与能力考试的区别体现在多方面，就教学考试与水平考试来讲，两者的不同主要体现在以下几个方面：

1. 考试的内容不同

教学考试是对教学效果和学生的学习效果的检查，是对学生应该掌握的规定的教材内容的检查。也就是说，教学考试围绕着教学进行，具有阶段性的特点。但无论是平时测验、期中考试、期末考试还是会考，都是对以往所学知识的测查。而教学活动特别是义务教育阶段的教学活动，一般都要依据教材来进行，这就决定了教学考试的内容要来自教材，也就是：教什么，考什么。

义务教育阶段的汉语教材均是依据汉语课程标准编写的，课程标准对每一学段应掌握的知识都做了明确规定，这也就决定了汉语课程的各种教学考试的测试内容和范围，如汉语拼音、汉字、词汇和语法等，这些汉语知识性内容是教学考试的重要组成部分。

能力考试的特点决定了汉语水平考试关注的重点不再是各个学段孤立的知识点，它着重要测查的是考生经过阶段性的学习，能否运用所学的汉语知识，完成各项交际任务。因而它的测试内容就摆脱了教材的束缚，在课程标准的统领下，不依据某一特定的教材而定，而是从学生的学习和生活实际中采撷素材，精心编制而成。

例如，MHK 的一级和二级考试在设置上与《课程标准》（义务教育）的第一至三学段和第四学段的阶段目标相一致，因此，考试时间通常安排在第三学段和第四学段即将结束时进行，它关注的重点不是每个学段的每个学期学生学会了什么，而是经过一至三学段和第四学段的学习，学生能够运用所学的汉语知识完成什么样的交际任务。如就这一阶段的学习的重点词汇来说，它所要关注的重点不是学生会不会读，能不能写对，而是要着重测查在真实的语境中学生能否正确理解词汇的准确含义和用法。

2. 考试的形式不同

在汉语教学中，许多内容的学习，都离不开对所学知识的掌握，而许多内容的掌握也是从知识开始入手的。如在小学的第一学段，汉语拼音、汉语字词都是要靠强化记忆和重复记忆来掌握的，因此，听写字词、背诵默写、组词、造句等这些脱离具体语言交际环境的考试形式都是小学阶段常用的方式。比如，教师教了十个生字，检查学生是不是掌握了，最直接有效的办法就是通过听写或组词的方式来考查。因而，在第一至三学段，教学考试更多地表现出对学生所学语言内容和课文内容的识记与理解方面，考试形式具有知识性、理解性和被动接受性的特点。

而像 MHK 这类重点测查学生语言运用能力的水平考试，考试就不会停留在学生对某一汉语字词的理解上，不会停留在对某一个语言知识的识记与理解上，而是在试题中设置与实际生活中语言运用相接近的语言情景，让学生具体地运用语言知识去完成某项任务，据此来考查学生是不是能正确地运用语言知识来解决实际问题。比如在 MHK 的听力理解中，学生要听辨出在具体语言环境中说话人的身份、观点、情绪；事件发生的时间、地点、原因、结果等。

语言运用的熟练性也是语言能力的一种表现。一般来说，在相同的时间里，完成任务的情况不同，所反映出的能力就会有差别，做得快和多，正确率高，反映出的能力就强一些；做得慢和少，差错率高，反映出的能力就差一些。MHK 在考试中限定了回答问题的时间，通过在规定的时间里，回答规定数量的试题的正确率来考查学生运用语言的熟练程度，也突出了对语言能力的考查。比如在 MHK 听力理解和阅读理解考试中，就对答题时间和阅读时间进行限制，对学生的反应速度和阅读理解的速度提出了要求。

教学考试一般都以学校、年级或班级为单位，规模相对较小，考试的题型多样化，多以主观题为主。而像 MHK 这类水平考试，强调命题和施测的标准化，考试多以地区和省市为单位，规模较大，为提高测试的效率，保障测试的公平、公正，笔试一般多采用客观题。而像作文、口试这类主观性强的考试，虽然也多采用主观性试题，但也会通过命题和阅卷尽可能地减少评分误差，保障其客观公正。

3. 编制的方法不同

教学考试一般都是教什么，考什么，这也决定了教学考试的编制相对简单，有一定教学经验积累的任课教师大都可独立完成。在小学的一到三学段不少老师兼任了不同学科的教学任务，因而可以独立命制多个学科的考试试卷，有的甚至可以跨学段。

而像 MHK 这样的标准化水平考试，制卷过程相对复杂，一般要经过命题、审题、拼卷、预测、拼正式卷等多个环节和流程，并且要在拼卷过程中考虑等值的要素，其操作难度较大，而且需要多人紧密配合才能完成，其制作成本是教学考试的数倍甚至几十倍。

二、怎样利用好MHK为汉语教学改革服务

《课程标准》的总体目标和MHK的研发目的一脉相承，都是为了提高少数民族学生实际运用汉语的能力。在少数民族地区推广MHK就是想以考促教，以考促学，但如何利用好MHK为汉语教学改革服务，还需要注意以下几点：

（1）正确理解和把握MHK的考试理念

MHK的研发目的是，为了满足少数民族地区汉语教学的需要，建立适合少数民族学习汉语的科学评价体系，全面推进少数民族地区的汉语教学改革，包括教学目标、教学方法、教学管理等方面的改革，以便提高少数民族实际运用汉语的能力，适应生活、学习、工作和社会交往的需要。概括来讲，MHK的功能主要体现在两方面，一是全面推进少数民族地区的汉语教学改革，使少数民族的汉语教学从"教材翻译模式"向"交际模式"转化，从注重知识向注重能力转化，从注重书本向注重口语转化；二是提高少数民族实际运用汉语的能力。前者是方式、方法，后者是最终目标。因此，对于汉语教学来说，要把学生作为中心，要围绕着如何培养学生的实际语言运用能力来进行。这就需要摒弃过去单纯围绕课文中的文章内容和语言知识转的传统教学方法，下力量提高学生的汉语交际能力，即培养学生的听、说、读、写的能力，而不是要求学生仅仅记忆字、词、句式等语言知识，更不是记忆一些语法概念。

（2）MHK可以为改进汉语教学提供丰富的参考信息

MHK是一种标准化的语言考试，其特色之一就是所有试卷均经过等值处理，这就使得不同时间、不同地点的考试可以放到同一尺度下进行比较，不仅可以实现纵向比较，即同一考点不同考试时间之间的比较，还可以实现横向比较，即同一时间不同考生、不同学校、不同地域之间的比较。通过这一全国统一、客观的尺度，有关学校不仅可以了解自己在全国所处的位置，别人的长项在哪里，还可以明白自己的薄弱环节又在哪里，这实际上也为有关学校进行汉语教学的改

革明确了方向。并且，MHK 在报告分数时，不仅报告考生的总分，而且还报告了各个单项的分数，这就为了解考生的学习现状，了解他们各项技能的掌握情况提供了丰富的评价信息，也为开展针对性的教学以及个性化的教学奠定了基础。

（3）因地制宜用好 MHK 这一客观的评价工具

新《课程标准》在评价建议里提出："各级教育管理部门及学校可以根据本地的具体情况和教学实际，选用相应级别的考试，考查学生的汉语能力，检验汉语教学取得的成效，查找教学活动中存在的问题。"这就为少数民族地区使用 MHK 提供了正确指导。

少数民族地区汉语教学的环境差别较大，各地的汉语教学基础不一，所采用的教学模式也各不相同，加上在汉语学习中，学生的性格取向、兴趣爱好、认知能力、生活环境等存在差异，这就决定了各地在推广 MHK 时不能搞"一刀切"，而应因地制宜，视具体情况而定。MHK 的实际推广过程也是按照这个原则办的，一些地方使用了 MHK 三、四级，将 MHK 应用到高考和大学毕业考试当中，一些地方使用了 MHK 全部的四个级别；一些地方先开考笔试，后开考口试；而有些地方如新疆则笔试和口试同时考，这既体现了因地制宜，也赋予了少数民族地区在汉语教学改革方面决策的自主权。

（4）正确处理教学与实施 MHK 的关系

正确处理教学与实施 MHK 的关系包括两方面：一是处理好教学与 MHK 的关系，二是处理好教学考试和 MHK 的关系。

对于教学来说，任何考试只是手段和工具，不能作为目的。考试的目的只能是为实现课程标准所设定的目标和要求而服务。MHK 强调不以任何教材为内容来命题包括两层含义，一是强调它的标准的客观性，既不让使用了某一教材的获利，也不让没有使用某一教材的吃亏；二是强调要尊重教学的自身规律，不能让考试冲乱了教学秩序，搞"应试教育"。为此，MHK 确立了试卷编制的基本原则：使分数反映考生长期汉语学习中形成的稳定的汉语交际能力，而不是短期强化突击训练、强化记忆的结果。这样做的目的就是为了避免教学围着 MHK 转。

汉语课程强调建立旨在促进学生全面发展的科学评价体系，就是为了倡导评价主体的多元化、评价方式的多样化和评价目标的多维化，提倡采取终结性评价和形成性评价相结合的方式，避免评价方式的单一化。而采用 MHK 正是评价主体的多元化、评价方式的多样化和评价目标的多维化的具体体现。如前文所述，教学考试和MHK其考试内容、考试方式、功能各不相同，两者不能相互替代。学校应充分发挥MHK的诊断、反馈功能，把它作为教学考试的补充，使之成为科学评价体系的有机组成部分。

参考文献：

[1] 国家对外汉语教学领导小组办公室汉语水平考试部 . 汉语水平等级标准与语法等级大纲 [M]. 北京：高等教育出版社，1996.
[2] 国家汉语水平考试委员会办公室考试中心 . 汉语水平词汇与汉字等级大纲 [M]. 北京：经济科学出版社，2001.
[3] 汉语课程标准制定组 . 民族中小学汉语课程标准（义务教育）解读 [M]. 北京：人民教育出版社，2014.
[4] 姜德梧 . 关于民族汉考词汇等级大纲的编制 [A]. 考试研究文集（第 1 辑）[C]. 北京：经济科学出版社，2002：208-214.
[5] 教育部民族教育司中国少数民族汉语水平等级考试课题组 . 中国少数民族汉语水平等级考试大纲（三级）[M]. 北京：北京语言文化大学出版社，2002.
[6] 李峰 . 我国课程标准与教学实施一致性的现状、反思及策略 [J]. 课程 · 教材 · 教法，2012（8）：9-14.
[7] 刘润清，韩宝成 . 语言测试和它的方法（修订版）[M]. 北京：外语教学与研究出版社，1991.
[8] 刘英林，宋绍周 . 论汉语教学词的统计与分析 [A]. 汉语水平词汇与汉字等级大纲 [C]. 北京：经济科学出版社，2001.
[9] 彭恒利 . 中国少数民族汉语水平等级考试 [J]. 中国考试，2005（10）：57-59.
[10] 王本华 . 从“汉语文”到“汉语”，汉语教学理念的更新与发展——浅谈少数民族汉语课程改革 [J]. 民族教育研究，2006（6）：90-93.
[11] 谢小庆 . 中国少数民族汉语水平等级考试的理论框架 [A]. 考试研究文集（第 1 辑）[C]. 北京：经济科学出版社，2002：17-36.
[12] 谢小庆 . 谈语言能力测验开发的路线图 [J]. 考试研究，2010（1）：66-72.

[13] 谢小庆 . 语言能力测试如何适应语言教学方式的发展 [J]. 考试研究,2010(4):29-40.

[14] 徐学文 . 从《汉语文大纲》到《课程标准》经历的三个阶段——民族中小学汉语教学大纲及课程标准研制过程 [J]. 中国民族教育，2014（9）：28-31.

[15] 张晋军，任春燕 . 刍议 MHK 词汇大纲 [A]. 考试研究文集（第 2 辑)[C]. 北京：经济科学出版社，2004：70-78.

[16] 中华人民共和国教育部 . 全日制民族中小学汉语教学大纲（试行）[M]. 呼和浩特：内蒙古教育出版社，2002.

[17] 中华人民共和国教育部 . 全日制民族中小学汉语课程标准（试行）[M]. 北京：人民教育出版社，2006.

[18] 中华人民共和国教育部 . 民族中小学汉语课程标准（义务教育）[M]. 北京：人民教育出版社，2014.

第三章　试题质量控制

进入 21 世纪，考试产业化的发展趋势越来越清晰。这就意味着考试不仅仅是教学过程中的一个重要环节，而且是一个服务于社会需求、有较高技术含量的产品。众所周知，标准化考试的研发和实施是一项系统工程。在一项考试的研发伊始，需要构造考试的理论框架，除了要对考试目的、题目的特征、等级标准的划分等内容进行界定和描述外，在此基础上还要对试题的命制进行设计和规划，其核心是要进行试题的质量控制，亦即要落实两个问题：如何组织和实施命题？如何组织和实施审题?

就试题命制而言，每个考试机构都可能有自己的模式，但编制双向细目表、命题、审题、拼卷等这几个环节是不可缺少的。概括来讲，试题命制主要由试题制作和试题质量控制两个环节组成。试题制作主要是命题，试题质量控制除了审题外，还有预测、题目分析、试做等。下面从命题和审题两个环节对民族汉考试题的命制过程进行论述。

第一节　命题

一、命题的模式

综观国内外的各考试机构可以看出，试题命制没有固定的模式。命题模式形形色色，归纳起来，从人员定位上大致可分为专职命题和兼职命题，从场所管理上可分为入闱封闭式命题和开放性命题，从操作方式上可分为短期强化命题和常态化命题。我们以为，每一种模式都有其存在的理由，都有其优势和不足，关键在于扬长避短。实际上，命题模式的选择和确定不是任意的，而是由研发者依据考试的性质、研发机构的属性、研发人员的构成、命题的时间要求等因素确定的，并且，研发者所选择的命题模式也不是固定不变的，它是一个不断摸索、修正和完善的过程。

MHK 课题组依据民族汉考的考试性质、人员构成、经费预算、时间要求等因素，确定了自己的命题模式：兼职为主，专职为辅，专兼相结合，专家审题。核心是：兼职命题，专家审题。

二、命题的原则与要求

谈论命题，首先要明确什么是试题。试题（Item）也称题目，是考试的基本单元。考试不同，题型就会有差异。综观各类考试，试题的呈现方式有多种。从答题的方式和要求上划分，试题大致可分为客观题和主观题两大类。客观题主要有填空题、判断题、选择题等，主观题主要有简答题、论述题等。客观题和主观题的命制要求和命题方法有较大的不同，即使同为客观题，因题型不同，命题的要求和方法也会有差异。但对于语言类考试来说，无论哪类试题都有一些共同的原则需要遵守。

（一）命题的原则

1. 真实性

基于交际理论之上的语言类测试，真实性是基础。曾用强（2002）认为，“所谓真实性（authenticity）就是指，考试的内容要真实于实际的语言交际任务。”Bachman&Palmer 把真实性定义为语言测试的任务与使用目标语言的真实任务之间的一致性程度，也就是考试的内容必须真实地体现受试者在实际的语言交际中可能或必须完成的任务，而不是简单地把语言分解成词汇、语法和四个基本技能（听、说、读、写）进行单项的考试。

2. 代表性

从概率和统计学的角度来看，代表性就是样本和总体的关系问题。样本量越大，反映总体的真实程度越高。因此，就试卷和考试内容来说，两者应是样本和总体的关系，不是局部和整体的关系。为了实现考试目的，每一套试卷对于考试内容来说都应是代表性样本，否则，试卷到底测的是什么就不好界定。由此，在命题之前，就先要有总体设计，要明确每个题目测的是什么，避免出现题目的无序堆砌。在命题时，无论是语料的选取，还是题干和选项的设计都应符合考试的目的。

3. 规范性

所谓规范性，对于语言类考试来说，最基本的一条就是语言规范。试题中应没有语法错误，表述没有歧义和方言，字词不超纲，格调不低俗，不违背禁忌。就汉语考试来说，无论是书面语语体还是口语语体，都要符合现代汉语的规范。

4. 原创性

原创性是指试题是由命题人员本人亲自筛选语料、设计题干和选项创作而成的，不是从试题集或辅导材料上截取下来的，或改头换面二次加工而来的。这是试卷编制的基本原则。

命题的原则除上述四条外，从更高的水平上来要求，还可以增加一条——艺术性。试题的命制是人的一项创造性劳动，是众人智慧的结晶，理应出精品，一道好题目就像一件艺术品值得回味和欣赏。试题的艺术性是综合各因素而来，语料选择要得体，试题设计要巧妙，这是比较高的境界。因此，艺术性是目标，许多情况下，可遇不可求，不必刻意追求。

（二）命题的要求

如果说命题的原则是从宏观上对命题过程进行规范，那么命题的要求就是从微观上对命题进行规范。命题的要求涉及的范围较广，既包括命题的过程，也包括命题的方式、命题的安全保障等。主要包括题型的要求、语料选取和题干、选项的具体要求、试题数量的多少、试题的难度分布、试题的格式、试题存储和交接的方式、交题时间等。这类问题一般都比较具体、琐碎，但如果事先不明确，常常给后续的工作带来诸多麻烦，影响命题的效率。如试题的格式，不仅对文字要在字体、大小上做出要求，而且要对图形、表格的呈现方式分别提出细致的要求，否则在试题完成交接后就可能出现无法显示或不匹配的问题。因此，命题要求应全面、具体、细致。

三、命题的组织与实施

在一项考试的研发过程中，命题占据着最重要的地位。一般来讲，在制定完考试大纲，编制完样卷之后，考试研发就要进入命题阶段。命题是一个循环的过程，只要考试存在，命题就不应停止。命题一般分为遴选命题人员、命题培训、命制试题、交流与反馈这几个环节。在研发期，上述四个环节都要进行。当考试正式推广，走向程序化后，命题工作主要是后两个环节的重复循环。由于命题的方式有专职和兼职之分，彼此之间在具体操作上会有一些差别，但总的过程没有质的不同。民族汉考的命题主要采用的是兼职命题方式，实际操作就是按上述四个环节来运作的。

（一）遴选命题人员

科学化程度比较好的标准化考试，一般效度、信度、区分度等技术指标都会高。但任何考试都会有误差，质量好的考试也不例外。应该说，对被试水平把握得最全面、最准确的还是对学生有长期观察经验的老师。因此，考试界盛行着这样一句话：有教学经验的人不一定能成为好的命题员，但好的命题员一定要有教学经验。作为标准化考试，民族汉考的命题虽然不以任何教材为参照，但要求所有的命题人员必须有一定的教学经验。民族汉考的命题队伍主要由新疆、内蒙古、延边、北京等地的人员组成，其中许多是这些地方有关少数民族学校、教研单位推荐的有丰富教学经验的一线教师和教研骨干。这里需要指出的是，遴选命题人员是一个动态过程，一支命题队伍的形成有一个不断优化、筛选的过程。在命题过程中，既要保持命题队伍的基本稳定，也要及时对命题人员进行必要的调整，以提高命题工作的效率。从保密、成本等方面考虑，在一定的阶段，命题人员要相对稳定，对一些入门快、肯钻研、有培养前途的命题人员要重点培养，在酬劳等方面应实行倾斜政策。

（二）命题培训

在遴选工作结束后，就要对入选人员进行培训。培训包括两方面的内容：理论讲座和经验传授。也就是说，在培训时，既要请专家讲授测量学的基本知识，也要请有丰富命题经验的命题专家传授经验，这样可以使命题员能够尽快入门。培训的内容至少应包括以下内容：教育测量学基础知识、语言测试理论、命题的原则、要求与细则以及命题技巧等。

（三）命制试题

从命题的过程和特征来看，命制试题是耗费精力、带有创造性的脑力劳动，宜由命题员个人独立完成。因此，命题工作启动后，考试的研发机构要根据研发计划向命题员分配命题任务。命题既可分题型命制，也可按试卷结构整套命制。究竟采用哪种方式可视具体情况而定，但一定要限定完成时间。民族汉考的命题采取了向兼职命题员征题的形式，既有分题型征题，也有整卷征题。

命制试题虽然是个性化的，但不是随意性的，是一种带有约束性的规范行为。因此，命题开始时，研发机构一定要和命题员签订协议，在协议中将双方的责任、义务写清楚，并将工作任务、保密要求、完成时间、命题数量、报酬标准、付酬方式等内容写清楚。只有这样，才能使命题工作逐步走向程序化、规范化、科学化。

（四）交流与反馈

命题是重复性劳动，完成一次命题任务并不意味着整个命题工作的结束。因此，建立反馈的渠道和交流的机制非常必要，而且要使之制度化，不流于形式。这就要求沟通的渠道畅通无阻，信息能及时传达和共享。交流与反馈的形式主要有大会交流和单个交流。大会交流主要是采用会议的形式进行工作总结和经验介绍。单个交流就是课题组将审题的结果和数据分析告诉命题员，让他们明白好题好在哪里，有毛病的题问题出在哪里；命题员在命题过程中遇到问题，有何建议也可以及时反馈。两种形式都是交互性的，各有优势，应结合进行。另外，也可以适当地挑选命题员参加专家审题会，因为审题过程本身就是一个交流和学习的过程。民族汉考的命题在这方面做过尝试，反响很好，命题员感觉收获很大。这样有利于提高命题的质量和效率。

传统的命题方式是命题人员领受命题任务后，按照自己的习惯独立命题。这种方式安全得不到保障，很可能在试题命制和传输过程中将试题的内容泄露出去了。而且，因命题人员使用的电脑不同、系统不同、字形和字号不同，命题完成后的整理工作将会耗费很大的精力。并且，与审题工作也无法实现有序衔接。现在许多考试机构为命题人员开发了专用的命题平台，这种专用的命题软件使命题工作的安全性能大大增强，也大大减少了命题人员的重复性劳动，命题的效率大为提高。

第二节　审题

以往，许多考试机构出于安全和经济的考虑，试题命制重命轻审。现在，越来越多的考试机构重视起审题，在审题上花费的时间和精力远大于命题，并且对审题的各个环节都做了明确的要求，制订了质量标准。审题最重要的是流程的规范以及审题的组织和实施。

一、审题的流程

试题命制的质量控制，是通过多种方式综合运用的结果，除命题外主要有审题、预测、题目分析、试做等。这里着重介绍审题。

如果说命题宜于个人独立完成，那么审题就必须靠多人集体完成。因为，对命题员命制的试题，只有经过尽量多的角度去衡量，才可能发现问题，发现一些遗漏或不妥之处。可以说，命题突出的是个性化的创造性劳动，而审题则是侧重于集体参与的规范性劳动。而且，审题不是一次性就可以完事的，而是要经过不同层次、不同范围的审题才能打磨完成。因此，研发机构对审题工作要周密计划，仔细安排。在审题前，不仅要确定审题的原则、要求、步骤和任务，而且要明确每一阶段的工作任务和侧重点。民族汉考的审题工作大致上可以分为“初审”“送审”“会审”“终审”四个阶段。

（一）初审阶段

由课题组成员分组“双盲”审题，即审题人员不知道命题人员，命题人员不知道审题人员。审题人员两人一组，各自独立审题。这个阶段主要进行试题规范的审查，检查试题有无“硬伤”，即看命题员所命的试题在题型上是否符合命题要求，是否有雷同现象，试题有无明显的语法错误。审题人员在审题表上对所审试题做出判断，分为三档意见：可用、可修改、不可用。如果两人的意见一致，那么就可以确定这道题是否要保留。如果意见不一致，两人经过讨论决定保留或删除。

初审是审题工序的第一道，它的任务是筛选“坏题”。因此，初审阶段的取舍标准要相对宽松一些，只将那些不符合题型要求、雷同等存在明显“硬伤”的试题淘汰掉。可以说，初审是一个“汰劣”的过程，对试题不做修改、加工。

另外，在初审阶段把一些有明显“硬伤”的试题淘汰掉，也有出于经济原则的考虑，因为命题不能不考虑经济成本和时间效率。

初审阶段的审题要求主要有以下几点：

第一，初审人员独立考查试题是否符合题型要求，试题在提问、选项设计上是否合适。

第二，初审人员独立考查试题语料的选择是否合适、理想，试题在语料方面是否存在不规范、不公平、格调不高、远离考生生活实际、超出考生认知水平等问题。如果有，将这些试题标注为删除试题。

第三，在这个阶段，只负责筛选试题，不用去修改、加工试题。

第四，各初审人员在规定的时间内独立审题，填写《初审表》。对意见不一致的试题经过讨论决定取舍。

在初审结束后，将可用、可修改的试题入库归类，整理、复印后送审。

（二）送审阶段

送审实行的也是“双盲”方式，审题改由特聘专家分组审题，两人一组，各自独立审题。这一阶段主要进行侧重语言规范的审查，即审查语料是否符合现代汉语的行文规范，语料的难度是否适合被试的水平，语料有无明显的语法错误、错别字等。

为了确保审题工作的权威性，民族汉考送审阶段的审题人员由对外汉语教学、汉语测试、少数民族汉语教学等几方面的专家组成。我们邀请的审题专家多数是拥有多年丰富教学经验、在第二语言教学领域有较深造诣的专家学者。

在送审阶段，由于试题由专家独立审阅，保密工作就非常重要。在审题开始时，应与专家签订保密协议，要求专家具有高度的保密意识，对所审试题不得泄露、外传，不得用于任何图书资料之中，不得保留底稿或复制等。

送审阶段的审题要求主要有以下几点：

第一，熟悉民族汉考的命题原则、题型和要求。

第二，对语料从广泛性、规范性、公平性、真实性、格调高低、信息量大小、是否贴近考生生活实际和阅读认知水平等方面进行审查。

第三，对提问从简明性、多样性、规范性等方面进行审查。

第四，对选项从简明性、正确选项唯一性、迷惑选项具有迷惑性、规范性等方面进行审查。

第五，认真填写《审题记录表》。

（1）试题估计难度分为 A、B、C、D、E 五个等级填写，A 为最容易级，E 为最难级。

（2）试题估计答题时间按分、秒填写。

（3）可用题：试题合乎要求，可直接在“可用”题一栏打“√”。

（4）可改题：试题可用，但某些方面需要进行修改，在“可改题”一栏中打“√”，并在“说明”一栏写明修改意见。

（5）不可用题：试题不宜使用，在“不可用”一栏打“√”。如需说明原因，写在“说明”栏中；如果无须说明理由，则不写。

（6）审题中如有以上未提及的问题，也可以写在“说明”一栏。如，认为某阅读理解试题更适用于听力理解考试等。

（7）审题中遇到错别字，予以改正。

在规定的时间内（一般为10天左右），收回审题材料，课题组综合不同专家的意见，集体讨论决定取舍。

送审结束后，由课题组成员将试题进行归类、整理，然后入二级题库。

（三）会审阶段

会审是综合性审查，是对试题的精雕细刻。除进行语言规范性审查外，还要对试题语料、题干和选项逐一推敲、修改和打磨。

课题组成员将拟提交会审的试题整理、打印，并组织审题专家在两到三天的时间里，在固定的场所（一般选择环境比较安静、封闭的宾馆）集中审阅试题。

在会审阶段，试题由课题组成员统一保管，会上发给专家，会后及时收回。一般先安排专家独立审阅一遍试题，然后组织大家集体逐题讨论。讨论范围涉及语料、出题点、选项、文字等各个方面，可以说涵盖任何一个方面，只要有人提出意见，都由大家集体交流、讨论，最终形成共识。

会审是整个审题过程中最为重要的一个步骤，这一阶段的突出特点是集思广益。首先，它不再是某个审题人员或专家的个人意见的体现，而是吸收了所有审题人员的意见、建议。其次，它不仅仅是一个筛选的过程，更重要的是，它还是一个修改、加工的过程。

会审结束后，由课题组成员将试题进行将归类、整理，然后入三级题库。

（四）终审阶段

终审主要是对试卷进行最后的完善和检验工作。做一个形象比喻，如果前三个阶段是对零部件的审查，那么终审就是对成品的审查。

终审通常在拼正式卷结束后进行，主要是对试卷进行敏感性审查。参加终审的人员全部由民汉兼通的少数民族专家学者组成，其中包括蒙、藏、维、朝等民族的专家学者。终审采取集中审查的方式，由专家对试卷进行逐题审查，主要看试题有无冒犯少数民族的宗教信仰、风俗习惯、行为准则等现象。

敏感性审查结束后，由课题组成员对试卷的版式再做最后的检查。

为了确保试卷的质量，在付印前，还要进行最后一道把关——试做。试做就是请人仿真地把试卷完整做一遍。这种方式也可以称作“悬赏挑错”。试做一般聘请对外汉语专业的研究生进行。事先声明，如发现错误，将给予高额奖励。这样做的目的主要是克服拼卷人员出现的视觉盲点，确保试卷的整体质量。试做应该奖惩结合，研发机构对试卷的出错率应有一个规定，民族汉考的标准是，整卷的出错率不能超过 3 处。如果某一份试卷出错率超过了规定，在对“挑错”人员进行奖励的同时，对课题组的相关人员也要进行一定金额的处罚。

研发初期，课题组都是严格按照以上四个流程进行审题的。后期，随着考试的推广，用题量加大，原有的流程耗时较多，工作效率不高，加上经费有限，课题组就将流程由四步压缩到三步，将送审和会审合并。目前，民族汉考的审题流程由初审、会审和终审组成。

试题命制是多环节、多手段的综合加工过程，除上面叙述的命题、审题外，还包括预测、题目分析等环节。为了确保试题质量，除对命题、审题这两个重点环节进行把关外，还应对试题生产的整个过程进行全方位的监管，使试题命制逐步做到制度化、程序化、规范化和科学化。

二、审题的组织与实施

上面叙述了审题的流程，可以看出要想高质量地完成审题工作，需要精心组织，细致实施。审题阶段需要重点考虑的问题有三个，一是效率，二是质量，三是安全。

审题是一项高强度的智力劳动，时间不宜太长，一般每次二至三天为宜。时间过长，审题人员就会疲劳，影响审题的质量。为提高工作效率，应对审题工作进行精心安排，包括人员选配，内容匹配等。在审题人员组合时要新老搭配、男女搭配。新老搭配就是让有经验的审题人员带新人，把经验传给新人，实现传、帮、带，并用新人身上没有条条框框的束缚的特点去冲击老审题人员的套路，给审题带来新的刺激，带来新意。男女搭配就是要注意到男性和女性知识结构、认知角度、兴趣爱好方面的不同，形成互补。

审题阶段要制订详细的工作方案，明确每一阶段的工作任务、工作重心，并对工作应达到的要求和质量标准做出细致的说明。经过会审完的试题应达到在结构上是完整的，语言上是规范的，答案是明确的，语料是有出处的，此外还应标出考点、预估难度、解题思路和质量标准，以方便日后的拼卷。终审完的试题应不违反民族、文化和宗教禁忌，没有政治上的问题。

审题时要有详细的安全预案。审题的场所应与外界隔离，明亮、安静；所有参与审题的人员都应签订保密责任书，进入审题地点不能携带手机等无线通信工具；修改和打印试题应专人负责，使用专用的电脑和存储工具。此外，在饮食和住宿上也要注意安全。

第三节　命题和审题中涉及的有关问题

命题模式的不同选择，不仅体现在试题命制过程有所差异，也体现了对考试理念的不同追求和选择。对于命题和审题，不同的考试机构、不同的专家会有不同的见解，许多问题也是仁者见仁，智者见智。

一、考试内容的真实性

在前面谈论命题的原则时，把真实性放在了四项原则的第一位，足见这一问题对语言测试的重要性。可以说，真实性问题贯穿于试题命制的整个过程，无论是语料的选择、试题的命制，还是试题的质量控制都无法回避这个问题。对这一问题的认识，在重要性上学者的分歧不大，但如何来把握它，业界有不同的见解。我们以为，正如真理都是相对的一样，对待真实性问题也绝不能绝对化。从通常的命题过程来看，试题的语料大多是从整篇或大段自然语料中节选而来的，删节本身就是一个加工过程，也就是说试题语料与自然语料之间不能画等号。因此，强调试题的真实性，就是要求语料要选自现实生活中的报刊、书籍、网站等载体，而不能由命题员自编自造语料。对于选自现实生活中的各种语料，可做适当的删节和修改。“题目来源于生活，但并非自然语料就是题目。只有经过人工干预，使其作为考题，更集中更典型地再现生活中语言的真貌，才能通过这方寸考卷，考出（被试）在广阔的交际活动中所具有的真实语言水平来”（刘镰力，1997）。

在整个试题命制过程中，我们应把握了这样一个原则，语料是可修改的，即在不伤语料结构、风格的基础上可做适当的修改，但要把握一个度，即不能伤筋动骨。修改的原则是：硬伤一定要修改，可改可不改的不改。所谓硬伤，是指语料中存在语法错误、逻辑错误、标点错误和错别字。试题是经过加工的材料，它应该是规范的，要符合现代汉语的语法和表述习惯。可改可不改是指语料中的一些带有作者风格或略带地域色彩的表述方式、用词习惯等，虽然不同于通用的格式，但它来源于真实的生活，只要不影响理解，不产生歧义，可以不改。

二、试题的风格

我们以为，语料风格的多样化是语言真实性的体现。命题和审题过程中，特别是命题时，选择语料一定要丰富多样，不仅要考虑文体，也要考虑内容、体裁、题材等因素。命题员选取语料时，选择的渠道要丰富，不能单纯依据自己的喜好选择语料。听力既可从剧本中选，也可以从广播、电视中选。阅读材料的选择范围更广，报刊、小说、剧本、网站中都可以选取。

在注意语料选择多样化的同时，进行试题加工时也要注意保持作者原创风格，避免加工的痕迹过重。在试题加工过程中，审题人员应戴“平光镜”，避免使用“有色镜”，要尽量避免自己的喜好对试题产生影响，应尽量保持作者的语言风格，避免形成试题风格的单一化、固定化。如果语料选材单一，试题生产过程中容易形成模式化、类型化，这样势必增加了试题猜测度，降低了考试的信度。

虽然专职命题与兼职命题各有优势，但相对于小规模的专职命题而言，由于兼职命题在人员数量、地域、视角等方面的优势，试题风格多样化的优势已充分体现出来，这在民族汉考的试卷中已有明显的体现，从而在一定程度上避免了长期只由专职人员命题所形成的命题风格单一化倾向。

三、兼职命题员的培养

命题模式的选择实际上就是妥协的结果，这其中需要对质量、效率等因素进行综合的评价和权衡。在看到兼职命题的优势的同时，也应看到这种方式的欠缺。考试机构特别要摆正兼职命题员用和养的关系。只用不养，无异于饮鸩止渴。任何一支命题队伍都有从不熟悉到熟悉，由缺乏经验到经验丰富的过程，兼职命题更是如此。因此，对考试机构来说，始终要把兼职命题员的培养放在重要位置，这是提高命题质量的关键所在。要清醒地看到，兼职命题员的培养和成熟有一个过程，对此要有足够的耐心，一些问题要反复强调。注意在实践中对命题员进行培养，在保持队伍连续性、稳定性的同时，逐步筛选和优化队伍。在培养过程中，不仅要靠待遇留人，更要靠事业留人、情感留人。这不仅是保密工作的需要，也是命题队伍自身建设的需要。养用结合，动态优化，是兼职命题队伍建设的核心。

四、命题的方式

现在许多考试机构的命题方式都是“来料加工”式，考试机构通过征题的方式让命题人员命题。征题时，一般也会就题型、命题数量和资料的来源提出要求，但命题人员一般都会按照自己的习惯和认识去命题。审题时，审题专家会对征来的题进行加工和打磨。因命题和审题人员基本都不参与拼卷，对试卷结构的认识也不会像拼卷人员那样熟悉和深刻，命题和审题都有一定的盲目性，这就给拼卷人员的拼卷带来一定的困难，拼卷人员只能根据现有的试题拼卷，不同年份、不同批次的试卷很难在结构和内容上形成一致，从而对试卷的信度和效度带来一定的影响。在试题有一定的储备后，应根据双向细目表采用“订单式”的方式来征题，要什么命什么，缺什么补什么，以提高试卷的匹配度。这样命题、审题的目的性才会增强，考试的信度和效度才会真正提高，“考什么”才能真正体现。

参考文献：

[1] 李筱菊．语言测试科学与艺术 [M]. 长沙：湖南教育出版社，1997.

[2] 刘镰力．汉语水平测试研究 [M]. 北京：北京语言文化大学出版社，1997.

[3] 彭恒利，张晋军．民族汉考（MHK）的命题与审题 [A]. 考试研究文集（第 2 辑）[C]. 北京：经济科学出版社，2004：134-146.

[4] 谢小庆，鲁新民．考试研究文集（第 1 辑）[C]. 北京：经济科学出版社，2002.

[5] 曾用强．现代语言测试的新发展 [A]. 考试研究（第一辑）[C]. 天津：天津人民出版社，2002.

[6] 张晋军，彭恒利．民族汉考（三级）命题注意事项 [A]. 考试研究文集（第 2 辑）[C]. 北京：经济科学出版社，2004：147-153.

第四章　施测与评分

第一节　试行与推广

一、MHK的试行与推广

教育部2002年10月24日发布《关于在有关省区试行中国少数民族汉语水平等级考试的通知》(教民函〔2002〕7号)，这份文件对民族汉考的组织管理机构的名称、职能做了明确说明：教育部“成立中国少数民族汉语水平等级考试委员会。委员会下设办公室，在我部民族教育司的具体指导下，负责民族汉考的组织管理工作”。

根据上述文件的精神，从2003年起，MHK已经在吉林、青海、四川、内蒙古等省区进行了试行。从2004年起，MHK成为吉林、青海的高考科目，从2005年起，MHK成为四川的高考科目；2004年10月，在新疆进行了口试考评员的培训和三级口试试测；2004年，中央民族大学、延边大学两所高校首先设立考点，正式开考MHK，之后，北京邮电大学、新疆财经学院、内蒙古师范大学、青海师范大学、东北师范大学、宁夏大学、吉首大学等十几所高等院校设立了考点；2005年，青海省七个地州进行了MHK一级和MHK二级的试测，二级用于替代中考汉语文考试；2007年6月，在新疆财经大学举行了计算机化的MHK三级“人机交互式”的口语考试，来自乌鲁木齐、喀什、伊犁三地六所高校的2879名考生参加了测试。2011年，教育部开始将MHK一级用于监测民族小学汉语课程的教学质量，新疆、青海两地开始了学业水平的质量监测工作。

MHK 在少数民族地区试行以来，受到广大考生、家长的热烈欢迎，产生了广泛的社会影响。绝大多数学生、家长、教师和教育管理者都对 MHK 给予了肯定的评价。他们普遍认为，MHK 吸收了 HSK 的优点，从中国少数民族学习汉语的实际出发，符合少数民族学习汉语的需要和目的；着重考查考生实际运用汉语的能力，是可靠、有效、权威的汉语水平评价工具；考试的成绩可以比较客观、准确地反映应试者的实际汉语水平，符合全面推行素质教育的要求。MHK 的试行不仅为评价少数民族考生的汉语水平提供了更加科学的依据，也对汉语教学产生了积极的导向作用，促进了汉语教学的改革。

目前，MHK 已广泛用于新疆、吉林、青海、四川、内蒙古等省区的高考、中考、预科结业、大学毕业考试等考试领域，考生人数逐年增长（详见图 1）。截至 2014 年 12 月底，累计考生人数超过 97 万人次。

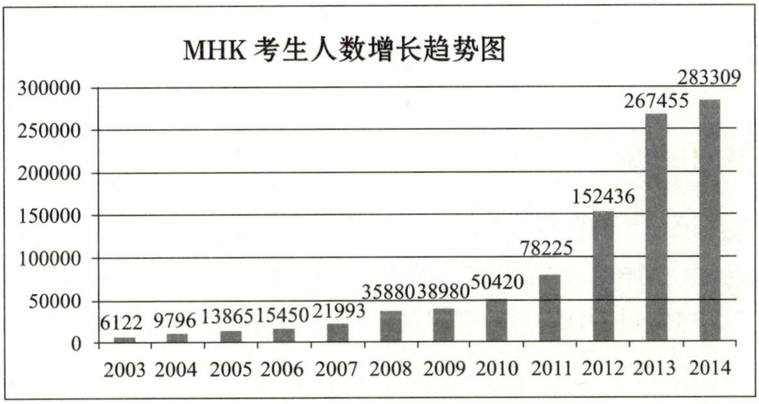

图 1　MHK 考生人数增长趋势图

从考试的用途来看，MHK 可分为教育类考试与社会化考试两种，且以教育类为主，社会化为辅。像学业水平质量监测、中考、高考、预科结业考试、大学毕业考试等均属教育类考试，而像教师培训以及社会人员的求职、晋级等领域的考试都属于社会化的考试。

需要说明的是，MHK 作为高考科目时，都是由相关省区的招办负责统一组织实施的。试卷的印刷、运输、保管和分发，考场的设立和安排，考务人员的选配以及阅卷评分等都是严格按高考的规程操作的。

概括来说，MHK 目前主要用于以下领域：

1. 高考、中考等高利害考试。目前，吉林、青海、四川、内蒙古等四省区用MHK（三级）替代汉语文考试，直接用于高考；青海用MHK（二级）替代汉语文考试，直接用于中考；新疆采用MHK题型，单独命题，用于替代高考汉语文考试。这类考试只考笔试，不考口试。

2. 预科结业、大学语文和大学毕业等考试。除新疆各高校外，中央民族大学、北京邮电大学、延边大学、内蒙古师范大学、宁夏大学等15所高校设立了独立考点，将MHK（三级）和MHK（四级）用于预科结业、大学语文和大学毕业等考试之中，不仅考笔试，还考口试。

3. 学业水平质量监测。青海和新疆两省区将MHK（一级）用于民族小学汉语课程的质量监测上，在了解本省区双语教学的现状和发现教学中存在的问题方面取得了良好的效果。

4. 社会化考试。新疆将MHK作为一种社会化考试在全疆推广，广泛用于教学评价、职称评定、人员聘用等领域，成为该区影响力最大的一项国家级考试。

二、MHK在新疆

过去，新疆是HSK的主要考区，全国少数民族参加HSK的考生中，新疆考生占的比例最大。同样，新疆也应当成为MHK的主要考区，能不能在新疆推广开来，实现从HSK到MHK的顺利过渡，既是MHK推向全国的关键之举，同时在某种意义上也意味着MHK的成败。MHK试行之前，HSK在新疆已深入人心，考试的用途和许多人的生活密切相关。如何实现HSK到MHK的顺利过渡，不仅要在政策和规定上做出相应调整，而且也需要在考试理念、考试方式、分数转化等方面做理论和技术上的准备。因此，课题组在研发伊始就将新疆作为主战场，为使MHK能顺利进入新疆，课题组以及新疆的同仁做了大量细致的工作。

1. 在新疆的调研情况

MHK项目启动后，课题组成员先后在和田、伊犁、塔城、乌鲁木齐等地的小学、中学和大学进行了调研。他们深入课堂听课，与汉语老师座谈，还多次召开座谈会，广泛地听取了各有关方面的意见和建议，并与自治区招办、汉考办、教科所等有关部门进行了沟通，掌握了大量的新疆汉语教学和汉语水平考试方面的第一手资料和数据。

2. 在新疆部分地州试测的情况

MHK（三级）考试大纲研制出来后，为了落实教育部高考汉语科目改革的精神，在自治区招办的积极支持和协助下，MHK 课题组在自治区高中毕业生中进行了两次试测。

2002 年 3 月 9 日在伊犁地区（伊宁市、伊宁县）对应届高中毕业生进行了试测，共 1135 人参加了试测，通过率为 41.23%。2002 年在新疆高考中开始采用 MHK 的题型结构模式（考试操作程序按高考模式）组织汉语考试，汉语原始分的平均分为 56.64（满分 95 分，下同）。

2003 年 3 月 12 日在伊犁地区（伊宁市、伊宁县）和喀什地区（喀什市）对应届高中毕业生进行了试测，共 2542 人参加了试测，通过率为 52.8%，原始分的平均分为 56.45。2003 年高考汉语原始分的平均分为 56.92。试测平均分和当年高考平均分接近，说明 MHK 测试的科学性及其测试水平的稳定性。

3. 在新疆高校试测的情况

根据教育部试行 MHK 的文件精神，MHK（三级）的考试对象包括预科结业的少数民族学生，MHK（四级）的考试对象包括少数民族大学毕业生。MHK 研制基本完成后，在新疆部分高校进行了三次试测。

2003 年 6 月在新疆财经学院对少数民族预科学生进行了 MHK（三级）试卷的试测，参加人数为 1624 人，原始分的平均分为 60.62，通过率为 63.4%。这些学生为 2002 年高考第一次参加汉语考试的考生。经过一年预科汉语学习，成绩要高于高考时的成绩。

MHK（三级）口试试测由新疆汉考办（新疆财经学院）承办，于 2004 年 10 月 17 日在新疆大学、新疆农业大学、新疆财经学院三个考点举行。应考人数 150 人（各考点 50 人），实考人数 143 人。

2005 年 12 月 2 日在新疆财经学院进行了 MHK（四级）正式考试。参加人数 1391 人，获证者占总人数的 33.86%。和同期的 HSK（高等）考试结果相比，考生通过率接近 HSK（高等）。为了实现 HSK 到 MHK 的转换，课题组精心设计，采用了共同组的设计，探讨了 HSK 与 MHK 分数转换的若干技术问题，确定了两者的对应关系。

2007 年 6 月，在新疆财经大学举行了计算机化的 MHK 三级“人机交互式”的口语考试，来自乌鲁木齐、喀什、伊犁三地六所高校的 2879 名考生参加了测试。

4. 在新疆高考中的试行情况

新疆高考汉语科目从 2002 年到 2014 年，一直采用 MHK 题型结构模式进行考试，平均分逐年提高，最高分稳定。高考汉语科目改革表明，MHK 成绩可以比较客观、准确地反映出学生实际汉语水平，MHK 所倡导的培养学生实际汉语交际能力的理念和考试形式已经得到广大师生的普遍接受和赞同，少数民族考生和中学汉语教师无论从考试理念上还是从试题形式上都已适应了这种考试，考试已对汉语教学改革产生了积极的导向作用。

新疆高考中采用 MHK 题型结构模式进行的考试改革进展顺利，为在全疆范围内进一步试行 MHK 奠定了基础。

5. 从 HSK 到 MHK 的过渡

2007 年 3 月 21 日至 25 日，教育部民族汉考办的阿尔宾达来以及课题组的谢小庆、彭恒利一行三人专程赴新疆就试行 MHK 事宜进行了调研。他们出席了新疆教育厅双语办组织的座谈会，听取了新疆汉考办、新疆大学、新疆师范大学、新疆医科大学、新疆财经大学、新疆农业大学等高校专家学者的意见和建议，并与教育厅主管副厅长、教育厅双语办、新疆汉考办的负责人就新疆试行 MHK 的有关问题交换了意见，还专门走访新疆医科大学、新疆维吾尔自治区大中专招生办公室。此外，谢小庆还为新疆财经大学等院校汉语教学部门的教师做了一场有关 MHK 及汉语教学改革的报告。通过这次调研，课题组了解到了新疆试行 MHK 存在的问题、面临的困难，并就加大宣传力度、扩大施测范围、尽早实现 MHK 全面替代 HSK 达成了共识。

此后，课题组一方面通过扩大施测强化宣传力度，让各界了解 MHK，熟悉 MHK；另一方面投入科研力量，解决实现过渡的分数转换、等级对应等技术问题，结合新疆的实际，将各等级的合格标准细分为两等，即合格（乙等）和优秀（甲等），这就为新疆全面推行 MHK 扫除了技术障碍。

2010 年 8 月，新疆维吾尔自治区颁布了《新疆维吾尔自治区实施中国少数民族汉语水平等级考试暂行办法》（新教双〔2010〕11 号），就新疆实施 MHK 的若干问题做出了规定。据教育部有关文件的精神，结合新疆目前“双语”教学的实际，将按照“科学引导，平稳过渡”的原则，分步骤逐步推广 MHK。推广工作分两个阶段：第一阶段，采用“双轨制”的方式，即 MHK 与 HSK 同时开考，学校、单位、考生既可以根据自己的实际情况做出选择，考生也可同时参加两种考试，考点主要设在15个地州首府所在地及部分高等院校；第二阶段，逐步在县（市）设置MHK考点，2013年最终以MHK代替HSK。MHK成绩有效期为两年。

2011年5月，新疆高校首先试考了MHK三级，考生人数达23216人。2012年MHK三级试点进一步扩大，仅5月份参加考试的考生人数就达39771人；同时，四级也开考，4691人参加了5月份的四级考试。2011年和2012年试行的是双轨制，HSK和MHK并存。2013年HSK在新疆停考，MHK实现了全面替代，当年参加MHK的考生人数就达154787人次，其中三级135877人次，四级18910人次。

三、试行MHK取得的成绩与存在的问题

从2003年试行以来的效果来看，MHK在少数民族地区取得了良好的社会效益，主要体现在以下几个方面：

1. 建立了一个适合少数民族学习汉语的科学的评价体系。这个体系从小学贯穿到大学，是一个完整的、科学的评价体系。

2. 全面推进了少数民族地区汉语教学的改革。在少数民族地区试行MHK，成为突出素质教育的"新课程改革"的一个重要组成部分，充分发挥了考试的"龙头"和指挥棒作用，对于扭转以往汉语教学"少慢差费"的局面产生了重要的影响。少数民族地区的汉语教学开始走上了素质教育和实际汉语能力培养的道路，出现了可喜的新局面，在教学目标、教学方法、教学管理等方面都发生了显著的变化，从原来的"教材翻译模式"转向"交际模式"，从重视知识记忆转向能力的培养。

3. 对民族教育起到了稳固和促进的作用。前几年，一些少数民族地区的少数民族学生纷纷转入汉族学校，民族教育出现了下滑的趋势。MHK的实施，有力地体现了国家的民族政策，对少数民族地区的民族教育起到了稳固和促进的作用。

4. 减轻了少数民族学生的负担。MHK的实施，适当地降低了知识的要求，强化了能力的培养，对真正提高少数民族学生实际运用汉语的能力起到了促进作用。一些省区用MHK成绩代替中考、会考、高考等考试的成绩，这在很大程度上减轻了少数民族学生的学业负担。

当然，在MHK的试行过程中，也发现了自身存在一些问题。如考试大纲存在缺陷：一是口试的测评体系和方法不统一，原设计为档案式面对面的口试，实测采用的是基于人工智能的“人机对话”方式；二是一些题型设计得不够实用，如三级书面表达的第二种题型是逆向思维，侧重考语法，对提高考生的语言应用能力作用不大；三是四级大纲样题的题量和实际考试的题量不同。此外，随着双语教育理论、第二语言教学理论、心理学与教育测量理论以及计算机科学技术的发展，MHK原有的一些理念和方式也亟待更新。

第二节　口语测试

一、口语测试及其发展趋势

口语是人类最直接、最方便、最经济的一种交流方式，作为人类最重要的交际工具，在人们的日常生活中发挥着不可替代的作用。随着社会的不断发展与进步，交际的重要性越来越凸显，人们对口语表达能力重要性的认识也越来越深刻，口语表达能力的高低不仅影响着人们的日常交际活动，也关系着他们能否适应现代社会的需要，更关系着他们发展空间的大小以及核心竞争力的强弱。

口语测试是一种对被试语言表达能力进行评价和判断的测试。从测试的类型上划分，可归为主观性的语言类测试；从时间上划分，可分为结构主义口试和交际型口试，而后者是现代口语测试发展的主流。交际型口试主要基于Bachman（1990）提出的语言交际能力模型（Communicative Language Ability，CLA）而创建，认为语言测试应该把语言能力放到语言使用的互动模型中去讨论，测试的核心是被试在真实语境下实际应用语言完成交际任务的能力。结构主义口试强调口语形式的准确性与口语技能的熟练性，而交际型口试具有真实性、功能性、交互性、情境性和综合性的特点，两者各有其优势和不足。因此，在现代的口语测试中，很难将两者绝对地区分开来，常常是两者兼而有之，相互取长补短。

在以往的标准化语言测试中，由于口语测试的成本高、误差大，不易操作，在确定试卷结构时常常被迫舍弃。近年来，随着全球化的进程加快，交流的重要性凸显，人们对口语测试重要性的认识越来越深刻。它不仅能够对被试的实际口语表达能力进行客观的评价，还能对教学起到积极的反拨作用，提高口语教学的质量，因而社会和用户越来越多地希望获得有关语言学习者口语能力的准确评价，口语测试被作为标准化语言考试的重要组成部分被众多考试采用。例如，美国教育考试服务中心的托福（The Test of English as a Foreign Language，TOEFL）自2006年开始，口语考试由以前独立的可选项目变为了测试中必考的一部分，并占总成绩的四分之一；中国少数民族汉语水平等级考试（MHK）作为面向国内母语非汉语的少数民族汉语学习者的一项国家级标准化考试，为了更加全面、准确地考查和评价被试的语言交际能力，在研发伊始就确定口语为必考项目。

国内的语言类口语测试以汉语为例，最先推出的是汉语水平考试（高等）口语测试，其后又先后出现了MHK口语测试、新HSK口语测试、C.TEST面试型口语测试、国家汉语口语水平测试（HKC）等。目前在海外，影响力较大、包括口语测试的考试主要有剑桥商务英语证书（Business English Certificate，BEC）考试、托福iBT（The Test of English as a Foreign Language internet-based test，TOEFL iBT）以及Versant英语口语测试（The Versant English Test，Versant）等。

在结构主义口试盛行的时期，分立式的测试是主流。随着“语言交际能力”模型的提出，分立式语言测试受到广泛质疑，语言测试界开始重视综合语言测试的研究，体现在口语测试上，便是更加重视测试的“真实性”和“交际性”。最典型的例子便是ETS推出的“TOEFL2000”计划对托福考试进行的改革，口试作为新托福（TOEFL iBT）改革的重点，基于交际能力测试的理论基础，实现了对语言技能的综合测试。

二、口语测试的方式

测量界一般把口语测试的方式分为三类：直接型口试、半直接型口试和间接型口试（刘润清、韩宝成，2000）。这种分类比较学术化，外界理解起来不够直接。笔者根据测试的形式将口试的方式归为以下三种：

第一种，录音方式。这种方式的特点是测试和评分是分离的，不同步进行。测试时被试将回答的内容录制在录音带上，评分人在测后以听录音带的方式进行评分。HSK（高等）、美国 ETS 的“英语口语测验（TSE）”等采用了这种方式。

第二种，考场面试方式。这种方式的特点是考试和评分同步进行。在考场中，一到多位评分人对被试进行面试，然后分别打分。评分的方式类似体操、跳水比赛。普通话测试、高考英语口试、全国公共英语等级考试（PETS）等采用了这种方式。

第三种，档案式评价（portfolio assessment）方式。档案式评价属于表现评价(performance assessment) 或真实性评价（authentic assessment）。这种评价由“责、权、利统一”的考评员进行考评，英国的“国家职业证书（NVQ)”和我国人力资源和社会保障部组织实施的一些职业资格证书考试（如文秘职业资格证书考试）等采用了这种方式。在这种方式的考试中，考试机构像工厂控制冰箱、彩电的质量一样对证书的质量进行控制。例如，英国 NVQ 制度用于证书质量控制的是 ISO11000 国际标准。

语言测试项目的选择和取舍往往都是妥协的结果，因此，尚不存在一种完美无瑕的口试方式。上述的三种口试方式，每一种都有其优势和缺陷。

由于录音方式考试和评分不同步进行，因此，在实施过程中，可以不受地域和评分员的数量制约，只要考场设备条件能满足要求，被试的数量可以无限制地扩大，而且在时间上易于控制。这种形式适合于大规模和跨地域进行。

考场面试方式是一种传统的口试方式，它的社会认可度较高，由于它在考场设备上没有过高的技术要求，准备考场比较容易，因此，许多考试都采用这种方式。由于考试和评分可以一次性完成，考场面试方式有方便易操作的优势，这种方式易于推广。

档案式评价方式是一种基于社会信用基础之上的现场的、开放的评价方式，属于表现评价或真实性评价。这种方式，一般采用“考评员负责制”，以“一对一”方式进行，由考评员根据考试标准对被试的实际口语表达水平以面试方式进行考查。考查可在一次面试中完成，也可根据需要通过多次完成。这种方式的显著特点是，评价建立在一套完善的实施和监督系统之上，既充分调动了考评员参与的积极性，又对考评员的整个评分过程实施了有效的监督，真正体现了考评员责、权的统一。

三、MHK的口语测试

在 MHK 研发伊始，课题组就非常重视口语测试问题，在笔试之外单独设置了口语测试。从 MHK 口试的发展历程来划分，MHK 的口语测试分为两个阶段。

第一阶段，档案式的测评方式。最初，在设计 MHK 口语测试方式时，为了突出交际性，MHK 口语测试采用了档案式的方式，实行“责、权统一”的“考评员负责制”，以面试方式，“一对一”进行。在严格甄选的基础上聘请考评员，由考评员根据考试标准对被试的实际口语表达水平进行评价。测试可以在一次面试中完成，也可以根据需要通过多次面试完成。测试可以采用多种方式进行，包括考评员向被试提问、被试抽签答题、考评员观察被试之间的交谈等。考试成绩不计分数，仅仅评定被试所达到的口语级别。口语级别分为一、二、三、四和“尚无判断把握”五个级别，口语考试成绩单独报告。

为了检验这种测试方式的效果，课题组于 2004 年 10 月 17 日在新疆大学、新疆农业大学、新疆财经学院三个考点进行了 MHK（三级）口试试测，143 名被试参加了测试。

档案评价方式所面临的最大困难主要不是如何保证评价的信度和效度，而是如何保证考试的公正性。档案评价的基础是社会诚信和严格的监督制约机制。中国传统的“重人情、轻规则”的文化倾向和今天尚不完善的整体监督制约机制是进行档案评价的困难所在。在这样的文化背景和社会条件下是否可以进行档案评价？通过实测发现，这种方式对考评员的要求较高，培训、管理和使用的成本较高，又容易受到自然环境和人文环境的影响，大规模使用不太现实。因此，这种考试方式在实测中并没有广泛采用。

第二阶段，基于人工智能技术的“人机对话”方式。档案评价方式受阻后，课题组及时调整了研究思路，采取了“走出去”“借鸡下蛋”的方式，与中科院等单位合作开发了专门针对少数民族汉语水平测试的 MHK 口语测试的考试和阅卷系统，经过在中央民族大学、北京邮电大学的多次试验，考试和阅卷系统达到了预期的性能。2007 年 6 月，课题组在新疆财经大学举行了计算机化的 MHK（三级）“人机交互式”的口语测试，来自乌鲁木齐、喀什、伊犁三地六所高校的2879名考生参加了测试。不仅考试进程顺利，采音清晰，无漏测、漏存，并且实现了朗读的自动评分和封闭式简答题的辅助性评分。这次大规模的试测，有效地检验了这套系统的适用性、稳定性和可靠性，说明在新疆等少数民族地区采用计算机化的“人机交互式”的口语考试完全是可行的。至此，MHK（三级）口语考试的考试方式实现了革命性的变革，“人机对话”方式在各少数民族地区、各考点正式使用。

目前，MHK（三级）口语考试已经全面实现了计算机化测评，考试系统的操作流程如下图：

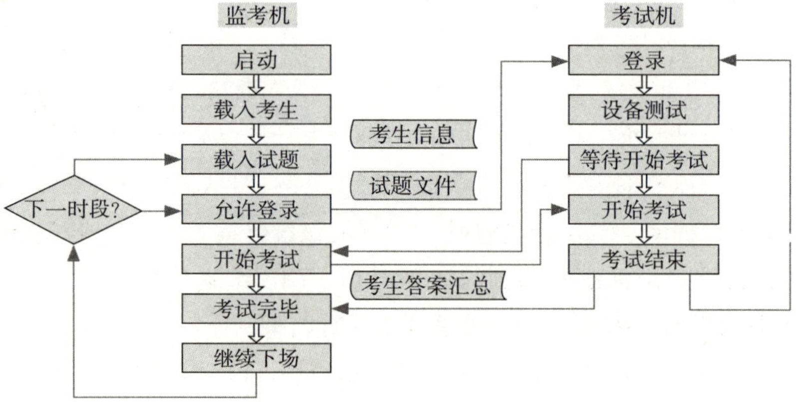

图2　考试系统操作流程

图2中的监考机由监考老师及技术人员操作，考生只需要在考试机上进行操作。全部考试采用人机交互的方式，考生在计算机测评系统的引导下独立完成，考生的全部身份核验和答题信息都会自动录入计算机中。而且，为了确保信息的安全，考试系统还会对答题信息自动备份。

考试的流程大致如下：首先是身份验证和录音测试，测试结束后，口试正式开始，系统会首先载入第一部分，朗读短文，屏幕上会显示需要朗读的短文，考生在60秒的准备时间之后，开始朗读短文，计算机进行录音，90秒后停止录音，进入下一部分的说明，此时短文已经从屏幕上消失；第二部分，考生看到题目后，准备30秒，然后根据短文回答问题，回答时间为30秒；第三部分，考生看到题目后，准备2分钟，然后回答2分钟。每部分考试时间结束，计算机自动停止录音，进入下一部分。考试结束后，计算机将考生的全部回答打包上传到服务器，考生离开考场。

目前，MHK 一至四级的口语测试均采用基于人工智能技术的“人机对话”的方式进行，使用最多的是三级和四级，这两个级别的考生人数近两年每年都在 15 万人次左右。

以 MHK（三级）口语测试为例，考试内容和试卷结构如下：

表 1　MHK（三级）口语测试内容和试卷结构

	题型	题数	考试时间	评分方式
MHK（三级）口语考试	朗读	1	约 2 分钟	机评加抽检
	回答封闭性问题	1	约 1 分钟	人机结合
	回答开放性问题	1	约 4 分钟	人评
总计	3	3	约 10 分钟	

注：由于每个部分之前都有一小段文字说明，所以总计时间比各部分相加要长一些。

据上表，MHK（三级）口语测试分为三个部分，第一部分要求被试朗读一段约 220~260 字的短文，主要考查被试的语音语调；第二部分要求被试根据朗读短文的内容，回答与其相关的一个半封闭性问题，主要考查被试理解语段内容、搜索概括关键信息并进行口语表达的能力；第三部分为回答开放性问题，要求被试围绕一个指定话题阐述个人观点或介绍相关内容，这部分主要考查被试实际运用口语进行交际的能力，侧重考查被试语言的准确性、丰富度以及叙述过程中体现的条理性。

MHK（三级）口语测试三种题型的评分标准视各题型的特点而有侧重，三种题型的评分等级均为 1~6 级，考生的有效得分在 1~6 分之间。评分使用计算机化的网上阅卷系统进行，采用 2+1+1 的评分模式进行打分，三种题型的评分形成对考生口语评分的多维评价体系。目前，朗读题已经实现了由计算机自动评分，人工按比例抽检；问题一是根据短文内容回答问题的封闭式简答题型，评分时先由计算机进行一评，然后由人工进行二评和复评；问题二是开放性的问题，全部由人工进行一评、二评和复评。目前，课题组已和技术服务团队合作，正在开发问题二的计算机自动评分系统，该系统已在 2014 年 11 月进行了大规模试测。待这一技术成熟后将用于问题二的正式评分中，设想与问题一一样由计算机替代人工的一评，由人工进行二评和复评，力争实现人工与计算机自动评分技术的优势互补，以提高 MHK 口语测试评分的质量和效率。

第三节 计算机自动评分技术

在语言测试中，主观性试题多应用在对口语能力及写作能力的考查中，他们具有客观题无法替代的作用。主观性试题因为能够考查考生综合运用语言的能力，因此在试题效度上表现较好，但由于评分易受评分员的主观因素影响，评分准则较难控制，因此可靠性较低。随着计算机技术的飞速发展，计算机自动评测技术正逐步引入到主观性试题的评测之中，并且取得了显著的应用效果。

一、口语测试的计算机自动评分的技术

在测量界，口语考试通常会采用主观性试题，由人工进行评测，由此面临的是评分的科学性和经济性问题，这是一个难解的题目，困扰着许多考试研发机构。随着计算机技术的飞速发展及其在考试中的研究与应用，困扰测量界多年的难题有了破解的希望，计算机自动评分（Computer-Automated Scoring，CAS）技术正逐渐进入大规模考试口语考试主观题的评分领域。

目前，计算机自动评分技术已广泛应用于国内外著名的考试之中，为人熟知的英语口语测试（Versant）、普通话水平测试以及中国少数民族汉语水平等级考试（MHK）等都采用了高效的评分技术。在应用程度上，Versant 英语口语测试已实现了朗读、复述、回答简短问题、造句四个题型的计算机自动评分；普通话水平测试已实现了朗读单音节字、朗读多音节词、朗读短文三个部分的计算机自动评分；MHK（三级）口语考试已实现了朗读题的自动评分和封闭式简答题的辅助性评分。计算机自动评分技术的广泛应用，不仅大大节省了人力、物力和财力，还有效避免了疲劳效应，且具有安全性高、准确性好、客观性强、一致性高、稳定性好等优势。

在口语考试中，计算机自动评分技术的实现主要依赖于语音识别技术和语音

评测技术的综合应用。

目前，MHK 口语考试采用的是由北京语言大学教育测量研究所与中科院等单位合作开发的口试阅卷系统。

用于 MHK 口语评分的口语自动评估系统主要包括四个模块，分别为：口语发音内容识别和确认、口语发音评估、口语流利度评估、口语韵律评估。下图是口语自动评估系统的流程图。

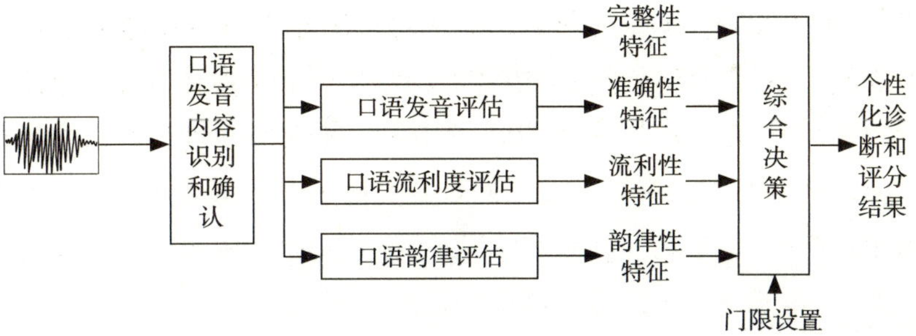

图 3　口语自动评估系统流程图

口语自动评估系统分别从内容的完整性、发音的准确性、话语的流利性及韵律性四个方面对被试的口语能力进行评估（王士进等，2011）。

朗读题评分技术的实现主要包括以下三个步骤：第一，建设有万人以上的、涵盖范围较广的标准发音语料库，并且在对该语料库进行研究的基础上，通过先进的数学建模技术构建标准声学模型（该模型囊括了大多数发音人的发音特性，可对应试者发音的标准程度做出客观度量）；第二，通过采集大量真实考试数据并邀请多位专家依据打分标准进行独立打分标注，训练综合打分映射数学模型；第三，通过调整，使机器评分和人工专家之间的评分具有高度的一致性，达到可以应用的水平。

二、汉语作文的计算机自动评分的技术

作文虽然在考试中比口语测试应用的范围更广，但它同样面临着评分的科学性和经济性问题。目前，作文评分的计算机化是国内外标准化测试研究的热点，许多测量机构已经开始采用自动评分系统对作文进行机器评分。由于现代汉语在汉字、词汇、语法等方面存在着不规则性和复杂性，加上手写体的转化难题还没有

实质性的进展，国内在汉语作文自动评分方面的研究多是基础性的探索或小规模的试验，而且试验也是将手写体通过人工录入转化为计算机可识别的方式进行的，作文的计算机自动评分还有许多难题等待突破，这一技术的实际应用还尚待时日。

尽管如此，学者们还是在汉语作文的计算机自动评分方面做了许多有价值的探索。

张晋军、任杰（2004）对 MHK 三级作文进行了自动评分研究。随机选取了 700 份试卷，由三位评分员严格按照 MHK 三级作文评分标准和要求进行独立评分，同时设计、编写了电子评分员程序；由电子评分员对这 700 份作文抽取了字数、句长、错误语法数等 17 项信息；采用多元线性回归方法构建模型；最后计算电子评分员和 3 位评分员的评分一致性。结果表明，电子评分员和人工阅卷结果有 96% 的打分是一致的（分值差≤1），电子评分员和人工评分综合成绩的相关达 0.842。该电子评分员的评分准确性达到了与人工评分不相上下的程度。

任春艳（2004）在经验及实证的基础上，确定了一套客观标准，应用于 HSK 作文试卷的评分，并采用多元线性回归和因素分析方法构建了模型。结果表明，客观化评分具有较好的信度、效度，其中词汇等级、语法错误和内容关键词等标准对 HSK 线性主观等级评分具有较好的解释能力。

李亚男（2006）以 MHK 三级作文为研究样本，以多元线性回归分析为研究方法，以 45 个可量化的评分要素作为自变量，阅卷员给出的作文分数作为因变量，利用逐步回归（stepwise）和强迫输入回归（enter）两种提取变量的方法，进行了多元线性回归分析，并在样本内部两个随机组之间进行了交叉验证。最后将研究得出的八个回归方程进行了比较，从中确定了一个针对特定作文题目的自动评分方程。作者用这个方程对样本进行了实评，所得的结果与人工评分的相关达到 0.572。这项研究在提取的可量化评分因素方面较之以往研究更具体，并采用了汉语信息处理领域的一些新成果，使评分系统在自动分词和词性标注方面较以往更加准确，其自动评分模型的建立注重实用性和可操作性，有一定的创新价值。

曹亦薇和杨晨（2007）使用潜在语义分析技术对汉语作文进行自动评分研究。他们的研究以人工评分的 202 篇高中作文为样本，使用潜在语义分析技术评价作文得到的内容分数，此分数与人工评价的内容分数的相关性达到 0.47。该研究表明，潜在语义分析技术在汉语作文自动评分中起着重要作用，但仅采用该技术实行作文评分显然不够，尚需寻找更多的指标，并辅以其他方法提高自动评分效果。

陈琨（2010）从"完全准确识别条件下的汉语作文测试"的角度入手，采用潜在语义分析（LSA）等技术探索了一种新的作文计算机自动评分模式，并试图找出适合计算机考试及评分的写作测验的命题方式，为汉语作文的计算机化考试和评分开辟了一条新的思路。这一视角国内尚无人涉及，作者的探索具有一定的创新价值。

中科院自动化研究所从 2009 年开始对作文自动评分技术进行了全面的探索，从字、词、句、篇四个层面全面研究了作文评分的特征，研究了作文自动聚类、特征的非线性拟合等技术，最终形成了评分相关性优于人工的半自动作文评分系统（需要专家标注打分的训练语料库训练模型）。在此基础上，他们又提出了一种全自动的评分方案。该方案的研究思路是在现有的半自动作文评分系统的框架上，采用增量式的潜在语义分析方法对海量作文进行评分，并利用海量数据和题目间相互关系实现评分模型的自动训练，从而实现了真正意义上的全自动作文评分。这项研究目前还处在实验阶段，尚未应用在实测中。

参考文献：

[1] 曹亦薇，杨晨 . 使用潜语义分析的汉语作文自动评分研究 [J]. 考试研究，2007（1）：63-71.

[2] 陈琨，MHK 作文自动评分实验研究 [D]. 北京：北京语言大学硕士学位论文，2010.

[3] 教育部民族教育司中国少数民族汉语水平等级考试课题组 . 中国少数民族汉语水平等级考试大纲（三级）[M]. 北京：北京语言文化大学出版社，2002.

[4] 李蕊 . 主观性试题的人机评分比较研究——以 MHK 口语封闭式简答题为例 [D]. 北京：北京语言大学硕士学位论文，2013.

[5] 李筱菊 . 语言测试科学与艺术 [M]. 长沙：湖南教育出版社，1997.

[6] 李亚男 . 汉语作为第二语言测试的作文自动评分研究 [D]. 北京：北京语言大学硕士学位论文，2006.

[7] 梁茂成 . 中国学生英语作文自动评分模型的构建 [D]. 南京：南京大学博士学位论文，2005.

[8] 刘润清，韩宝成 . 语言测试和它的方法 [M]. 北京：外语教学与研究出版社，2000.

[9] 彭恒利 . 中国少数民族汉语水平等级考试 [J]. 中国考试（研究版），2005（10）：57-59.

[10] 彭恒利 . 基于档案评价的汉语口语水平考试 [A]. 考试研究文集（第 3 辑）[C]. 北京：经济科学出版社，2006：27-39.

[11] 任春艳 . HSK 作文评分客观化探讨 [A]. 考试研究文集（第 2 辑）[C]. 北京：经济科学出版社，2004：218-236.

[12] 王士进，李宏言，柯登峰，李鹏，高鹏，徐波 . 面向第二语言学习的口语大规模智能评估技术研究 [J]. 中文信息学报，2011（6）：142-148.

[13] 魏思，刘庆升，胡郁，王仁华 . 普通话水平测试电子化系统 [J]. 中文信息学报，2006（6）：89-96.

[14] 谢小庆 . 教育与心理测量的一些新进展 [J]. 中国考试（高考版），2001（5）：18-20.

[15] 谢小庆 . 英国国家职业资格证书制度 [A]. 考试研究文集（第 1 辑）[C]. 北京：经济科学出版社，2002：274-279.

[16] 谢小庆 . 中国少数民族汉语水平等级考试口语考试的可行性分析 [A]. 考试研究文集（第 1 辑）[C]. 北京：经济科学出版社，2002：136-140.

[17] 曾用强 . 现代语言测试的新发展 [A]. 考试研究（第一辑）[C]. 天津：天津人民出版社，2002.

[18] 张洁 .MHK（三级）口语考试计算机评分的效度研究 [J]. 考试研究,2011（5）：51-58.

[19] 张晋军，任春艳 . 刍议 MHK 词汇大纲 [A]. 考试研究文集（第 2 辑）[C]. 北京：经济科学出版社，2004：70-78.

[20] 张晋军，任杰 . 汉语测试电子评分员实验研究报告 [J]. 中国考试（研究版），2004（10）：27-32.

[21] 张丽 . MHK（三级）口语考试朗读题评分模式研究 [D]. 北京：北京语言大学硕士学位论文，2015.

[22] 张秀秀 . 主观性试题分数等值连接可行性探究——以 MHK（三级）口试为例 [D]. 北京：北京语言大学硕士学位论文，2015.

[23] Bachman.L.F.*Fundamental Consideration in Language Testing*[M].Oxford: Oxford University Press,1990.

第五章　篇章与话语分析

美国语言学家 Zellig Harris 1952 年在《语言》杂志上发表的题为“ Discourse Analysis”的论文开创了话语分析的先河。“ discourse”作为语言学的一个术语，在当时指的是大于句子的语言连续体，包括口语和书面语。

正因为 Harris 当时没有清晰地对“discourse”进行界定，后人对“discourse”的理解和应用产生了分歧。有人把“ discourse”看作口语，把“ text”看作书面语言；有人用“ text”指书面语言和口头语言；也有人用“ discourse”指书面语言和口头语言。这一问题在国际上没有形成统一的看法，同样，国内学者对它们的使用也比较混乱。在国内“ text”被译成了“语篇”“篇章”“文本”“话语”，“ discourse”被译成了“话语”“语篇”“语段”。可以看出两者在语义和使用上是交叉的，并没有清晰地区分开来。在研究中，许多语言学家都提到了“ text”和“ discourse”的区别，但一般并没有对它们进行严格的区分。有的虽然做了区分，但很难也看出彼此间的显著差别。

为了避免这一问题带来的困惑，胡壮麟（1994）认为，可以用“语篇”统称“篇章”和“话语”，“在使用场合确有特指的情况下才分说‘话语’和‘篇章’”。胡壮麟还认为，“语篇语言学”和“语篇分析”两种说法基本上是同义的（黄国文、徐珺，2006）。

笔者认为，这样的处理是比较现实的，避免了把过多的注意力放在术语的辨析上，由此可以更多地关注学科的发展和深层次问题的研究。因此，在叙述时，研究者一般用“语篇分析”统称“篇章分析”和“话语分析”。“语篇”是广义上的定义，包括对口语和书面语的研究。

第一节　篇章分析与话语分析的研究内容与方法

从历史渊源上看，语篇研究最早是从古代修辞学发展而来的。从 1952 年 Harris 的论文算起，语篇分析走过了 60 多个年头，先后经历了启蒙阶段、形成阶段和发展阶段。20 世纪 90 年代，廖秋忠的《廖秋忠文集》及陈平的《现代语言学研究：理论·方法与事实》的出版，奠定了中国话语篇章语言学的学科基础（徐赳赳，2010）。

20 世纪 60 年代末起，语篇分析逐渐兴起。许多关于语篇分析的理论相继问世。如句子功能观、交际动力、主位、述位、过渡、衔接、照应、指示、替代、连贯、语境、语域等问题的研究，使语言研究的范围进一步超越了句子的范围。

20 世纪 90 年代以来，语篇分析的成果广泛应用到人类文化学、社会学、翻译学、心理语言学、计算语言学、教学法和跨文化交际等诸多领域，广泛揭示人们在日常交际过程中如何运用真实语言、社会文化背景与话语建构的关系以及话语单位所揭示的语言现象和特征。

根据 Guy Cook 的观点，语篇分析可以根据不同的目标、研究方法、理论来源、研究的重点等分成三个学派：英美学派、福柯学派和批评话语学派。“语篇分析”和“话语分析”都译自英语的“Discourse Analysis”。因此，“国内大多数关于‘Discourse Analysis’的研究都属于英美学派，他们活跃在应用语言学和语言教学领域，理论基础和根据主要是广义的功能语言学（包括系统功能语言学、社会语言学、语用学，等等)，研究的内容主要包括：衔接与连贯、语篇、话语结构、信息结构、语篇／话语类型、篇章语法、图式理论、体裁理论、会话分析、言语行为理论、互动社会语言学、交际文化学、语用学、变异分析，等等。研究的重点是语言和语言的使用；从历史发展来看，研究的重点从语言结构的使用逐渐向图式、体裁转移，但语言使用始终是研究的重点”（黄国文、徐珺，2006）。

从以上的介绍可以看出，语篇分析从诞生起就与语言学有着十分密切的联系，无论是从理论框架上还是研究方法上都受到了理论语言学、结构主义语言学、应用语言学和语用学等语言学分支学科的影响。此外，它还从社会学、人类学、教育学、心理学、认知科学、哲学等许多学科中吸收了许多有益的理论和方法。

关于“语篇分析”的研究方法，Schiffrin(1994）在其专著《话语分析方法》中，介绍了六种话语分析方法：（1）言语行为理论；（2）互动社会语言学；（3）交际人种学；（4）语用学；（5）会话分析；（6）变异分析。后来马博森（1999）在此基础上，补充了“（7）关联理论”和“（8）系统功能语法”（曹勇、计道宏，2007）。对此，学者也有不同的看法，黄国文、徐珺（2006）认为，由于不同学科的学者都在研究“语篇分析”和“话语分析”，所以没有公认、单一的目标、理论指导和分析方法；现在没有，今后也不可能有。

关于“语篇分析”研究的作用和意义，黄国文、徐珺（2006）认为，“语篇分析”和“话语分析”可以用来描述、理解和解释语言是怎样在社会交际中工作的，可以解释语言在社会活动中所起的重要作用。陈平（2012）认为，“话语分析有两个重要的特点，一是将语言形式研究与其使用语境紧密结合，二是典型研究对象是超句组织。正是因为这两个特点，话语分析既弥补了基于结构主义传统的语义研究的不足，同时也拓宽了语义研究的范围，加深了我们对许多语义问题的认识，从而大大地增进了我们对语言本体各个组成部分及其使用特点的了解”。

下面将介绍应用“语篇分析”理论对 MHK 作文和口试的研究。为了有效区分两者，笔者使用了狭义的概念，用“篇章分析”特指对 MHK 书面材料即作文的分析，用“话语分析”特指对 MHK 口语材料即口试的分析。

第二节 MHK篇章分析的应用实例

（一）实例一：彭恒利的分析

彭恒利（2003）在《几种篇章衔接方式在民族汉考作文中的使用情况考察》一文中，对朝鲜族被试汉语篇章的几种篇章衔接方式进行了考查和分析，研究的目的、内容、方法、结论如下：

1. 研究的目的与内容

研究试图用定量分析的方法，找出母语非汉语的少数民族学生在其书写的汉语篇章中使用衔接方式的规律和特点，进而探究他们产生偏误的原因，在为民族汉考作文考试探索科学的评分方法、改进和完善考试的同时，为少数民族地区汉语教学改革提供一些参考。

研究统计了关联词语、指称关系、替代和省略四种衔接方式在朝鲜族被试汉语篇章中的使用概况、使用正确的数量、使用错误的数量，并对使用错误进行了分类和偏误分析；在关联词语部分，对被试客观卷关联词语题的得分情况进行了统计，进而将客观题与作文进行了相关分析；在替代部分，探讨了指称关系与替代的区分；在此基础上，做了三方面的相关分析，即衔接方式使用情况与MHK成绩的关系，衔接方式使用情况与母语的关系，衔接方式使用情况与词汇等级的关系。

2. 研究的方法

研究以汉语篇章学理论、中介语理论以及统计学的相关分析理论为依据，从第二语言教学的角度入手，采用定量分析的方法，对吉林延边州和龙、珲春两所中学170名朝鲜族被试的汉语篇章进行了考查和分析，切入点是篇章的四种常用衔接方式，即关联词语、指称关系、替代和省略。

3. 研究的结论

（1）通过对四种衔接方式使用情况的考查，可以看出，作为汉语篇章中的常用衔接方式，关联词语、指称关系、替代和省略在被试篇章中都有使用。相比较而言，关联词语和指称关系使用的数量更多一些，使用频率也高一些。与此成正比，两者的出错率也高一些。

表 1　四种衔接方式使用情况的统计表

衔接方式	使用的总数量	频率	正确的数量	错误的数量	错误种类
关联词语	556	3.27%	503	53	1. 误代 2. 误加
指称关系（不包括零指称）	2190	12.88%	2009	181	1. 所指不清 2. 误加 3. 搭配遗缺 4. 误代 5. 指向不明
替　代	127	0.75%	110	17	1. 误加 2. 错序
省　略	134	0.79%	115	19	1. 误加 2. 遗漏
总　计	3007		2737	270	

（2）通过对比和相关分析可以看出，朝鲜族被试语言技能的发展是不平衡的，和自身相比，他们书面表达方面的能力要低于听和读的能力。导致这种状况的原因是多方面的，有教材方面的原因，也有教学方面的原因，更和应试教育有密切的关系。

（3）篇章的衔接方式有显性和隐性之分。像关联词语、指称关系中的人称指称、指示指称就属于显性衔接方式，而指称关系中的零指称以及省略就属于隐性衔接方式。对于隐性衔接方式，在句子层面是无法分析的，必须放到篇章背景下才能准确把握。

（4）衔接方式使用的种类和数量与文体有密切的关系。如关联词语中的处所词常出现在说明文中，顺序词就多出现在议论文中，而在记叙文中使用的概率较低；指称关系的使用也与文体有关，被试篇章后指的大量出现主要是受到了作文题目和要求的影响；名词替代多见于散文，动词替代多出现在对话体中；而省略常出现在对话体中；等等。

（5）虽然衔接方式的使用情况与被试的水平高低有一定的关系，但仅从数量上去判断误差会很大。因此，倘若要把衔接方式作为区分被试汉语水平高低的一个量表的话，判断的依据不应是数量，而应是正确率。

（5）研究篇章的衔接方式要注意语境的因素。如在指称关系中，一些词语本身不起指称作用，只有在把它使用于特定的语境时才起指称作用。替代也有类似的情况。

4. 研究的不足

研究只是小样本的初步分析，仅分析了朝鲜族的汉语篇章，研究结论的适应性还有待进一步验证；对于零指称的观察分析、衔接方式偏误的归纳分析以及四种衔接方式的内在关系等方面研究略显薄弱。

（二）实例二：黄慧英的分析

黄慧英（2011）在《朝鲜族汉语学习者并列语义关系的篇章偏误分析》一文中，对朝鲜族被试作文中出现的逻辑衔接方面的偏误进行了分类与描述，并对并列语义衔接偏误进行了详细的统计分析，其研究的内容、方法、结论如下：

1. 研究的内容

研究试图通过分析少数民族学生并列语义关系的汉语篇章偏误表现，总结其错误规律，从而确定少数民族学生篇章学习的难点所在，并找出解决的办法，希望以此为少数民族学生提高汉语的书面表达能力提供重要参考。

研究主要包括三方面的内容，一是对朝鲜族被试在篇章逻辑连接及并列语义连接词方面的偏误做系统的考查，使用定量的方法按偏误和逻辑连接等类型对朝鲜族被试的偏误进行统计；二是通过和其他民族（汉族、蒙古族、维吾尔族）汉语并列语义连接词使用情况和偏误情况的比较，分析出朝鲜族在汉语并列语义连接词使用方面和偏误方面的特点，并利用 SPSS 软件验证这一结果；三是分析其形成并列语义连接偏误的原因。通过分析研究，得出结论：朝鲜族被试并列语义偏误的主要原因包括语内因素、语际因素以及多因素交互等。此外，研究还通过朝鲜族学习者习得汉语的难度量表，结合对朝鲜族被试并列语义偏误的考查，确定了朝鲜族学习者习得部分汉语并列语义连接词的难度。

2. 研究的方法

研究采用了定量与定性相结合的研究方法，以中国少数民族汉语水平等级考试（MHK）三级的朝鲜族被试作文为样本，采用统计的方法，对被试作文中出现的逻辑衔接方面的偏误进行了系统的分类与描述，并对并列语义衔接偏误方面进行了详细的统计分析。

3. 研究的结论

（1）通过对朝鲜族被试三年 MHK（三级）作文作答情况的考查，发现朝鲜族被试在汉语并列语义偏误方面的偏误率较高。

（2）通过朝鲜族、汉族、蒙古族、维吾尔族被试在并列语义方面的作答情况的比较，发现在并列语义连接词使用方面，三个少数民族的使用情况趋同，与汉族被试在使用汉语并列语义连接词方面有差异。通过进一步分析发现，四个少数民族在并列语义连接词偏误方面无显著差异。但是，在副词“也”的偏误方面，朝鲜族被试与其他民族被试有显著差异。

（3）通过对“也”和“还”使用的比较分析发现，四个民族在这方面都出现了不同程度的偏误，其原因多为语内因素。同其他少数民族相比，朝鲜族之所以在使用个别连接词上偏误率较高，原因是第一语言的负迁移。

（4）通过对朝鲜族被试汉语并列语义连接词偏误原因的分析，朝鲜族被试在此方面出现偏误的原因主要为语际因素与语内因素，以及多种因素的交互作用。其中，语际因素主要为朝鲜语和汉语的准对称影响、非对称影响以及空项影响。语内因素主要为错误类推、错误分析、规则应用不完全和过度概括。

（5）在对朝鲜族被试并列语义连接词偏误进行考查时，根据周小兵提出的韩国人（朝鲜族）学汉语的难度等级，归纳出了朝鲜族学习者习得汉语并列语义连接词的难度等级。

4. 研究的不足

在偏误统计方面，由于样本量不大，统计误差对分析有一定的干扰；在偏误原因解释方面，分析的角度不够宽，可从交际策略等方面寻找原因；在汉、朝篇章的对比研究方面做得不够充分，应进一步加强。

第三节　MHK 话语分析的应用实例

（一）实例分析一：刘淅萍的分析

刘淅萍（2012）在《从 MHK 口语测试到口语教学——以新疆维吾尔族学生为例》一文中，从口语测试入手，对维吾尔族汉语学习者口语习得的偏误进行定量分析研究。

1. 研究的内容

为弥补以往少数民族汉语口语习得偏误定量分析的不足，也为了给新疆维吾尔族汉语学习者提出有针对性的口语教学策略，并为新疆少数民族汉语口语教材的编写提供参考，研究对 MHK 口语测试中维吾尔族考生的 300 个朗读题语音录音进行了偏误统计，对 366 个开放性表达题目的语音录音进行了人工转录，并对转录后的文本进行了偏误标注、统计和归纳分析，找出了维吾尔族汉语学习者口语表达中出现的各类偏误，并分析了出现偏误的原因。

2. 研究的方法

研究以偏误分析理论为指导，对 2011 年 5 月新疆第一次全疆范围内的大规模 MHK 口语考试的真实录音语料进行了定量分析，筛选出了维吾尔族考生的样本，并对其朗读题和开放性回答题的录音样本进行了偏误分析。

选择朗读题录音材料主要是想分析维吾尔族学生的语音偏误。研究选用了 10 组题目，每组题目分别随机抽取 30 个样本（共计 300 个样本），请语言学及应用语言学专业的研究生逐一试听，并根据普通话的发音标准对发生偏误的语音数量和比例进行了统计。

选择开放性回答题材料主要是想寻找维吾尔族考生汉语口语的偏误问题。研究聘请了专业速记人员，将 366 个维吾尔族考生的现场作答录音样本，严格按照录音内容转录成了文字文本。在转录过程中，不考虑考生的语音问题，只关注表述内容，忠实地按照考生的口语表达记录。转录完成后，请语言学及应用语言学专业的研究生使用偏误标注软件对文本进行了偏误标注。

3. 研究的结论

（1）通过对 MHK 口语测试中的 10 组朗读题目、300 个语音样本的监听和统计发现，目前新疆维吾尔族汉语学习者语音偏误出现最多的是声调问题。

（2）新疆维吾尔族汉语学习者口语表达中出现的词汇偏误主要表现在词语误用、多词多字、缺词漏字、语素错位和生造词等方面；短语的偏误则多是介宾短语、述宾短语偏误。词汇和短语的偏误情况共同表现出维吾尔族考生口语表达词汇量有限、短语搭配随意、误用错用有限词汇表达观点的特点。语法偏误中比较具有代表性的是语序偏误、句式杂糅、成分残缺以及两种特殊句式——"是"字句和"把"字句等。

（3）新疆维吾尔族汉语学习者语音、词汇和语法偏误出现的具体原因虽然有差异，但其共同点也比较明确，主要是：1）母语的负迁移作用；2）学习策略问题；3）交际策略问题的多种因素交互作用，表现复杂多样但均具有其独有的特点和典型性。

4. 研究的不足

研究涉及了语音、词汇和语法等多个方面，范围偏大，因而偏误标注的准确度和细致度不够，对偏误的分类不够细化，不够深入，对偏误原因解释得也不够细致；对教学方面的研究不够深入，提出的改进建议的可行性还有待验证。

（二）实例分析二：李蕊和张丽的分析

李蕊（2013）的《主观性试题的人机评分比较研究——以 MHK 口语封闭式简答题为例》一文，针对新疆 MHK 三级口语考试封闭式简答题阅卷中出现的复评率高的问题，为了探索其原因所在，从 500 份语音答题样本中选取了人机评分差异较大的 200 份作为文本分析的材料，并对这 200 份语音材料逐一进行了复听。依据 MHK 口语考试封闭式简答题的评分标准，在复听的过程中，主要针对考生作答的内容和语言面貌进行了考查，其中答题内容的考查点包括要点的准确性和完整性，语言面貌的考查点包括语音语调的准确性、语言表达的流畅性和韵律性以及语法和词汇使用的准确性。

通过对考生答题时的语言表现进行描述、记录和归纳，总结出了考生作答情况与人机评分结果的对应关系，分析了计算机评分和人工评分各自的优势与局限，在此基础上提出了改进简答题计算机自动评分技术的建议。

张丽（2015）《MHK（三级）口语考试朗读题评分模式研究》一文，对 MHK（三级）口语考试朗读题的计算机自动评分系统进行了验证性研究。为了对人机评分出现差异的原因进行分析，她对 500 份考生录音样本不可接受差异组中的 33 个录音样本进行了多次复听，分别从内容、语音、流利度三个方面对样本进行了分项评分，并对考生的表现进行了详细的描述与记录，通过分析与总结，找出了计算机自动评分技术存在的问题，并提出了改进建议。

从严格的意义上讲，李蕊和张丽的研究都不是系统的话语分析，这方面也不是她们论文的研究重点，之所以进行文本分析，是想对定量分析的结果做进一步的验证。尽管分析的样本不够大，但从中还是发现了一些有价值的信息，为她们提出的建议提供了支撑。

（三）话语分析与篇章的异同

通过以上的研究实例介绍可知，依据 MHK 测试真实样本所做的狭义的篇章分析和话语分析，其研究有许多相同之处：1. 在研究方法上都是定量分析与定性分析相结合；2. 都是基于文本进行的结构分析和偏误分析；3. 研究对象均是超句组织。从中也发现彼此间的差异：首先是研究的侧重点不同，篇章分析主要研究的是衔接，而话语分析研究的内容更广，重点关注的是语音、语貌和词语，语法分析只是其中的一部分；其次，在研究的具体操作上，话语分析比篇章分析要复杂一些，需要对录音材料进行转录。

同时，以上的研究，无论是篇章分析还是话语分析做得都不够深入。从中也可以看出，利用考试的真实文字和语音材料可以做多方面的语用研究，这方面的资料对语篇研究来说意义重大。如若对其进行系统的整理，形成作文语料库和口语语料库，将会给以后的研究提供更大的空间，将会为改进少数民族的汉语教学提供更有价值的建议。

参考文献：

[1] 曹秀玲．韩国留学生汉语语篇指称现象考察 [J]. 世界汉语教学，2000（4）：77-83.

[2] 曹勇，计道宏．话语分析研究方法对外语教学的启示 [J]. 咸宁学院学报，2007（1）：124-126，130.
[3] 陈平．话语分析与语义研究 [J]. 当代修辞学，2012（4）：2-9.
[4] 胡壮麟．语篇的衔接与连贯 [M]. 上海：上海教育出版社，1994.
[5] 黄国文．语篇分析概要 [M]. 长沙：湖南教育出版社，1988.
[6] 黄国文．语篇分析的理论与实践 [M]. 上海：上海外语教育出版社，2001.
[7] 黄国文，徐珺．语篇分析与话语分析 [J]. 外语与外语教学，2006（10）：1-6.
[8] 黄慧英．朝鲜族汉语学习者并列语义关系的篇章偏误分析 [D]. 北京：北京语言大学硕士学位论文，2011.
[9] 教育部民族教育司中国少数民族汉语水平等级考试课题组．中国少数民族汉语水平等级考试大纲（三级）[M]. 北京：北京语言文化大学出版社，2002.
[10] 李大忠．外国人学汉语语法偏误分析 [M]. 北京：北京语言文化大学出版社，1996.
[11] 李蕊．主观性试题的人机评分比较研究——以 MHK 口语封闭式简答题为例 [D]. 北京：北京语言大学硕士学位论文，2013.
[12] 廖秋忠．《篇章分析》介绍 [J]. 国外语言学，1987（4）：156-160.
[13] 廖秋忠．廖秋忠文集 [M]. 北京：北京语言学院出版社，1992.
[14] 刘辰诞．教学篇章语言学 [M]. 上海：上海外语教育出版社，1999.
[15] 刘淅萍．从 MHK 口语测试到口语教学——以新疆维吾尔族学生为例 [D]. 北京：北京语言大学硕士学位论文，2012.
[16] 刘珣．对外汉语教育学引论 [M]. 北京：北京语言文化大学出版社，2000.
[17] 彭恒利．几种篇章衔接方式在民族汉考作文中的使用情况考察 [D]. 北京：北京语言文化大学硕士学位论文，2003.
[18] 涂纪亮．当代西方著名哲学家评传（第一卷 语言哲学）[M]. 济南：山东人民出版社，1996.
[19] 王建勤．汉语作为第二语言的习得研究 [M]. 北京：北京语言文化大学出版社，1997.
[20] 谢小庆，鲁新民．考试研究文集（第 1 辑）[C]. 北京：经济科学出版社，2002.
[21] 徐静茜．言语交际的简洁手段 [J]. 湖州师专学报，1992（4）：8-15.

[22] 徐赳赳．廖秋忠和篇章分析 [J]. 语言研究，1993（1）：82-90.
[23] 徐赳赳．话语分析二十年 [J]. 外语教学与研究，1995（1）：14-20.
[24] 徐赳赳．现代汉语篇章语言学 [M]. 北京：商务印书馆，2010.
[25] 余珍萍．语篇衔接研究的状况 [J]. 浙江师范大学学报（社会科学版），1993（6）：101-103.
[26] 张德禄．论衔接 [J]. 外国语，2001（2）：23-28.
[27] 张丽.MHK（三级）口语考试朗读题评分模式研究 [D]. 北京：北京语言大学硕士学位论文，2015.
[28] 郑贵友．汉语篇章语言学 [M]. 北京：外文出版社，2002.
[29] 郑贵友．汉语篇章分析的兴起与发展 [J]. 汉语学习，2005（5）：40-48.

第六章　研究进展与未来展望

第一节　研究进展

一、概述

MHK 是一项标准化的语言类考试，从研发伊始至今，项目开发团队在重视命题、考试推广的同时，也非常重视自身的科学化建设，结合各阶段的任务开展了多角度的理论探索和实证研究，研究成果主要集中在《考试研究文集（1~7辑)》上，也散见于《汉语学习》《中国考试》《考试研究》等期刊之中。

从项目启动至今，MHK 已走过了 15 个年头。从研究的内容、工作的重心进行纵向回溯，MHK 的研究大致可分研发阶段、试行阶段、调整阶段三个阶段。

（一）研发阶段（2001—2004）

这一阶段是项目的初创阶段。研究的重点在框架设计和题型设计上，并围绕测验的长度、及格线的设定等展开了研究，研究人员主要是课题组的成员以及特聘的研究人员，个别研究生也参与了研究。在框架设计方面，主要有：谢小庆的《中国少数民族汉语水平等级考试的理论框架》《民族汉考口语考试的可行性分析》，姜德梧的《关于民族汉考词汇等级大纲的编制》，柴省三、骆文淑、马新芳的《测验长度确定的理论与方法》，武晓宇、赵玥、徐静的《民族汉考分界标准确定方法综述》。在题型设计方面主要有：谢小庆、张晋军的《汉语作为第二语言的听力考试考什么》，鲁新民的《关于“民族汉考”（三级）听力理解命题的思考》《关于“民族汉考”三级考试书面表达部分设计的思考》，刘士勤的《关于命制阅读理解试题的几点思考》，张晋军、任杰的《关于排列句序题测查能力的分析》，张晋军、任春燕的《2003 年新疆、内蒙古、延边三地 MHK 预测卷作文字数统计的一些分析》。

（二）试行阶段（2004—2012）

2004 年 3 月，《中国少数民族汉语水平等级考试（一级）大纲》正式出版，四个级别的考试全部推出，MHK 步入全面试行阶段。到 2012 年，新疆全面实现了由 HSK 到 MHK 的过渡，HSK 正式退出新疆少数民族考试领域，标志着 MHK 顺利完成试行任务，步入新的发展阶段。这一阶段随着考试的试行，实证研究和体系的规范化成为研究的重点，同时研究的范围明显扩大，涉及测验长度、及格线、效度、等值、公平性、主观试题评分、认知诊断、学业水平质量监测等领域。这一阶段的研究人员有明显的阶段性，前期以课题组的成员以及特聘的研究人员为主，后期以研究生为主，主要以写毕业论文的方式参与研究。

课题组的成员以及特聘研究人员的研究主要有：谢小庆的《 HSK 和 MHK 的等值》，彭恒利、张晋军的《民族汉考（MHK）的命题与审题》，彭恒利的《基于档案评价的汉语口语水平考试》《中国少数民族汉语水平等级考试（MHK)》，鲁新民的《 MHK（三级）口试个案分析》，任杰、谢小庆的《中国少数民族考生与外国考生 HSK 成绩的公平性分析》，张晋军、彭恒利的《民族汉考（三级）命题注意事项》，张晋军、任杰的《汉语测试电子评分员实验研究报告》，张晋军、任春艳的《刍议 MHK 词汇大纲》，李桂梅的《 MHK 一、二级命题中的语法点控制研究》《MHK（四级）“听后写”题型设计理念与实测验证》，柴省三的《关于民族汉考测验长度的实证研究》，武晓宇、徐静、赵玥的《民族汉考（三级）分界标准确定初探》，李大东、张洁的《中国少数民族汉语水平等级考试（三级）的效度研究》，李勉东、孙洪威的《 MHK 作文中的偏误简析》以及张洁的《 MHK（三级）口语考试计算机评分的效度研究》。

研究生的研究主要有：李亚男的《汉语作为第二语言测试的作文自动评分研究》，陈理的《 MHK 作文自动评分实验研究》，俞韫烨、谢小庆的《基于多面 Rasch 模型的作文网上评卷“趋中评分”判定研究》、刘浉萍的《从 MHK 口语测试到口语教学——以新疆维吾尔族学生为例》，曹文静的《主客观组合试卷的分数连接研究》，凡细珍的《增值理念下的新疆双语教学质量评价——以小学五年级汉语学科教学质量评价为例》，李蕊的《主观性试题的人机评分比较研究——以MHK 口语封闭式简答题为例》，汪舟的《基于融合模型的 MHK 四级听力能力的认知诊断研究》，袁硕的《新疆学业水平质量监测汉语试卷的纵向量表化设计研究》。

（三）调整阶段（2012 年至今）

随着《课程标准》的修订，2012 年年底，MHK 也启动了大纲的修订工作，MHK 的研究进入调整阶段。围绕着大纲的调整，我们针对考试中出现的新问题、新动向展开了研究。这一阶段的研究目前以研究生为主，课题组成员为辅。研究成果主要有：彭恒利、俞韫烨的《主观性试题网上评阅趋中评分控制研究初探》，彭恒利、张秀秀、刘慧的《主观性试题分数等值连接可行性初探》，孙凯的《基于层次分析法的 MHK（三级）笔试分测验权重研究》，闫萍的《基于欧洲语言共同参考框架的 MHK（四级）阅读能力标准的分析与研究》，张丽的《MHK（三级）口语考试朗读题评分模式研究》，张秀秀的《主观性试题分数等值连接可行性探究——以 MHK（三级）口试为例》。

二、研究的重点与特色

MHK 的研究人员在研究初期依然兼顾 HSK 的研究工作，因此，一些 HSK 的重点研究在 MHK 上得以延续，如等值研究、公平性研究等，这些研究也是 MHK 的研究重点，并结合 MHK 自身的特点，研究的深度和广度得到拓展。另外，根据 MHK 自身发展、完善的需要，MHK 围绕主观性试题的计算机自动评分、口语测试及评分以及学业水平质量监测展开了研究，这些研究大多是国内外的前沿问题，由此也形成了 MHK 的研究特色。

（一）等值和公平性研究

这方面的研究主要有：谢小庆的《HSK 和 MHK 的等值》，任杰、谢小庆的《中国少数民族考生与外国考生 HSK 成绩的公平性分析》，彭恒利、张秀秀、刘慧的《主观性试题分数等值连接可行性初探》，曹文静的《主客观组合试卷的分数连接研究》，张秀秀的《主观性试题分数等值连接可行性探究——以 MHK（三级）口试为例》。从以上的研究可以看出，研究不仅涉及了少数民族与留学生的对比分析，客观题的等值方法研究也有了新的进展。最主要的是由客观题延伸到了主观题，而主观题的等值是业界的难点。MHK 在此方面进行探索，主要是为了解决现实问题，从中也反映出研究者紧追科研前沿的视野和魄力。

（二）主观性试题的计算机自动评分和网上评阅

主观性试题的评阅存在耗时长、效率低和误差大的缺陷，提高它的评分信度和工作效率一直是业界的研究重点。MHK 也开展了这方面的研究，从作文和口试两个方面进行了深入探索，取得了阶段性成果，并应用在实测之中。作文方面的研究主要有：张晋军、任杰的《汉语测试电子评分员实验研究报告》，李亚男的《汉语作为第二语言测试的作文自动评分研究》，陈理的《 MHK 作文自动评分实验研究》，俞韫烨、谢小庆的《基于多面 Rasch 模型的作文网上评卷“趋中评分”判定研究》，彭恒利、俞韫烨的《主观性试题网上评阅趋中评分控制研究初探》。口试方面的研究主要有：李蕊的《主观性试题的人机评分比较研究——以 MHK 口语封闭式简答题为例》，张丽的《 MHK（三级）口语考试朗读题评分模式研究》。

（三）口语测试与评分

重视被试口语能力的测评是 MHK 的特色，MHK 的四个级别均设有口语测试。经过多年的探索，MHK 的口语测试实现了从档案式到基于人工智能技术的“人机对话”式的跨越，研究涉及了考试方式、效度分析和评分模式等问题，主要有：彭恒利的《基于档案评价的汉语口语水平考试》，鲁新民的《MHK（三级）口试个案分析》，张洁的《MHK（三级）口语考试计算机评分的效度研究》，李蕊的《主观性试题的人机评分比较研究——以 MHK 口语封闭式简答题为例》和张丽的《MHK（三级）口语考试朗读题评分模式研究》。

（四）学业水平质量监测

根据教育部的部署，2011 年，MHK 的一、二级考试用于青海、新疆的学业水平的质量监测之中。为了检验新疆双语教育特别是“模式一”的教学效果，

MHK将考试结构下延，开发了小学四年级和五年级的试卷，并连续三年对同一样本进行了纵向跟踪研究，为此专门开展了纵向量表化和增值评价研究。研究成果主要反映在凡细珍的《增值理念下的新疆双语教学质量评价——以小学五年级汉语学科教学质量评价为例》和袁硕的《新疆学业水平质量监测汉语试卷的纵向量表化设计研究》之中。

三、研究评价

从以上的分析中可以看出，随着考试的发展，MHK围绕考试的科学化建设，先后开展了测试长度和及格线设定、信效度研究、公平性研究、等值和题库建设、计算机化测试和主观性试题网上评阅等多项研究，其中考试分数的连接和等值、试题公平性的DIF分析、主观性试题的评分误差控制、主观性试题的计算机自动评分等属于国际教育测量研究领域中的“前沿”问题。但从整体上看，MHK的研究呈现局部突出、整体偏弱的特点。研究人员因命题、阅卷和评分的压力，在研究上投入的精力偏少，研究的领域不够广，除特色研究外，其他的研究深度不够。

第二节　大纲修订

一、MHK大纲修订的背景

考试大纲是关于考试科目、题型结构、考试内容以及考试方式的指导性文件，其编写目的是便于报考者了解、准备和参加考试。MHK大纲的编写工作从2001年5月起，历时三年完成。受教育部民族教育司的委托，北京语言大学出版社从2002年2月开始先后出版了《中国少数民族汉语水平等级考试大纲》一至四级，其中三级大纲2002年2月出版，四级大纲2003年3月出版，二级大纲2003年10月出版，一级大纲2004年3月出版。MHK大纲的出版发行为考试的试行和推广奠定了良好的基础。

MHK大纲编写的主要参考依据是《课程标准》。《课程标准》是国家课程的基本纲领性文件，是国家对基础教育课程的基本规范和质量要求。在考试研发伊始以及之后十多年的试行中，MHK的研发者始终将《课程标准》作为研制考试和施测的重要参考依据，并以此来引导和促进少数民族地区汉语教学的改革。

2010年下半年，教育部民族教育司组织专家启动了《课程标准》的修订工作，并把原《全日制民族中小学汉语课程标准（试行）》分为义务教育和普通高中两个部分。经过两年多的辛苦工作，《民族中小学汉语课程标准（义务教育）》已于2013年12月底颁布了。在继承2006年版《课程标准》的基础上，新《课程标准》巩固和深化了课程改革的理念，在诸多方面有了较大的发展和突破。主要体现在：突出了国家通用语言文字的学习，强调了汉语课程的双重性质，提出了培养汉语应用能力的主要任务，重视学生文化意识、学习策略和情感态度的培养，提出了明确的学段目标和标准，建立了科学的评价体系。这些新思维、新观点的提出，既是对近年来民族中小学汉语教育改革成果的总结，也为今后少数民族地区民族教育的改革和发展指明了方向，预示着民族汉语教育步入了一个新的发展阶段。国家课程标准是教材编写、教学、评估和考试命题的依据，是国家管理和评价课程的基础。可以预想的是，随着新《课程标准》这一纲领性文件的推出，民族汉语教育领域将发生重大的变革，课程设计、教材编写、教学方法以及考试与评价方式等都将随之调整和发生变化。

新《课程标准》修订工作启动后，教育部民族教育司于2012年年底也启动了MHK大纲的修订工作。从十多年考试推广的实践可以看出，民族汉考和《课程标准》的目标是一致的，《课程标准》对民族汉考起着指导作用，是民族汉考实现考试目的和命题的重要参考依据，而民族汉考是检验各地课程标准贯彻实施情况的一个客观、权威的评价工具。在新《课程标准》颁布的背景下，民族汉考大纲应做出相应的调整。

二、MHK大纲修订的必要性

新《课程标准》颁布了，以其为重要参考依据的民族汉考，必然要把握它的精髓，做出相应的调整，把其中的新思维、新观点融会到新考试大纲之中。而且，民族汉考大纲修订是时代发展的要求，是对外部要求和内在需求的一并回应。

（一）外部要求

MHK 四个级别的大纲自 2002 年 2 月起相继颁布，迄今已有十多年，这期间，我国的经济快速发展，社会生活发生了巨大变化。

首先，少数民族地区的双语教学事业发生了巨大变化。随着党和国家对少数民族双语教育工作的重视和基础教育课程改革的不断深入，国家加大了对少数民族地区教育的投资力度，各地教育部门也十分重视双语教学，双语教学的规模不断扩大，教师的教学水平以及学生学习汉语的热情都发生了较大的变化，在许多地区，学习汉语已成为少数民族学生发展的迫切需求。这些变化要求 MHK 大纲必须做出相应的调整。

其次，近十多年来，汉字和词汇发生了很大变化。随着社会经济和文化的发展，信息的交流范围不断扩大，途径和渠道不断在增加、拓展，频率也在变快，由此汉字和词汇变化的速度在加快，人们日常生活中的很多高频词变成了低频词，不少低频词变成了高频词，新词语也在不断涌现，MHK 大纲应与时俱进，把汉字与词汇变化研究的最新成果反映在汉字和词汇大纲中。

（二）内在需求

定期对考试大纲进行修订完善是考试界的共识。民族汉考自 2003 年试行以来，考试大纲已沿用十多年。在考试的推广过程中，大纲自身也暴露出一些问题：一是口试的测评体系和方法不统一，原设想为档案式面对面口试，在三、四级考试实测中发现，这种方式不适合大规模考试，因此随后的正式考试就改为了基于人工智能的“人机对话”方式；二是一些题型设计得不够实用，如三级书面表达的第二种题型是逆向思维，侧重考语法，与重交际的设计理念不符，对提高考生的语言应用能力作用不大；三是因判断有误，四级大纲样题的题量和实际考试的题量不同；四是四个级别大纲中的样题已经老化，语料中的有些内容和说法已经陈旧；五是因词频发生变化，词汇的等级需要调整；这些问题都亟待修改。此外，教育测量学的理论与技术以及计算机科学也有了重大进展和突破，这些领域的研究成果也都应吸收、融汇到新考试大纲之中。

三、MHK大纲修订的原则

MHK 大纲颁布十多年来，一直未做过修订。这就意味着本次的修订不是例行的微调，而应顺应时代发展的要求，在理念和结构上做出相应调整。同时，民族汉考自 2003 年试行以来，广泛用于高考、中考、学业水平质量监测、社会化考试等领域，截止到 2014 年 12 月底，累计考生人数已超过 80 万人次，取得了良好的社会效益，已成为少数民族地区影响力最大的国家级考试。其注重测试考生汉语实际运用能力的理念已深入人心，许多省区将它作为入学、结业、求职、晋升的重要参考依据，这就决定了本次修订不能伤筋动骨。基于以上的考虑，我们确定了本次大纲修订的基本原则：

（一）稳中求新

即理念、架构保持整体稳定，内容更新，方式创新。具体来讲就是：充分吸收新《课程标准》的新思维、新观点，继续保持原大纲注重考查考生汉语实际运用能力的理念，突出能力的全面考查，保持原大纲的主体结构不变；修订等级标准，采用认知诊断的评价方式，改革分数报告的方式，给考生和教学机构、教师提供更多的反馈信息；考虑计算机化考试的发展需求，对大纲的题型进行调整、补充和完善，完善考试流程；更新和调整字表和词表；更换样题，增加样题解析。

（二）整体考虑，分步实施

目前，国家课程标准的修订是分步进行的，义务教育阶段的汉语新《课程标准》已于 2013 年年底颁布了，高中阶段的《课程标准》修订工作刚刚启动，目前正处调研阶段。而民族汉考一至四级的跨度是从小学毕业生延伸到大学毕业生，这就决定了以《课程标准》为重要参考依据的民族汉考大纲修订工作不可能一次性完成。为了确保大纲的整体性和一致性，本次民族汉考大纲修订工作将整体考虑，分步实施，首先在 2015 年上半年推出一、二级大纲，然后根据汉语课程标准修订的进程，相应修订、推出三、四级大纲。

（三）服务教学，促进教学

新《课程标准》的总体目标和民族汉考的研发目的一脉相承，都是为了提高少数民族学生实际运用汉语的能力。新《课程标准》将民族汉考引入汉语教学的评价体系中，反映出国家教育主管部门对汉语教学改革的重视，由此也明确了提高汉语教学质量的途径和要求，这就是要利用好民族汉考，为汉语教学改革服务。因此，在本次修订中，考试内容和表述方式应贴近少数民族生活和汉语教学的实际，使考试的内容尽可能地与考生的现实生活贴近，删除一些“为考而考”的题型，增加应用性的题型，强化口语交流，并采用一些计算机科学、教育测量学的新理论和新技术，发挥考试的导向和反馈作用，引领和促进少数民族地区汉语教学的改革。

四、MHK大纲修订的具体内容

本次 MHK 大纲修订的具体内容主要包括以下两部分：

（一）对考试大纲的结构和内容进行补充和完善

1. 对等级标准进行调整和修订。原大纲中的等级标准比较简单、笼统，操作性不强。本次修订借鉴了《欧洲语言共同参考框架》《英国课程标准》《美国课程标准》《新加坡华文课程标准》《澳大利亚课程标准》以及《中小学生学科学业评价标准》（人教社）。新《课程标准》从语言知识、语言技能、文化意识、学习策略、情感态度五个方面构建了汉语课程的总体目标，这实际上就为 MHK 等级标准的修订指明了方向，确定了框架。考虑到测试的局限性，修订后的等级标准虽然参照了以上五个维度来描述，但主要侧重语言技能和语言知识，文化意识、学习策略和情感态度多体现在语料选取和命题角度上。我们希望新的等级标准能更加贴近教学，增加可操作性，为提供诊断性评价报告奠定基础。

2. 对各级大纲的结构和题型进行调整和修订。重点是对各级别口语的测试内容和方法进行了规范。原大纲中 MHK 口语测试是按“一对一”的档案式评价体系来设计的，目前的实测系统是基于人工智能与语音识别技术的“人机对话”的测评方式。因此，本次修订将 MHK 四个级别的口试统一改为计算机化的“人机对话”的方式进行，测试内容和题型也相应做了调整，并给出了口语测试的流程示意图，方便考生了解和参加考试。此外，我们还对一至四级考试笔试的题型进行了局部调整，减少或删除了一些纯粹为了考试、实际交际中不常用的题型，如：一级听力适当减少了听力搭配题型的题量；二级取消了听力搭配的题型，增加了对话和语段题的题量；等等。

3. 更换和调整样卷，增加样卷解析。大纲中的样卷已使用了十多年，其内容和一些测试的理念与现在的实测试卷有了较大差别。本次修订对各级别的样卷全部进行了更换。为增加大纲的可读性，使考试的理念对实际教学能有具体的指导，本次修订同时增加了样卷解析部分，对四个级别样卷每题的考点和出题思路等都做出了简要说明。

（二）汉字和词汇大纲的修订

汉字和词汇大纲是 MHK 大纲的重要组成部分，它是命题和刻画等级标准的重要参考依据。同时，由汉字和词汇大纲形成的字词表是新《课程标准》的组成部分，关系到汉语课程的总体目标和学段目标是否能落到实处。为了使两者能够统一，修订工作合二为一，同步进行，修订完成后的新字词表既作为新《课程标准》中的字词表，又作为 MHK 的汉字和词汇大纲。

字词表的修订兼顾了通用性和差异性、书面语与口语，突出了教学优先的原则。修订按照词频统计、人工干预、统计分析和形成字词表四个步骤进行，以 2006 年版《课程标准》的字词表为蓝本，进行了更新、补充和调整。修订主要体现在以下三个方面：

1. 改变了字词表的等级序列名称。原考试大纲中的字词表是参照 HSK 的等级序列甲、乙、丙、丁命名的，2006 年修订《课程标准》的字词表时将 MHK 字词表的等级序列名称改为与考试等级对应的序列，即一级汉字和词汇与一级考试对应，二级汉字和词汇与二级考试对应，以此类推。本次修订沿用了 2006 年版《课程标准》中字词表的序列名称。

2. 调整了各级别汉字和词汇的数量。由于新《课程标准》对义务教育阶段的识字量做了调整，在总量保持 2500 个不变的前提下，增加了小学阶段的识字量，减少了初中阶段的识字量，因此，相应地 MHK 一级的汉字量由 1300 个提升为 1500 个，二级的汉字量由 1200 个减少到了 1000 个。由此，词汇量也相应发生了变化，MHK 一级的词汇量由 3055 个增加至 3067 个，二级的词汇量由 2173 个增加至 2182 个，共计 5249 个。

3. 调整了汉字和词汇的等级。由于新《课程标准》的识字量有所调整，加上词频发生了明显的变化，新字词表的等级也相应地做了调整。新一级字表的构成是：等级没有变化的一级字 1288 个；旧字表为二级，新字表改为一级的 209 个；新增旧字表中没有的一级字 3 个。新二级字表的构成是：等级没有变化的二级字 957 个；旧字表为一级，新字表改为二级的 12 个；新增旧字表中没有的二级字 31 个。新一级词表的构成是：等级没有变化的一级词 2889 个；旧词表为二级，新词表改为一级的 45 个；新增旧词表中没有的一级词 133 个。新二级词表的构成是：等级没有变化的二级词 1831 个；旧词表为一级，新词表改为二级的 183 个；新增旧词表中没有的二级词 168 个。

五、MHK大纲修订需要重点考虑的几个问题

考试大纲修订是一项系统工程，不仅是考试本身的自我完善和超越，还涉及与课程标准、教学的关系问题。而且，大纲修订本身就是一项长期的、不间断的工作，不可能一劳永逸，每次都应突出重点，量需而为，量力而为。本次的修订将重点考虑以下几个问题。

（一）与新《课程标准》的衔接

民族汉考研发是 2001 年启动的，考试大纲制定主要参照了 1999 年的《中国少数民族中小学汉语课程标准（试行草案）》和 2002 年的《全日制民族中小学汉语教学大纲（试行）》。在随后特别是近几年的命题中，关于课程的性质主要参照了 2006 版《全日制民族中小学汉语课程标准（试行）》的说法“作为第二语言教学，汉语课程的首要性是工具性，同时兼顾人文性”，突出了工具性。

新《课程标准》对于汉语课程的性质既有继承，又有创新，提出“汉语课程是一门学习运用国家通用文字的基础性、实践性课程，具有工具性和人文性的双重

性质。”对于民族汉考来说，这不仅是表述上的变化，其内涵也有了较大的延伸。

此外，新《课程标准》在明确义务教育阶段汉语课程总体目标的同时，提出了语言知识、语言技能、文化意识、学习策略和情感态度五位一体的概念，强调这五个方面相互作用，共同促进学生汉语应用能力的形成与发展。

这些新思维、新观点对 MHK 大纲的修订提出了较大的挑战。大纲修订不仅是考试本身的自我完善，需要考虑与新《课程标准》的衔接，需要把握它的精髓，将其新思维、新观点融会贯彻到大纲之中。但问题是，课程标准和考试毕竟是两个相对独立的东西，彼此可相互借鉴，不可替代。就课程性质来说，工具性与人文性的双重性质在考试中如何体现？这是 MHK 大纲修订中无法回避又必须直面的问题，需要多层次、多维度来考虑，不能简单地体现在词汇的选择中，语料的选取、命题角度的设计等都需要精心地考量。关于汉语课程的总体目标和五个方面的辩证关系，新《课程标准》已阐述得非常清晰，摆在 MHK 大纲修订面前最大的问题是：需要厘清语言知识、语言技能、文化意识、学习策略和情感态度哪些能测，哪些不能测，能测的怎样测，不能测的又如何体现。回答这些问题都有一定的难度，需要深思熟虑。否则，就可能顾此失彼，影响考试的信效度。

（二）民族汉考与教学的关系

关于如何用好民族汉考这一评价工具，新《课程标准》提出：“各级教育行政部门及学校可以根据本地的具体情况和教学实际，选用相应级别的考试，考查学生的汉语能力，检验汉语教学取得的成效，查找教学活动中存在的问题。”

以上的表述不仅清楚地阐释了民族汉考与教学的关系，也为在少数民族地区使用民族汉考提供了正确指导。

首先，少数民族地区汉语教学的环境差别较大，各地的汉语教学基础不一，所采用的教学模式也不尽相同，加上在汉语学习中学生的性格取向、兴趣爱好、认知能力、生活环境等存在差异，这就决定了各地在推广民族汉考时不能搞“一刀切”，而应因地制宜，视具体情况而定。

其次，对于教学来说，任何考试只是手段和工具，不能作为目的。考试的目的只能是为实现课程标准所设定的目标和要求服务。民族汉考强调不以任何教材为命题依据，包括两层含义：一是强调要尊重教学的自身规律，不能让考试冲乱了教学秩序，搞“应试教育”；二是强调标准的客观性，即不让使用了某一教材的获利，也不让没有使用该教材的吃亏。

再次，新《课程标准》强调建立旨在促进学生全面发展的科学评价体系，就是为了倡导评价主体的多元化、评价方式的多样化和评价目标的多维化，提倡终结性评价与形成性评价的结合，避免评价方式的单一。而采用民族汉考正是实现以上“三化”的具体体现。而且，教学考试和民族汉考的考试内容、方式、功能各不相同，两者不能相互替代。学校应充分发挥民族汉考的诊断、反馈功能，把它作为教学考试的补充，使之成为科学评价体系的有机组成部分。

（三）修订的重点与策略

大纲修订是一项阶段性和长期性兼具的工作，不可能一劳永逸，需要明确每次修订工作的重点。本次大纲修订重点在于体系的完整性和一致性，因此，修订工作将依据新《课程标准》，充分吸收第二语言教学理论、双语教学理论和教育测量学的最新研究成果，充分发挥考试的诊断和评价功能，采用计算机科学和测量技术的新成果，努力提升主观性试题评阅的科学性和工作效率。而对于教育测量学的新理论、新技术的应用，考虑到少数民族地区的教学实际以及人力、财力的投入情况，将量需而为，量力而为。比如，对于计算机自适应性考试，目前实施的条件还不成熟，主要制约因素是民族汉考现在还没有基于 IRT 的题库，而题库是实现自适应性考试的基础，比较现实的策略是先实现考试的计算机化，把实现计算机自适应性作为民族汉考远期努力的目标。

第三节　未来展望

民族汉考从研发启动迄今已走过 15 个年头。15 年来，民族汉考从幼稚已走向成熟：考试的理念得到认可，考试人数逐年增加，先进的考试技术得以广泛应用，影响力越来越大，已在国内标准化考试之林立足；同时，考试的理论探索也有长足的进步，紧随了业界的发展潮流，在等值、主观性试题测评等方面站在了研究的前沿。并且，大纲的修订为它提供了超越自我、快速发展的契机。借此良机对过去的发展历程进行系统地回溯和梳理，是为了未来的发展根基更加牢固，迈出的步伐更加坚实。展望民族汉考的未来发展，三个趋势需要把握：

1. 充分吸收第二语言教学理论、双语教学理论和教育测量学的最新研究成果。

近年来，随着国际交往不断扩大以及人们认识的不断提高，第二语言教学理论、双语教学理论和教育测量学都有了长足的发展。人们逐步摆脱了结构主义语言学的束缚，交际能力语言学和任务完成理论得到了更为广泛的应用。对于语言学习和测试来说，人们越来越清楚地认识到个体之间的差异，每个人都具有自己独特的认知和个性发展模式，人与人之间并不具有完全的可比性。因此，社会也越来越重视通过标准参照赋予考试分数的意义，通过标准参照对考试分数进行解释。

这就意味着民族汉考在大纲修订中要把等级标准的修订和完善作为重点，这也是实现民族汉考诊断和评价功能的基础性工作。作为测试母语非汉语的少数民族汉语学习者汉语实际运用能力的国家级标准化考试，民族汉考大纲的修订以及体系的完善工作将参照《欧洲共同语言教学与评价参考框架》《国际汉语能力标准》等资料，建立新的少数民族汉语水平等级标准，使之充分体现交际能力语言学和任务完成理论的优势和特点。

2. 充分发挥考试的诊断和评价功能。

传统的考试只能给出一个笼统的考试分数或能力分数，无法解释考生出错的原因，更无法对考生的认知结构做出描绘。教育测量的目的不应只限于评价，更应发挥诊断的作用；不应仅限于向考生提供笼统的总分，更应该关注考生的作答过程，并向考生提供针对性强、个性化的诊断报告和改进方案。

如今，随着认知心理学的发展，人们已不满足得到一个简单的测验分数或名次，他们希望测验能够提供更多的评价和诊断信息，能报告考生的认知结构，即考生掌握了哪些知识点，没有掌握哪些知识点，也即认知诊断信息。2002 年，美国通过了《不让一个孩子掉队》(*No Child Left Behind Act*) 的法案，规定美国所有的测验必须为家长、老师和学生提供诊断信息。专家们认为，只考试不诊断或者只诊断不做指导的教学都是不负责任的表现。由此可见，在考试的基础上对学生的认知结构进行诊断是非常重要的。

认知诊断测试能够针对每一个学生给出一份诊断性评价报告，对学生的认知结构、技能掌握情况这些更细致的能力维度分别进行报告，从而指导学生查漏补缺，事半功倍地提高学业能力，并能为学校和教育主管部门提供更为丰富的评价信息。

民族汉考大纲的修订、体系的完善以及未来发展将充分吸收认知心理学发展的最新成果，充分发挥考试的诊断和评价功能，使考生得到包括分数在内的诊断、评价信息及改进建议与学习指导。

3. 采用计算机科学研究的最新成果与技术。

随着科学技术的发展，计算机的发展将趋向高速、超小型、平行处理和智能化。量子、纳米等计算机将具有感知、思考、判断、学习及一定的自然语言能力，使计算机进入人工智能时代。加上云计算技术的运用，由此将推动新一轮的计算机革命，并带动光互联网的快速发展，对人类社会的发展产生深远的影响。这也意味着测试方式和技术将发生革命化的变革，原来一些无法展现和结合的测试内容得以实现，一些无法实现的测试方式将得以实现，同时这也意味着测试将向多元化、综合性、智能化发展，测试将会更加贴近生活，更加便捷，更加快速。

MHK 大纲的修订、体系的完善以及未来发展将充分把握计算机技术的发展趋势，使计算机科学研究的最新成果与技术能应用到民族汉考的完善和发展上，引领民族汉考向真实化、多样化和智能化的方向发展。

参考文献：

[1] 曹文静 . 主客观组合试卷的分数连接研究 [D]. 北京：北京语言大学硕士学位论文，2012.

[2] 柴省三，骆文淑，马新芳 . 测验长度确定的理论与方法 [A]. 考试研究文集（第 1 辑）[C]. 北京：经济科学出版社，2002：197-207.

[3] 柴省三 . 关于民族汉考测验长度的实证研究 [A]. 考试研究文集（第 2 辑）[C].

北京：经济科学出版社，2004：199-208.
[4] 陈珵 . MHK 作文自动评分实验研究 [D]. 北京：北京语言大学硕士学位论文，2010.
[5] 凡细珍 . 增值理念下的新疆双语教学质量评价——以小学五年级汉语学科教学质量评价为例 [D]. 北京：北京语言大学硕士学位论文，2013.
[6] 汉语课程标准制定组《民族中小学汉语课程标准（义务教育）》解读 [M]. 北京：人民教育出版社，2014.
[7] 姜德梧 . 关于民族汉考词汇等级大纲的编制 [A]. 考试研究文集（第 1 辑）[C]. 北京：经济科学出版社，2002：208-214.
[8] 李大东，张洁 .MHK（三级）的效度调查研究 [J]. 汉语学习，2006（3）：74-80.
[9] 李大东，张洁 . 中国少数民族汉语水平等级考试（三级）的效度调查研究 [A]. 考试研究文集（第 4 辑）[C]. 北京：经济科学出版社，2008：188-202.
[10] 李东成 . 汉语教育改革和发展的新起点——就新制定的《汉语课程标准》访谈教育部民族教育司负责人 [J]. 中国民族教育，2014（4）：2-5.
[11] 李锋 . 我国课程标准与教学实施一致性的现状、反思及策略 [J]. 课程 • 教材 • 教法，2012（8）：9-14.
[12] 李桂梅 .MHK 一、二级命题中的语法点控制研究 [A]. 考试研究文集（第 3 辑）[C]. 北京：经济科学出版社，2006：187-198.
[13] 李桂梅 .MHK（四级）“听后写”题型设计理念与实测验证 [A]. 考试研究文集（第 3 辑）[C]. 北京：经济科学出版社，2006：199-208.
[14] 李勉东，孙洪威 .MHK 作文中的偏误简析 [A]. 考试研究文集（第 5 辑）[C]. 北京：经济科学出版社，2009：389-398.
[15] 李蕊 . 主观性试题的人机评分比较研究——以 MHK 口语封闭式简答题为例 [D]. 北京：北京语言大学硕士学位论文，2013.
[16] 李亚男 . 汉语作为第二语言测试的作文自动评分研究 [D]. 北京：北京语言大学硕士学位论文，2006.
[17] 刘声涛，戴海崎，周骏 . 新一代测验理论——认知诊断理论的源起与特征 [J]. 心理学探新，2006（4）：73-77.
[18] 刘士勤 . 关于命制阅读理解试题的几点思考 [A]. 考试研究文集（第 1 辑）[C]. 北京：经济科学出版社，2002：94-105.

[19] 刘淅萍 . 从 MHK 口语测试到口语教学——以新疆维吾尔族学生为例 [D]. 北京：北京语言大学硕士学位论文，2012.
[20] 鲁新民 . 关于民族汉考（三级）听力理解命题的思考 [A]. 考试研究文集（第 1 辑）[C]. 北京：经济科学出版社，2002：68-80.
[21] 鲁新民 . 关于民族汉考（三级）书面表达部分设计的思考 [A]. 考试研究文集（第 1 辑）[C]. 北京：经济科学出版社，2002：106-115.
[22] 鲁新民 .MHK（三级）口试个案分析 [A]. 考试研究文集（第 3 辑）[C]. 北京：经济科学出版社，2006：209-220.
[23] 鲁新民 . 吉林省 2004 年 MHK（三级）作文评分简述 [A]. 考试研究文集（第 3 辑）[C]. 北京：经济科学出版社，2006：221-231.
[24] 鲁新民，彭恒利 . 新疆 2002 年、2003 年高考汉语科目考试改革述评 [A]. 考试研究文集（第 2 辑）[C]. 北京：经济科学出版社，2004：155-168.
[25] 彭恒利 . 对朝鲜族被试汉语篇章衔接方式使用情况的考察和分析 [A]. 考试研究文集（第 2 辑）[C]. 北京：经济科学出版社，2004：248-270.
[26] 彭恒利 . 基于档案评价的汉语口语水平考试 [A]. 考试研究文集（第 3 辑）[C]. 北京：经济科学出版社，2006：27-39.
[27] 彭恒利 . 中国少数民族汉语水平等级考试 [J]. 中国考试（研究版),2005（10）：57-59.
[28] 彭恒利 ."中国少数民族汉语水平等级考试（MHK)" 介绍 [A]. 考试研究文集（第 4 辑）[C]. 北京：经济科学出版社，2008：167-173.
[29] 彭恒利，俞韫烨 . 主观性试题网上评阅趋中评分控制研究初探 [J]. 中国考试，2013（6）：3-9.
[30] 彭恒利，张晋军 . 民族汉考（MHK）的命题和审题 [A]. 考试研究文集（第 2 辑）[C]. 北京：经济科学出版社，2004：134-146.
[31] 彭恒利，张秀秀，刘慧 . 主观性试题分数等值连接可行性初探 [J]. 中国考试，2014（12）：24-31.
[32] 任杰，谢小庆 . 中国少数民族考生与外国考生 HSK 成绩的公平性分析 [A]. 考试研究文集（第 1 辑）[C]. 北京：经济科学出版社，2002：162-171.
[33] 孙凯 . 基于层次分析法的 MHK（三级）笔试分测验权重研究 [D]. 北京：北京语言大学硕士学位论文，2015.

[34] 汪舟 . 基于融合模型的 MHK 四级听力能力的认知诊断研究 [D]. 北京：北京语言大学硕士学位论文，2013.
[35] 武晓宇，赵玥，徐静 . 民族汉考分界标准确定方法综述 [A]. 考试研究文集（第 1 辑）[C]. 北京：经济科学出版社，2002：184-196.
[36] 武晓宇，徐静，赵玥 . 民族汉考三级分界标准确定初探 [A]. 考试研究文集（第 2 辑）[C]. 北京：经济科学出版社，2004：187-198.
[37] 谢小庆 .HSK 和 MHK 的等值 [A]. 考试研究文集（第 4 辑）[C]. 北京：经济科学出版社，2008：131-147.
[38] 谢小庆 . 坚持素质教育，搞好少数民族汉语教学 [A]. 考试研究文集（第 4 辑）[C]. 北京：经济科学出版社，2008：174-187.
[39] 谢小庆 . 民族汉考口语考试的可行性分析 [A]. 考试研究文集（第 1 辑）[C]. 北京：经济科学出版社，2002：136-140.
[40] 谢小庆 .《民族汉考（三级）优秀作文评析》序言 [A]. 考试研究文集（第 5 辑）[C]. 北京：经济科学出版社，2009：32-35.
[41] 谢小庆 . 素质教育与应试教育实现统一的成功范例 [A]. 考试研究文集（第 4 辑）[C]. 北京：经济科学出版社，2008：203-210.
[42] 谢小庆 . 语言能力测试如何适应语言教学方式的发展 [J]. 考试研究,2010(4): 29-40.
[43] 谢小庆，张晋军 . 汉语作为第二语言的听力考试考什么 [A]. 考试研究文集（第 1 辑）[C]. 北京：经济科学出版社，2002：90-93.
[44] 许义强 . 试论汉语作为第二语言测试命题中的敏感性审查 [A]. 考试研究文集（第 5 辑）[C]. 北京：经济科学出版社，2009：364-373.
[45] 闫萍 . 基于欧洲语言共同参考框架的 MHK（四级）阅读能力标准的分析与研究 [D]. 北京：北京语言大学硕士学位论文，2015.
[46] 俞韫烨，谢小庆 . 基于多面 Rasch 模型的作文网上评卷“趋中评分”判定研究 [J]. 中国考试，2012（1）：6-13.
[47] 袁硕 . 新疆学业水平质量监测汉语试卷的纵向量表化设计研究 [D]. 北京：北京语言大学硕士学位论文，2013.
[48] 张华华 . 计算机化考试与中国教育评估 [J]. 心理学探新，2013（5）：387-391.

[49] 张洁 . MHK（三级）口语考试计算机评分的效度研究 [J]. 考试研究，2011（5）：51-58.

[50] 张晋军，彭恒利 . 民族汉考（三级）命题注意事项 [A]. 考试研究文集（第 2 辑）[C]. 北京：经济科学出版社，2004：147-153.

[51] 张晋军，任春艳 .2002 年、2003 年新疆、内蒙古、延边三地 MHK 预测卷作文字数统计的一些分析 [A]. 考试研究文集（第 2 辑）[C]. 北京：经济科学出版社，2004：169-175.

[52] 张晋军，任春艳 . 刍议 MHK 词汇大纲 [A]. 考试研究文集（第 2 辑)[C]. 北京：经济科学出版社，2004：70-78.

[53] 张晋军，任杰 . 关于排列句序题测查能力的分析 [A]. 考试研究文集（第 1 辑）[C]. 北京：经济科学出版社，2002：131-135.

[54] 张晋军，任杰 . 汉语测试电子评分员实验研究报告 [J]. 中国考试，2004（10）：27-32.

[55] 张丽 . MHK（三级）口语考试朗读题评分模式研究 [D]. 北京：北京语言大学硕士学位论文，2015.

[56] 张秀秀 . 主观性试题分数等值连接可行性探究——以 MHK（三级）口试为例 [D]. 北京：北京语言大学硕士学位论文，2015.

[57] 赵艳 . 汉语作为第二语言的作文自动评分结果差异分析 [A]. 考试研究文集（第 6 辑）[C]. 北京：经济科学出版社，2011：188-206.

[58] 郑旺全，赵晓非 . 继承和发展——学习《民族中小学汉语课程标准（义务教育）》体会 [J]. 中国民族教育，2014（4）：6-8.

[59] 中华人民共和国教育部 . 全日制民族中小学汉语课程标准（试行）[M]. 北京：人民教育出版社，2006.

[60] 中华人民共和国教育部 . 民族中小学汉语课程标准（义务教育）[M]. 北京：人民教育出版社，2014.

下部

教育测量理论应用研究

第一章　主观性试题的评阅与等值连接

从答题方式和评分的角度来划分，标准化考试的题型大致可分为客观性试题和主观性试题两类。主观性试题一般会给出题干，考生根据题目要求，按照自己的理解和认识，在限定时间内完成相应的综合性任务。主观性试题的类型有许多种，如构答反应式或自由作答式（constructed-response/free-response）、文章写作类（essay/writing）、口语表达式（oral-presentation）、角色扮演式（role-playing）、作品展示类（exhibits/portfolios），等等。相对于客观性试题，主观性试题具有命题容易评分难、效度高、可以测查考生综合性的思想认知水平的特点。从输出方式上划分，主观性试题可分为书写和口语表达两类，书写类包括名词解释、简答、论述、案例分析、作文等；口语表达可分为跟读、朗读、简答、复述、自主回答等。

正因为主观性试题具有上述的特点，因而在语言类测试中，主观性试题多用在对口语能力及写作能力的考查中，它能考查考生综合运用语言的能力，具有客观题无法替代的作用。但另一方面，我们也应该清醒地看到，虽然主观性试题的效度高，但由于评分易受评分员的主观因素影响，评分准则较难控制，评分的客观性、一致性不如客观性试题，因而可靠性较低。

随着计算机技术的飞速发展，困扰测量界多年的主观性试题评分难题有了破解的希望，计算机自动评分技术正逐渐引入大规模考试主观性试题的评分领域，并显现出广阔的应用前景。

随着计算机网上评阅技术的广泛应用，主观性试题的评分研究逐渐深入，一些在手工阅卷阶段的隐性问题变成了显性问题，趋中评分、严厉度和内部一致性等评分的信效度问题成了研究的热点。虽然这些问题在作文和口试评分中的表现形式及程度有所差异，但作为两类考试的共性问题引起了学者的广泛关注，成为研究的重点。

与主观性试题的评分问题相比，主观性试题的分数转换和等值连接也非常重要，它是保证测验公平性的主要手段。主观性试题由于其分数信度很大程度上受到了评分员效应的影响，因此其等值问题一直是测量界的一大难题。许多考试机构都因此采取了回避的策略，一些著名考试的主观性试题分数都是未经过等值处理的，这不能不说是件憾事。回避并不意味着问题得到解决，不再出现；难也不意味着没有解决的可能，只要方法得当，哪怕探索的成果再小，也是离成功突破的彼岸前进了一步。本章将就趋中评分、严厉度、内部一致性和等值连接问题做初步的探讨。

第一节　作文网上评阅趋中评分的判定与控制

一、作文阅卷的趋中评分及特征分析

（一）趋中评分及其影响和相关研究

在主观性试题的评分过程中，常会出现评分员较少给出高分或低分，所给分数多集中在评分量表中间段的现象，业界称之为“趋中评分”。研究发现，这种现象具有普遍性，国内外许多考试主观性试题的评分中都存在，特别是在作文阅

卷中表现得比较明显，如高考语文作文评分（戴海琦、曹绍游，1988；温儒敏，2012）、汉语水平考试（HSK 高等）作文评分（刘婷雁，2009）、中国少数民族汉语水平等级考试（MHK 三级）作文评分（俞韫烨、谢小庆，2012）以及国内其他考试（高丙成、秦旭芳，2007），美国的 AP 作文考试（Wolfe，2004）、德国的 Test DaF（德语水平考试）作文部分（Eckes，2005）等也存在这个问题。

信度（reliability）反映了考试结果的可靠程度，它是评价考试质量的主要指标之一。趋中评分将误差引入考试，对考试的信度产生了严重影响。对考生个体来说，趋中评分致使能力高的考生水平被低估，能力低的考生得到了虚高分数，考试分数无法准确反映出考生的真实写作能力和语言水平；对考试本身而言，分数过度集中，无法拉开考生档次，给及格线或录取线的划定带来困难；更为严重的是，不可靠的分数导致考试的使用者做出错误的判断决策，进而影响考生的个人前途，破坏考试质量和公信力。

目前，趋中评分虽已引起业界的关注，但研究多集中在有无趋中评分，即趋中评分的判定上，对趋中评分的控制研究尚为鲜见。趋中评分涉及诸多因素，需要对评分过程进行全方位、全程的控制才能取得明显效果，因而研究的难度较大。这也从另一个侧面说明了这项研究的价值所在。无疑，趋中评分控制研究将有助于维护考生的利益，保障决策的科学性，提高考试的信效度，保障考试的质量。

（二）趋中评分的特性分析

根据“评分员效应”（rater effects）理论（Wolfe，2004），趋中评分即“集中度”，是一种评分员效应，它具有系统性、模式化等特点。因此，在进行趋中评分控制研究时，首先需要对趋中评分的特性进行分析，即趋中评分有哪些表现形式？可以分成几类？形成趋中评分的原因有哪些？等等。

1. 趋中评分的表现

对于大规模考试来说，主观题评阅都有一个过程，短则两三天，长则一两周。无论评阅时间长短有多大的差异，评阅过程大致可分为培训、试评、考核、正评几个阶段。从以往的研究和观察来看，进入正评后，评分员的评分不会始终保持在某一个均值上，因而，趋中评分整体上呈现波动趋势，全程趋中的情况非常少见，趋中评分具有阶段性特点；而且，阅卷后期趋中评分相对严重，疲劳因素、精力分配、责任心等可能是诱因；此外，老阅卷员比新阅卷员容易出现趋中评分。

2. 趋中评分的分类

通过观察和对比分析，趋中评分大致可分为两类三种，如表 1 所示。第一类：单向趋中，即由低趋中或由高趋中。前者评分相对宽松，在低分区评分趋中，高分区评分稳定，从而导致能力水平低的考生分数向中间段分数靠拢；后者评分较为严厉，高分区趋中，低分区稳定，使得能力水平高的考生分数向中间段分数靠拢。第二类：双向趋中，即由低趋中和由高趋中同时存在，评分大量集中在量表的中间分数段上，低分区和高分区评分均向中间分数靠拢。

表 1　趋中评分分类表

分类		直观表现	统计学表现
单向趋中	高分段趋中	高分段评分偏低、低分段评分较准确	偏严格，评分比较稳定、一致
	低分段趋中	高分段评分较准确、低分段评分偏高	偏宽松，评分比较稳定、一致
双向趋中		高分段评分偏低、低分段评分偏高	宽严度趋中，评分比较稳定、一致

为了更加直观地说明问题，这里分别选出三种分类里的典型表现进行分析。在正评前，专家组选取了 30 份 MHK（三级）作文试卷进行打分，专家的评分是共同商议、讨论的结果，可以视为考生的应得分数；正评时在不同的时间段分批次将这 30 份试卷让所有评分员打分，然后将两者进行对比。

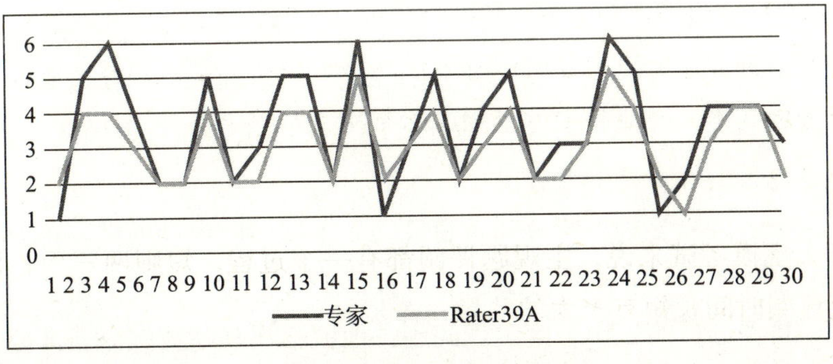

图 1　高分段趋中评分示意图

图 1 显示，39 号评分员的高分段趋中非常明显。专家评分为 5 分、6 分的，这名评分员基本都给了低一至二个等级的分数，而在低分段，他的评分与专家差异不大。

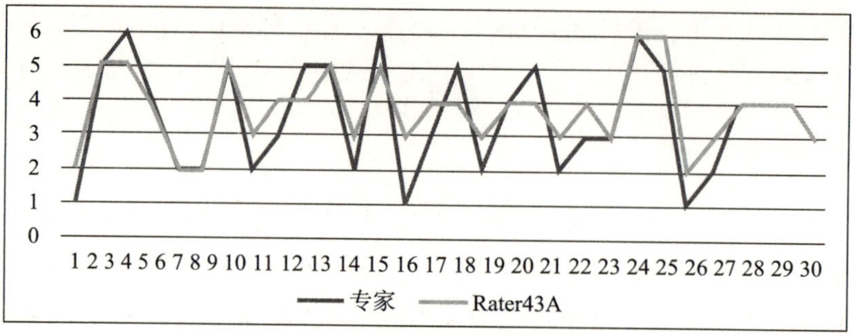

图 2 低分段趋中评分示意图

图 2 显示，43 号评分员的评分明显宽松，专家给了低分的作文，他往往给了高一两等级的分数，而且他没有使用 1 分这个等级，整个低分段等级的使用也非常少，低分段的趋中倾向非常明显。

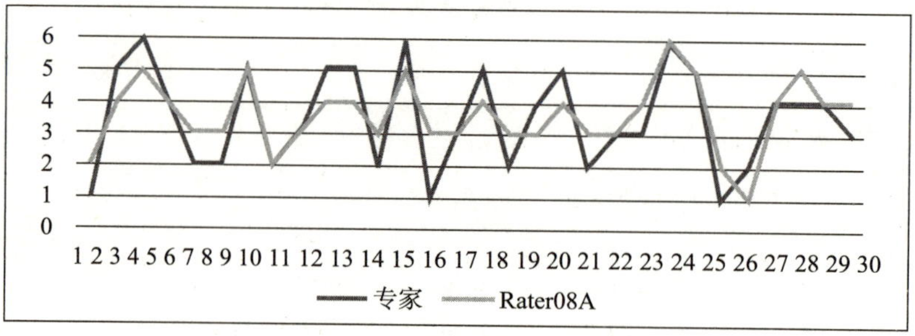

图 3 双向趋中评分示意图

图 3 显示，在评分前期和中期，无论是高分段还是低分段，该评分员的评分都有偏离专家评分、向评分量表中间等级靠拢的趋势，是明显的“双向趋中”。

3．趋中评分成因分析

从实评的情况来看，造成趋中评分的原因是多方面的，也是复杂的，其中评分员的个人因素是一个重要原因；而评分的外在因素，如管理模式、阅卷环境、时间安排等也可能导致趋中评分。

评分员个人因素是趋中评分的重要成因。主观试题的评阅是一项对人员素质要求较高的工作，不仅要求评分员具有较强的业务素质，对其工作态度也有较高的要求。一旦评分员的工作态度出现问题，他就会出现随意打分，评分的结果必然受到影响。一篇高分作文，可能会因为评分员阅读不够细致，闪光点被隐藏了起来，“委屈”地被打了偏低的分数；一篇低分作文，原本文理不通，只是因为卷面整洁、字迹端正，评分员草草地扫一眼就凭第一印象给了一个高一档次的分数……类似的现象在主观性试题评阅中屡见不鲜。此外，好的评分员，必须正确理解评分标准、合理把握宽严尺度。主观性试题评分一般都需要使用评分量表，如果评分员对评分量表理解有偏差，未能把握不同分数等级之间的距离，或是未能有效地使用量表将不同水平的考生区分，评分员很可能把不属于同一分数等级的考生归入同一个等级，造成大量分数集中在中间几个等级上，从而形成"趋中"。

评阅模式因素是造成趋中评分的另一个重要原因。以作文网上评分为例，目前最常见的评分模式是"双评法"，一篇作文至少由两名评分员独立评分。其中，两名评分员对同一篇作文的评分之差称为"双评差值"，双评差值的最大允许值称为"双评差值阈限"（赵海燕、陈志国，2011）。

在这种双评的模式下，如果双评差值设置得不科学，评分员就会有意识地多打"中间分""保险分"，从而避免与其他评分员产生过大双评差值，进而降低复评率、提高有效分率。章熊（1994a）对大规模考试作文评分进行调查后，也认同打"保险分"是造成作文评分趋中的一大主因。

评分管理因素是趋中评分产生的另一大诱因。目前考核评分员绩效的主要指标是阅卷数量、复评率、有效卷率等，这些指标决定了评分员的工作报酬。如果单纯地"按量计酬""按质计酬"，评分员就会以提高评分速度、消灭无效卷为目标，无形中会产生"越快越好""不好判的卷子都给中间分"等观念，这也使"趋中评分"的蔓延有了适宜的土壤。娄庆华（2008）认为，"高考作文评分的趋中倾向根本上是因为评分监测机制的缺陷和高考作文评分标准的局限造成的，这两点都是外在于评卷员个人的"。

评阅时间和环境因素也不可忽视。许多大规模考试对试题评阅的时限有很高的要求，评分员需要在短时间内评阅大量试卷。长时间评阅、超负荷工作使得评分员身心疲劳，体力下降，判断力减弱，进而影响了评分质量。而且，如果评阅工作环境不佳，如噪音过大、气温过高、空气流通不好等，也会导致评分员身体状况欠佳从而影响评分。

二、趋中评分的判定

从以往的研究来看，判定趋中的方法有多种，归纳起来大致可分为两类：校验卷法和统计指标判定法。关于趋中评分的判定，已有学者进行了专门的研究，这里只做简要的分类，不做过多的分析。

（一）校验卷法

在正评前，为监控评分质量，专家组预先会准备好一定数量的“专家校验卷”——由多名经验丰富的命题和阅卷专家挑选出的能够代表每个分数等级典型表现的试卷。评分过程中专家组会将校验卷适时随机分发给评分员，然后回收评分数据，对比专家评分和评分员评分，进而判定是否存在趋中评分。这种方法简单、直观、易操作，但由于是“抽检”，而不是全程的实时的整体检查，因此可能会出现漏判的情况。

（二）统计指标判定法

该方法的核心是通过多面Rasch模型估计一些相关指标，在此基础上综合多项标准以“多重分段”方式组合的方法来探查趋中评分趋向（俞韫烨、谢小庆，2012）。这6项指标及其取值如下：

1. 残差（实际评分 – 考生期望得分）标准差较小，小于0.5；
2. 残差与期望得分呈负相关，相关系数 $r<-0.1$；
3. 原始评分的峰度值大于0；
4. 模型估算所得infit值较小，$infit<1$；
5. 模型估算的评分员期望评分峰度值 >0；
6. 专家校验卷分析结果，为保证校验卷的分析结果具有代表性，建议每次阅卷挑选30~50份校验卷。

对于那些各项指标的值都落在设定好的“警戒范围”内的评分员，专家组可以进行重点审查，参考专家校验卷检查的结果进一步判定“趋中评分员”。

需要说明的是，以上方法的取值范围是根据MHK的阅卷情况确定的，因考试类型、试卷长度、难度等有区别，不同考试之间可能有差异，应视具体情况做出适当调整。

三、趋中评分的控制

据上，趋中评分现象的形成涉及诸多因素，因而对它的控制就不能采用单一的手段，而应综合运用各种手段，在试题命制和评阅阶段，可在多个方面、结合技术和非技术的手段进行控制。

（一）技术手段

技术手段即前文所述的两种方法。可以方法一（校验卷法）为“点”，方法二（统计指标综合判定法）为“面”，点面结合，在评分过程中实施全程监控，及时将监测结果反馈给评分员，并对问题评分员进行干预、重新培训。

在 2011 年新疆考点的 MHK（三级）作文的实际评分中，我们尝试使用了综合指标法来判定和控制趋中评分。我们选取了参加此次评分的 32 名阅卷员作为被试，在评分过程中进行了 3 次趋中评分监测，第 1 次监测的是阅卷开始至进度 30% 之间的数据，第 2 次监测的是阅卷进度 31% 至进度 60% 之间的数据，第三次监测的是进度 61% 至阅卷结束之间的数据。监测分析结果如下：

表 2　第一次趋中监测结果

评分员编号	残差 SD	残期相关	原始评分峰度	Infit	期望评分峰度	校验卷结果
4	0.5422	−0.1058	0.7213	0.7	0.2726	疑似趋中
27	0.5283	−0.2904	0.2941	0.97	0.8358	疑似趋中
39	0.5770	−0.2509	0.1268	0.98	0.1497	疑似趋中
58	0.4344	−0.3384	0.2174	0.87	0.7707	疑似趋中
59	0.5225	−0.3255	0.0076	0.95	0.0612	疑似趋中

注：评分员编号为阅卷前随机生成，与评分员数量无关。

表 3　第二次趋中监测结果

评分员编号	残差 SD	残期相关	原始评分峰度	Infit	期望评分峰度	校验卷结果
67	0.4543	−0.2502	1.987	0.97	1.2025	疑似趋中
*27	0.5308	−0.4711	0.1839	0.99	0.2185	疑似趋中

表 4　第三次趋中监测结果

评分员编号	残差 SD	残期相关	原始评分峰度	Infit	期望评分峰度	校验卷结果
74	0.4310	−0.2183	1.0320	0.86	0.8748	疑似趋中
58	0.4720	−0.2317	0.5005	0.98	0.1254	疑似趋中

根据表 2、表 3 和表 4，本研究中先后监测到 7 名趋中评分员。

第 1 次监测，58 号评分员各项指标均不合格，另外，4 号、27 号、39 号和 59 号也有很大的趋中评分嫌疑；第 2 次监测，67 号评分员出现趋中评分，而前一次监测中的“嫌疑对象”27 号评分员在这一阶段仍然处在趋中评分的边缘。前一阶段其余几人（4 号、39 号、58 号、59 号）在这一阶段未出现趋中现象；

第3次监测，即阅卷的后40%阶段，58号和74号评分员出现趋中评分，其中，58号是第1阶段出现问题，第2阶段正常后，在第3阶段重新出现问题。

本次实验研究显示，使用“统计指标综合判定法”判定趋中评分并进行控制是可行的。结果显示，大部分趋中评分员在专家组干预后，评分趋于正常。但也有评分员（58号）在“正常”和“趋中”间摇摆，这可能是工作态度问题，在第1次干预后他认真对待评分，所以第2阶段评分有进步，但进入第3阶段，干预效应逐渐退去，该评分员的工作质量再次下降。另有评分员（27号）在连续进行2次干预和培训后才达到正常标准，可能这位评分员初次参加评分，对标准的理解和把握有所欠缺，需要反复练习才能达到标准。

据上，采用“综合指标法”进行的控制试验的效果不错，但仍然有一些问题无法解决，还有待进一步深入研究。

（二）非技术手段

非技术控制手段包括命题、计分方法设定与评分标准制订、阅卷培训、试评和全程监控等。

在命制主观性试题时，要注意提高题目的区分度，以便评分员能够较容易、清楚地将高低分考生区分开来。过难或过易的题目以及可能产生多种理解的题目都不利于有效地区分考生，由此可能造成分数的大量集中，从而给及格线的划定、录用决策的制订等带来困难。

主观性试题评阅的计分方法有多种，大致可分为按分数和按等级两类。在实际评分中，有单纯使用的，也有结合使用的。如高考、公务员考试等表面上看是按分数，实质上也是先分类分档，然后再赋分的。按等级计分细分也有几种，其中六分制计分法是一种简便、实用、经济的方法。

无论采用哪类计分方法均要考虑尽量避免评分趋中现象的出现。如采用等级计分的方法，就要避免采用奇数的计分方法，如五分制，这种方法虽然简单，但易出现趋中。而且，等级也不能设计得过于繁杂，如等级过多，计分复杂，评分时评分员多会删繁就简，出现趋中。

为了防患于未然，在阅卷培训和试评阶段就要给评分员足够的指导和提醒。阅卷培训是评分员上岗前必不可少的环节，它的主要作用是指导评分员理解试题、学习评分标准，为正式评卷做好准备。在培训阶段，应该跟评分员详细说明不同分数等级之间的区别，挑选各等级分数的代表性作答供评分员仔细研究学习、反复揣摩，体会评分量表和评分标准，尤其是高分段、中间分数段和低分段的区别。

试评是评分员正式上岗前的需要通过的最后一道关卡。专家组可用事先挑选的一部分试评卷让评分员打分，只有与专家评分差值较小的评分员才能通过试评。试评是检验评分员培训成果的有效方法，它可以知晓评分员是否理解了试题、是否准确合理地把握了评分标准，从而给评分员更多自我调整的机会和时间。如果评分员未能通过试评，专家组应对其进行重新培训，如培训的效果还不明显，说明该评分员不适合做评分工作，应果断进行调整。

在正式阅卷的过程中，应设定“最低阅卷时间”，比如规定每篇作文的阅卷时间不得低于 30 秒，以此来提升阅卷质量。此外，阅卷质量监测也必不可少，评阅时可采用定时和不定时抽检结合的方法对评分员进行监控，方法包括收集分析评分员评分数据、分发专家校验卷进行校验、对比分析等。由于趋中评分多出现在阅卷的后半程，因此，应对阅卷中后期的评阅情况进行重点监控。

现行的评分员计酬方式多以阅卷量为基础，适当参考阅卷的有效卷率。这种方式固然提升了评分员的工作积极性，提高了阅卷效率，但也存在缺陷，部分评分员因此会片面追求高速度、高有效率，评分不认真，导致了趋中评分大量出现。优化计酬方式，引入趋中评分指标，改变单纯以阅卷量为基础的计酬模式，将有助于克服趋中评分。

评分员过度疲劳，精神不易集中也会导致趋中，因此要合理安排作息时间，阅卷过程中每隔一段时间安排一次休息，劳逸结合，保证评分员能以最佳状态投入工作。目前，网上评阅多在计算机机房进行，因此要保持阅卷场地安静、明亮、整洁、通风，使评分员能在良好的阅卷环境中进行工作。

四、余论

主观性试题趋中评分是一个新的研究课题，以上只是初步的探索，其中还有许多方面值得深入探讨。网上阅卷依托网络和计算机技术，大大提高了阅卷效率。虽然趋中评分在纸笔评分中已经出现，但网上评阅是否加剧了这一趋势？目前常用的评分质量指标是评分一致性，包括评分员间一致性和评分员个人一致性。一致性越高，代表评分质量越好吗？如前文所述，趋中评分是一种系统性误差，则可能存在评分员“一致”地给出趋中分数的情况。复评率是另一项评分质量指标，但趋中评分员往往复评率较低，在评分质量监控时把复评率控制在什么范围内为最佳？这些问题的探讨都会将趋中评分的研究推向深入。

第二节　口语主观性试题计算机自动评阅的评分质量研究

一、引言

主观性试题具有客观性试题不可替代的作用，优缺点都非常明显，评分的误差控制是影响其应用的关键制约因素。人工网上评分系统的引入在一定程度上提高了评分效率，减少了评分误差，但依然无法有效控制评分者的情感、态度和疲劳效应，评分的误差没有得到实质上的控制。

随着计算机技术的飞速发展，计算机辅助人工进行自动评分逐渐成为可能。与人工评分相比，计算机自动评分具有效率高、客观性强、成本低、疲劳效应和趋中现象少等诸多优势，能够有效地提高试卷评阅的安全性与公平性。然而，如何利用好计算机自动评阅技术并非易事。就口语考试评分而言，计算机自动评分涉及人工智能、模式匹配、自然语言理解和语音识别与评测等众多领域的理论与技术，还要考虑人工阅卷与计算机自动评阅的匹配问题，是一项复杂的系统工程。将计算机自动评阅技术引入主观性试题的评阅中需要重点考虑两个问题，一是经济性，二是科学性。相对于人工阅卷，计算机自动评阅在资金投入和工作效率方面的优势不言而喻，而在科学性方面，不仅要关注评分的准确性、人机的优化匹配，最重要的还是要关注评分的信度，这实质上涉及的就是评分的质量控制问题。如何提高口语主观性试题计算机自动评分的质量？下面将结合中国少数民族汉语水平等级考试（MHK）口语考试的实测数据进行实证研究。

二、评分员间的严厉度和内部一致性的实证研究

（一）研究的材料和数据

研究采用的是中国少数民族汉语水平等级考试（MHK）的施测材料和数据。MHK 是教育部民族教育司立项开发的专门用于测试国内母语非汉语的少数民族汉语学习者汉语水平的国家级标准化考试，包括四个等级，其中三级主要用于高考、预科结业以及中小学教师能力认定等领域，是参加考试人数最多的级别。MHK 三级口语考试包括朗读、封闭式简答题和开放性试题三部分。朗读题由计算机自动评分系统直接评分，人工按比例抽检；封闭式简答题由计算机进行一评，人工进行二评和复评；开放性试题全部由人工进行一评、二评和复评。

2012 年，MHK 在新疆全面推开。在当年的某次正式施测中共使用了 11 套试题，考生因考试的批次和地点不同使用了不同的题目。这次考试的实考人数为 34275 人。根据既定阅卷方案，封闭式简答题的评阅，将由计算机进行一评，人工进行二评，若二者差距大于或等于 2 分（评分等级量表为 0 ～ 6 分），则由人工进行复评。阅卷结束后，我们对本次封闭式简答题的复评情况进行了统计分析，得出了每道试题的复评率和平均复评率的统计数据，详见表 1。

表 1 2012 年 11 月封闭式简答题阅卷复评率

试题	复评数量	总数量	复评率
I1	465	5628	8.26%
I2	763	5400	14.13%
I3	857	4876	17.58%
I4	667	4393	15.18%
I5	722	4103	17.60%
I6	562	3378	16.64%

续表

试题	复评数量	总数量	复评率
I7	397	2722	14.58%
I8	321	1599	20.08%
I9	129	1169	11.04%
I10	153	825	18.55%
I11	57	182	31.32%
小计 / 平均	5093	34275	16.81%

从表 1 中的数据可以看出，11 道题的平均复评率为 16.81%，虽然题目间有差异，但基本在预想的范围（15% ～ 25%）之内。

（二）研究的内容、目的和方法

本研究的主要内容是评分员间的严厉度和内部一致性问题，希望通过数据分析来了解表 1 中不同试题之间的复评率差异是什么原因造成的，计算机自动评阅技术在封闭式简答题上的实际应用效果如何，以及人评与机评各自的优势和欠缺有哪些，等等。在此基础上，希望为优化 MHK 的阅卷方案、细化 MHK 的评分细则以及加强 MHK 口语试题命制的质量控制提供依据和建议。

研究的方法与步骤如下：

研究拟使用多面 Rasch 模型（Many Facets Rasch Model，MFRM）进行。Rasch 模型是一个潜在特质模型，能对考生的能力、评分者的宽严程度、项目的难度等潜在特质进行估计。针对口语主观性试题评分质量的估计，多面 Rasch 模型具有诸多优势。首先，运用该模型能够获得独立于评分者宽严程度和项目难度的考生能力值，将考生能力值与原始分数进行比较，能够分析指出评分者在宽严度上存在的真正差异，从而识别并消除评分者效应；其次，通过 Facets 程序，可以得到各个侧面的估计值和 fit 统计量，发现并分析异常的原始分数以及其他各个侧面上的异质点，从而能更加准确深入地把握评分；再次，多面 Rasch 模型还可以为完善考试评分标准、改进考试命题原则、实现主观题等值等问题提供全新的解决思路。它能从微观的角度，对主观性试题评分质量相关的各种指标进行统计分析，发现评分过程中存在的具体问题，并能对进一步提高评分质量和效率提出指导建议。

（1）数据准备：在参加了复评的考生作答中随机选取了 500 份考生作答录音作为抽样分析的样本，将这 500 份样本的计算机自动评分结果视为第 1 位评分员的评分，记为 R1；在试题正式评阅过程中进行复评的评分员打分作为 1 位人工评分员的评分；另外，为尽量排除误差因素，使评分结果更加准确、有效，我们又邀请了 4 位长期从事语言教学工作且有丰富的 MHK 三级口语考试评分经验的专家，在与正式阅卷基本相同的环境下集中对这 500 份考生作答进行了评分，共计得到 5 位人工评分员的评分结果，分别记为 R2 ～ R6。

（2）数据运行：用 Facets（3.55.0）程序对多面 Rasch 模型中评分员评分的各个参数进行估计，从而发现评分者的宽严度、一致性和试题难度等方面的问题所在。

（3）数据分析：统计分析程序运行后的数据结果，发现问题，分析原因。

三、结果分析

（一）人机评分严厉度与内部一致性分析

为了分析各评分员的评分严厉度情况和各试题的难易度情况，我们采用 Facets（3.55.0）程序，对 6 位评分员的评分结果进行统计分析，从下面的一系列图表中可以直观地看出统计分析的结果。表 2 是评分情况的描述性总表，它反映了考生侧面、评分员侧面和试题侧面的总体水平和分布情况。

表 2　评分描述性总表

Measr	+Examinees	+Raters	Items	Scale
+ 7 +				(6)
	.			
+ 6 +				---
	.			
+ 5 +	.			
	.			5
	*.			

续表

Measr	+Examinees	+Raters	Items	Scale
4	*			
	*.			
	*.			---
3	*****			
	**.			
	***.			4
2	******.			
	*********.			
	********.			---
1	*********.			
	**********		I11 I6 I9	
	*********.	R4 R5 R6	I1 I3	3
0	*********.	R1		
	*******	R3	I2 I5 I7 I8	---
	********	R2	I10	
−1	**.		I4	
	*****			
	****.			2
−2	***.			
	**.			
	**			
−3	.			---
	*.			
	**			
−4	*.			
	.			
	*.			
−5	.			1
	.			
	*			
−6				(0)
Measr	*=4	+Raters	−Items	Scale

第 2 列是考生侧面的情况，对应的 measure 值反映了剥离掉评分员和试题因素干扰影响的考生的能力值。其 measure 值越大，说明考生的能力越高。从表中可以看到，考生能力整体基本呈正态分布，其中能力值为 0.67logit 的考生数量相对较多。

第 3 列是评分员侧面的情况，对应的 measure 值反映了剥离掉考生和试题因素干扰影响的评分员评分的严厉程度。其 measure 值越大，说明评分员的评分越宽松。从表中可以看到，整体来说，6 位评分员的评分严厉度存在一定的差异，其中 R4 的评分最为宽松，R2 最为严格，R1（机评）的严厉度比较适中。各评分员评分均值分布在 2.5 分与 3 分之间。

第 4 列是试题侧面的情况，对应的 measure 值反映了剥离掉考生和评分员因素干扰影响的试题难易程度。其 measure 值越大，说明试题的难度越大。从表中可以看到，整体来说，11 道试题的难易度分布较为分散，说明其间存在着明显的差别，其中 I11 的难度最大，I4 的难度最小。

表 3　评分员侧面统计结果

Obsvd Score	Obsvd Average	Fair-M Average	Measure	S.E.	Infit	ZStd	Outfit	ZStd	Estim. Discrm	Raters
1615	3.2	3.13	0.34	0.07	0.73	−4.7	0.74	−4.5	1.29	R4
1602	3.2	3.09	0.28	0.07	0.58	−7.9	0.59	−7.6	1.40	R6
1591	3.2	3.07	0.23	0.07	0.73	−4.7	0.73	−4.7	1.28	R5
1560	3.1	2.99	**0.10**	0.07	**2.42**	9.0	2.52	9.0	−0.54	R1
1470	2.9	2.77	-0.29	0.07	0.93	−1.1	0.89	−1.7	1.15	R3
1383	2.8	2.57	-0.67	0.07	0.54	−8.5	0.53	−8.8	1.46	R2
RMSE (Model) 0.07 Adj S.D. 0.35 Separation 5.41 Separation Reliability 0.97										
Fixed (all same) chi-square: 179.0 d.f.: 5 significance: 0.00										

表 3 是评分员侧面的统计结果。该表按照评分宽严度的顺序排列，自上而下越来越严格（第 4 列 measure 值由正到负），其中最宽松的评分员 R4 的 measure 值为 0.34，最严格的评分员 R2 的 measure 值为 −0.67，二者相差约 1 个 logit。自动评分系统 R1 的 measure 值为 0.10，比较接近平均值"0"，说明其评分宽严度把握比较适当，只略微宽松。第 6 列的 Infit 值反映了评分员评分的内部一致性和稳定性，较为宽松的 Infit 值可接受范围是 0.5～1.5 之间，越接近 1 越理想。自动评分系统 R1 的 Infit 值为 2.42，远远超过了可接受范围，表明 R1 的评分内部一致性较差，评分尺度不稳定，波动过大；而评分员 R2 和 R6 的 Infit 值虽然在可接受范围内，但是相对偏低，说明评分内部一致性过高，他们有可能采取了"安全策略"，即只使用了少数几个评分等级进行评分，对作答表现非常好或非常差的考生不敢给出高分或低分。

在表 3 的最下方可以看到评分员侧面的 Separation 为 5.41，Separation Reliability 达到了 0.97，且卡方检验的 significance 达到了 0.00，这说明 6 位评分员的评分结果之间存在显著差异。

表 4　试题侧面统计结果

Obsvd Score	Obsvd Count	Obsvd Average	Fair-M Average	Measure	S.E.	Infit	ZStd	Outfit	ZStd	Estim. Discrm	Items
337	150	2.2	2.57	0.67	0.13	**1.24**	1.9	1.35	2.8	0.56	11
590	246	2.4	2.61	0.58	0.10	0.90	−1.1	0.92	−0.8	1.09	9
1123	462	2.4	2.65	0.51	0.07	0.97	−0.4	1.00	0.0	1.03	6
348	144	2.4	2.66	0.49	0.12	0.98	−0.1	0.97	−0.2	1.05	3
207	72	2.9	2.83	0.17	0.17	1.09	0.5	1.33	0.7	0.75	1
364	114	3.2	3.03	−0. 18	0.14	**0.67**	−2.8	0.71	−2.4	1.32	2
715	222	3.2	3.08	−0.26	0.10	0.89	−1.1	0.86	−1.4	1.17	8
1369	426	3.2	3.09	−0.27	0.07	0.93	−1.0	0.92	−1.2	1.06	7
1001	306	3.3	3.13	−0.33	0.08	0.88	−1.5	0.89	−1.3	1.13	5
1255	360	3.5	3.23	−0.52	0.08	1.10	1.3	1.08	1.0	0.95	10
1912	498	3.8	3.43	−0.87	0.07	1.12	1.8	1.14	2.0	0.89	4

RMSE (Model) 0.11　Adj S.D. 0.47　Separation 4.45　Separation Reliability 0.95

Fixed (all same) chi-square: 363.9　d.f.: 10　significance: 0.00

表 4 是试题侧面的统计结果，该表按照试题难易程度排序，其中试题 I11 最难，measure 值为 0.67；试题 I4 最容易，measure 值为 −0.87。第 7 列的 Infit 值反映在某试题上不同评分员之间的评分一致性程度，其可接受范围较为宽松的标准是 0.5 ～ 1.5 之间，精确性较高的标准是 0.8 ～ 1.2 之间。从表 4 看到，大部分试题的 Infit 值都在精确性较高的标准范围内，而且大部分 Infit 值都比较接近理想值 “1”，只有 I11 和 I2 的 Infit 值偏高和偏低，说明在试题 I11 上，各评分员之间的评分差异偏大，在试题 I2 上，各评分员之间的评分差异偏小。

在表 4 的最下方可以看到试题侧面的 Separation 为 4.45，Separation Reliability 达到了 0.95，且卡方检验的 significance 达到了 0.00，说明 11 道试题的难易程度存在显著差异。

为了进一步探究在不同试题上不同评分员之间的评分差异程度，我们运用 Facets 程序分别对不同试题的人机评分员评分情况进行了统计分析。

根据程序运行得出的统计结果，我们将 11 道试题的评分员评分情况划分为三类。在第一类中，机评比人工评分严格，如试题 I1 和 I4；在第二类中，机评比人工评分宽松，如试题 I2、I3、I6、I9 和 I11；在第三类中，机评和人工评分严厉程度相当，评分差异较小，如试题 I5、I7、I8 和 I10。我们从 11 道题目中选取了这三类情况的代表试题 I1、I11 和 I10，进行具体分析，其评分描述性数据分别见表 5、表 6 和表 7。

表 5　I1 评分描述

```
----------------------------------------
|Measr| +Examinees  | +Raters  | Scale |
----------------------------------------
+   6 +             +          +  (5)  +
|     |             |          |       |
|     | S1  S10     |          |   4   |
+   5 +             +          +       +
|     |             |          |       |
|     |             |          |       |
+   4 +             +          +       +
|     | S2  S6      |          |       |
|     |             |          |       |
+   3 +             +          +       +
|     | S9          |          |  ---  |
|     |             |          |       |
+   2 +             +          +       +
|     |             | R6       |       |
|     |             |          |       |
+   1 +             + R3   R4  +       +
|     | S3  S7  S8  |          |   3   |
|     |             |          |       |
*   0 *             * R2       *       *
|     |             | R5       |       |
|     |             |          |       |
+  -1 +             +          +  ---  +
|     | S12         |          |       |
|     | S5          |          |       |
+  -2 +             +          +   2   +
|     | S11         |          |       |
|     |             |          |       |
+  -3 +             + R1       +  ---  +
|     |             |          |       |
|     |             |          |       |
+  -4 +             +          +       +
|     |             |          |   1   |
|     |             |          |       |
+  -5 +             +          +       +
|     | S4          |          |       |
|     |             |          |       |
+  -6 +             +          +  (0)  +
----------------------------------------
|Measr| +Examinees  | +Raters  | Scale |
----------------------------------------
```

表 6　I11 评分描述

```
----------------------------------------
|Measr| +Examinees  | +Raters  | Scale |
----------------------------------------
+   4 +             +          +  (5)  +
|     |             |          |       |
|     |             |          |       |
|     | **          |          |   4   |
+   3 +             +          +       +
|     | *           |          |       |
|     |             |          |       |
|     |             |          |  ---  |
+   2 +             +          +       +
|     |             |          |       |
|     | **          |          |       |
|     |             | R1       |       |
+   1 +             +          +       +
|     |             |          |   3   |
|     | ***         |          |       |
|     | **          |          |       |
*   0 *             * R6       *       *
|     | **          | R3       |  ---  |
|     |             | R2  R5   |       |
|     | *           | R4       |       |
+  -1 +             +          +       +
|     | **          |          |   2   |
|     | *           |          |       |
|     | *           |          |       |
+  -2 + ****        +          +  ---  +
|     |             |          |       |
|     |             |          |       |
|     | *           |          |       |
+  -3 +             +          +       +
|     |             |          |   1   |
|     |             |          |       |
|     |             |          |       |
+  -4 + ***         +          +  (0)  +
----------------------------------------
|Measr| *=1         | +Raters  | Scale |
----------------------------------------
```

表 7　I10 评分描述

```
---------------------------------------------
|Measr| +Examinees | +Raters     | Scale |
---------------------------------------------
+  4 +            +             + (6)  +
|    |            |             |  5   |
|    | *          |             |      |
|    |            |             |      |
+  3 +            +             +      +
|    | *          |             |      |
|    |            |             |      |
|    |            |             |      |
+  2 + **         +             +      +
|    |            |             |      |
|    | ****       |             | ---  |
|    |            |             |      |
+  1 + ****       +             +      +
|    | *******    |             |      |
|    | *******    | R3          |  4   |
|    |            | R4  R5      |      |
*  0 * **         * R6          *      *
|    | ******     | R1          |      |
|    |            | R2          | ---  |
|    | **         |             |      |
+ -1 + *          +             +      +
|    | ***        |             |  3   |
|    | *****      |             |      |
|    | ****       |             |      |
+ -2 + **         +             + ---  +
|    | ****       |             |      |
|    |            |             |      |
|    |            |             |      |
+ -3 +            +             +      +
|    | ****       |             |      |
|    |            |             |  2   |
|    | *          |             |      |
+ -4 +            +             + (1)  +
---------------------------------------------
|Measr| *=1       | +Raters     | Scale |
---------------------------------------------
```

表 5 显示，在评判试题 I1 时，计算机评分员（R1）比各位人工评分员（R2 ～ R6）更严格。R2 ～ R6 给出的概率最大的评分等级围绕在 2.5 分到 3.5 分

之间，而 R1 给出的概率最大的评分等级在 1.5 分左右，二者存在一定差异。

表 6 显示，在评判试题 I11 时，计算机评分员（R1）比各位人工评分员（R2 ~ R6）更宽松。R2 ~ R6 给出的概率最大的评分等级比较集中，围绕在 2.5 分附近，而 R1 给出的概率最大的评分等级约为 3.1 分，二者也存在一定差异。

表 7 显示，在评判试题 I10 时，计算机评分员（R1）与人工评分员（R2 ~ R6）的评分尺度未呈现明显差异，相对较为一致。计算机评分员（R1）的 measure 值比较接近“0”，说明其评分严厉度较为适中。

表 8　I1 评分员侧面统计结果

Obsvd Score	Obsvd Count	Obsvd Average	Fair-M Average	Measure	S.E.	Infit	ZStd	Outfit	ZStd	Estim. Discrm	Raters
40	12	3.3	3.43	1.61	0.58	0.72	−0.4	0.64	−0.6	1.23	R6
38	12	3.2	3.26	0.95	0.57	1.40	0.8	1.23	0.5	0.90	R3
38	12	3.2	3.26	0.95	0.57	**0.45**	−1.2	0.49	−1.0	1.34	R4
35	12	2.9	3.05	0.05	0.53	0.53	−1.1	0.38	−1.5	1.53	R2
33	12	2.8	2.93	−0.50	0.52	0.87	−0.1	0.73	−0.5	1.22	R5
23	12	1.9	1.87	**−3.06**	0.53	**1.63**	1.3	1.66	1.2	0.42	R1

RMSE (Model) 0.55　Adj S.D. 1.43　Separation 2.59　Separation Reliability 0.87
Fixed (all same) chi-square: 47.4　d.f.: 5　significance: 0.00

表 8 显示，在试题 I1 上，R1 的评分尺度最严格，其 measure 值为 −3.06，与各位人工评分员的 measure 值差异较明显。R1 的 Infit 值为 1.63，说明其评分内部一致性偏低，评分尺度时而严格，时而宽松。R4 的 Infit 值为 0.45，说明其评分内部一致性过高，有可能存在打“安全分”的现象，对于作答表现非常好或非常差的考生不敢给出高分或低分。

表 9　I11 评分员侧面统计结果

Obsvd Score	Obsvd Count	Obsvd Average	Fair-M Average	Measure	S.E.	Infit	ZStd	Outfit	ZStd	Estim. Discrm	Raters
70	25	2.8	2.88	**1.17**	0.30	**1.86**	2.5	2.01	2.8	0.24	R1
56	25	2.2	2.31	−0.02	0.29	0.78	−0.7	0.80	−0.7	1.26	R6

续表

Obsvd Score	Obsvd Count	Obsvd Average	Fair-M Average	Measure	S.E.	Infit	ZStd	Outfit	ZStd	Estim. Discrm	Raters
55	25	2.2	2.26	−0.10	0.29	1.09	0.4	1.18	0.7	0.79	R3
53	25	2.1	2.16	−0.27	0.29	**0.42**	−2.6	0.44	−2.5	1.50	R2
52	25	2.1	2.12	−0.35	0.29	0.60	−1.5	0.65	−1.3	1.32	R5
51	25	2.0	2.07	−0.44	0.29	0.87	−0.3	0.85	−0.4	1.35	R4
RMSE (Model) 0.29 Adj S.D.0.46 Separation 1.56 Separation Reliability 0.71 Fixed (all same) chi-square: 20.1 d.f.: 5 significance: 0.00											

表 9 显示，在试题 I11 上，R1 的评分尺度最宽松，其 measure 值为 1.17，与各位人工评分员的 measure 值差异较明显。R1 的 Infit 值为 1.86，说明其评分内部一致性较低，评分尺度时而严格，时而宽松。R2 的 Infit 值为 0.42，说明其评分内部一致性过高，有可能存在打“安全分”的现象，对于作答表现非常好或非常差的考生不敢给出高分或低分。

表 10　I10 评分员侧面统计结果

Obsvd Score	Obsvd Count	Obsvd Average	Fair-M Average	Measure	S.E.	Infit	ZStd	Outfit	ZStd	Estim. Discrm	Raters
221	60	3.7	3.81	0.38	0.18	1.07	0.4	0.93	−0.3	1.24	R3
214	60	3.6	3.66	0.15	0.18	0.51	−3.2	0.57	−2.5	1.40	R4
214	60	3.6	3.66	0.15	0.18	0.57	−2.7	0.53	−2.8	1.52	R5
209	60	3.5	3.55	−0.01	0.18	0.65	−2.1	0.71	−1.5	1.16	R6
205	60	3.4	3.46	**−0.13**	0.18	**2.70**	6.4	2.66	6.0	−0.59	R1
192	60	3.2	3.16	−0.55	0.18	0.51	−3.2	0.54	−2.8	1.42	R2
RMSE (Model) 0.18 Adj S.D.0.23 Separation1.27 Separation Reliability 0.62 Fixed (all same) chi-square: 15.8 d.f.: 5 significance: 0.01											

表 10 显示，在试题 I10 上，R1 的 measure 值为 −0.13，其评分严厉程度与各位人工评分员差异不大。R1 的 Infit 值为 2.70，说明其评分内部一致性低，评分尺度时而过于严格，时而过于宽松，波动比较大。

四、结论

1. 就 MHK 封闭式简答题来说，人工评分和计算机评分在严厉度和一致性等方面存在一定差异：（1）整体来说，计算机评分的严厉度比人工评分的严厉度小；在不同试题上，计算机评分的宽严程度存在差异；（2）计算机自动评阅技术还有较大的提升空间，如何提高其评分内部一致性是问题的关键；人工评分员容易出现评分内部一致性过高的现象，在评分监控中需要重点关注评分的“趋中”问题。

2. MHK 各套口语试题之间的难度是有差异的。在命题、审题以及试题匹配上如何控制试题的难度还需深入研究。

3. MHK 的评分标准有待细化。

由此也引出了许多问题，如：对于封闭性简答题，人评和机评各有其优缺点，如何实现两种阅卷方式的优势互补？又如：口语试题间的难度差异是真实存在的，又是很难避免的，那么不同试题之间是否需要等值或连接？如要进行等值或连接，那么如何进行等值和连接这个测量界的难题又该如何去解决？口语试题难度差异是什么原因造成的，是命题的角度问题还是文体和体裁方面的问题？其中是否还有知识和文化方面的差异？等等，这一系列的问题都有待去深入研究。

第三节　主观性试题分数等值连接的可行性

一、引言

等值是保证测验公平性的主要手段，目前许多大规模考试已经实现了测验中客观题的等值，使不同版本测验的客观题分数之间具有了可比性。而主观性试题由于受到多种因素的影响，其等值问题一直是测量界的一大难题，国际上许多著名考试机构对此或直接忽略回避，或内部解决不公开，这实际上也说明了就目前的测量技术而言，直接实现主观题分数之间的等值几乎是不可能的，因而绝大多数考试的主观性试题分数都是未经过等值处理的。

严格意义上讲，主观性试题之间是无法实现真正意义上的等值的，目前我们所能做的是把不同的主观性试题分数连接起来，通过一定的技术手段使彼此之间的分数具有一定的可比性，然后再做出相应的调整。这实际上做的是对不同的主观性试题的分数削峰填谷，与“校准”(Calibration）有些类似。

中国少数民族汉语水平等级考试（MHK）是面向国内母语非汉语的少数民族汉语学习者的一项国家级标准化考试，分为四个等级，每个等级均包括笔试和口试两部分。MHK 虽早已实现笔试的客观题等值，但同样也面临着主观性试题等值连接的难题，其中口试的等值连接问题更为迫切。目前，MHK 口试采用“人机对话”的方式进行，受场地、硬件设备的限制，各个考场的口试分批次进行。为防止考生泄题或作弊造成的不公平，每批次使用的试题均不同，这样就出现了同一次考试，笔试只使用一套试题，口试却使用多套试题的情况。由于不同套的口试试题内容不一致，难度很难保证完全一致，这样，在同一次 MHK 口试中，就会出现有的考生因碰到偏易的试题得分较高，有的考生碰到偏难的试题得分较低的现象，这对考生来说是不公平的。

以近期某年 11 月 MHK（三级）口试为例，各批次口试试题情况详见下表 1：

表 1　某年 11 月各套口试试题相关描述性统计

批次	样本量	平均分	标准偏差
1	7106	8.887/31.276	2.492/7.909
2	7077	8.643/30.701	2.484/7.834
3	7090	10.372/34.718	2.716/8.375
4	**7030**	**10.978/35.376**	**2.508/8.265**
5	6356	9.033/31.540	3.018/9.317
6	5316	8.323/29.910	2.601/8.469
7	4857	8.742/30.220	2.577/8.316
8	4427	9.907/32.799	2.819/8.939
9	3802	9.066/30.972	2.665/8.511
10	**1969**	**7.326/26.232**	**2.477/8.430**

续表

批次	样本量	平均分	标准偏差
11	742	8.542/30.287	2.678/8.454
12	202	8.228/29.772	2.562/8.661
总体	55974	9.288/31.866	2.806/8.687

注：平均分一栏前面部分为口试各题原始相加总分；后面部分为原始分按照不同权重转换后的总分，作为考生是否获证的依据。

从表 1 可以看出，12 套试卷的转换分绝大多数在 30 分左右，但也出现了差异较大的：第 4 套试卷的转换分最高，达 35.37；第 10 套试卷的转换分最低，为 26.23，两者的分差达 9 分之多。这是什么原因造成的呢？是试题之间的难度差异？还是口试评分的误差？抑或是考生水平的差异？对于标准化考试来说，不仅应做到命题和考试实施的标准化，也应做到阅卷评分和分数报告的标准化。在报告分数时，应设法消除或减少由于题目难度差异或者评分误差造成的分差，这涉及的不仅仅是误差控制的问题、公平性的问题，实质上要解决的是各套口试试题间的分数等值连接问题。

二、研究的思路与方法

（一）研究思路

1. 等值条件

等值是对同一个测验的不同版本的分数进行连接的过程，是在构念相同、难度相似、信度相同和考生目标总体基本相同的情况下的分数连接。《教育测量》第四版中 Dorans 和 Holland（2000）指出，必须满足以下 5 个条件才能成功等值：相同构念、相同信度、对称性、等价性、跨样本一致性。前两项是等值最重要的前提条件。客观性试题在测验中具有题量多、评分客观等特点，较容易满足等值条件，因而目前与测验等值相关的研究多数集中于客观性试题等值。与客观性试题等值相比，主观性试题的等值难度更大，需要考虑的因素更多。首先，主观性试题的评分无法做到完全客观化，受评分者效应影响大，进行等值面临的最大的挑战就是要保证信度相同，尤其是评分者信度要做到高度一致，这样才能使其具备等值的条件；其次，主观性试题一般具有题量少、容易曝光的特点，这就给主观性试题的等值设计造成了极大困难，直接设置锚题的条件基本不具备。而对共同题等值来说，设锚是关键，否则，就目前的等值技术而言，等值是很难实现的。

2. 客观题（听力理解）作锚的可行性

据上，主观性试题本身直接设锚的路是不通的，那么是否意味着主观性试题就无法等值连接呢？既然无法直接设锚，是否可以间接桥接设锚呢？从以往的研究来看，许多学者认为“听说能力具有密切关系”（Harrison，1959；杨惠元，2002；王佶旻，2012）。从语言产生机制来说，听和说共同依赖神经元的传导和神经元中所储存的信息进行理解和生成；从认知心理学信息交流机制来说，听说是两个相反的运动过程，是一个信息加工、处理与发送、接受的动态系统，在实际交际中不断交替。在与语言测试密切相关的语言习得及语言教学相关研究中，越来越多学者支持“听说一体化”。此外，美国教育考试服务中心在1979年推出托业（Test of English for International Communication, TOEIC）时，试卷内容只有听力和阅读两部分，他们认为可以通过被试的听力水平推测其口语水平，其后的效度研究也证实了这一点（Woodford，1985）。尽管有人会对上述的研究提出质疑，但依据听说之间的密切关系，至少可以寻找到一条间接实现口试试题等值连接的途径，而且这条途径也是具有一定的理论支撑的。

3. MHK口试等值的可行性

MHK的研发者在建构理论框架时就提出：作为语言测验，MHK所考查的是“汉语交际能力”，其含义如下：（1）运用汉语获得信息和传递信息的能力；（2）对汉语环境的适应能力；（3）在汉语环境中完成一定工作和学习任务的能力；（4）不是某种先天的能力，而是经过适当的学习、练习而获得的能力；（5）不是某种潜在能力，而是在考生参加考试时已经具备的能力；（6）在一定情境、一定语言背景中运用汉语的能力，而不是某些特定的语法知识，不是对某个单词、句式的记忆或识记。其中特别指出，“在考试开发过程中，将从听、说、读、写等四个方面来考查考生的汉语交际能力，但是MHK并不将听、说、读、写看成完全独立的四个部分，它们之间是有联系的。”（谢小庆，2002）因此，从测验的构念角度上看，MHK口试主观性试题以听力理解部分间接作为锚题是有依据的。

最主要的是，对于MHK来说，同一次考试的口试试题不同，但无论口试的批次有多少，其笔试部分的客观题是完全一样的，这就为采用客观题听力理解部分作锚提供了基础条件。另外，对于同一次 MHK 口试来说，不同批次口试的阅卷评分是混合在一起同时进行的，而且借助计算机网上阅卷系统对评分质量进行了有效控制，各批次口试答题数据都是随机分配给阅卷员的，因此，可以假设在大样本量的情况下各套试题的评分误差是均等的。我们在前期的有关研究中发现，各套口试试卷的分数与听力理解分数的相关均在 0.6 上，这说明两者之间具有实质性的相关。

据上，研究拟以 MHK 口试为例，采用客观题中的听力理解分测验作为共同题，进行 MHK 口试分数等值连接的可行性探索。目的是对主观性试题等值连接的可能性和可行性进行初步探究，希望能为确保 MHK 测验公平性做些有益的尝试，同时也能为寻求主观性试题等值连接的可行性做些积极探索。

（二）研究设计

研究使用 MHK（三级）实测数据，探讨用客观题中听力理解分测验作为共同题，进行口试主观性试题等值的可行性，并拟将等值后的数据结果与随机等组的数据结果进行比较，初步判断听力理解作锚的效果。

1. 研究对象

研究使用 MHK 某年 11 月正式考试的实测口试及其对应的笔试资料。本次考试，口试共进行了 12 批次，因硬件条件所限，各批次的人数有较大差异。因研究是探索性的，主要是想探讨听力理解作锚的可行性。为使研究能顺利进行，从中选取了 4 套样本量相当的口试试卷作为实验样本，主要的考虑如下：首先，这 4 套试卷的考生样本各自都是对总体的分层随机抽样的结果，保证了各套试卷的样本是大样本的随机组，可以进行随机等组设计；其次，保证了对总体的代表性，而对总体的代表性是等值对样本最重要的要求之一。

由于参加不同试卷口试的考生共同参加了同样的笔试测验，为了便于理解和说明，研究使用“组合试卷”这个概念，即将笔试中的客观多项选择题（Multiple choice，MC）的听力理解分测验抽出来作为共同题，与 4 套均为主观性试题（Construct response，CR）的口试试卷重新组合成 4 套主客观组合试卷，也就是 4 批次随机抽样的考生参加了 4 套不同试卷测验。研究要实现的就是使用组合试卷中的听力理解部分作为锚题，对不同组合试卷中口试部分的分数进行等值处理。组合试卷的结构如下表 2：

表 2　主客观组合试卷结构

考试内容	题型	题量	锚题	计分及评分方式
听力理解	多项选择题	40	40	0/1 计分　客观扫描
口试	朗读	1	0	多级计分　机器评分
	回答封闭性问题	1	0	多级计分　人机结合
	回答开放性问题	1	0	多级计分　人评

2. 研究方法

等值的方法有多种，既可以在经典测量理论（the Classical Testing Theory, CTT）下等值，也可在项目反应理论（the Item Response Theory, IRT）下等值。无论采用哪种理论，等值的过程均涉及等值数据收集和等值数据处理两部分。丁树良与熊建华（2003）在其研究中提到，在 IRT 框架下实施等值，不仅理论完善，相关研究众多，前提条件较容易满足，而且等值关系也十分简洁。因此，研究中的组合试卷等值基于 IRT 进行等值处理。IRT 等值分为以下几个步骤：一是 IRT 连接数据收集设计；二是选择适合的 IRT 等值模型；三是项目参数和能力参数的估计；四是利用锚题或共同组求出转换系数，进行量表转换，将项目参数或能力值参数估计结果置于同一尺度上，实现项目参数等值和能力参数等值；五是根据需要选择将能力值转换成为报告分数。下面就研究中等值流程的重要几个步骤进行简要说明：

（1）研究采用非等组锚题设计，即通过听力理解作为锚题来实现不同套口试试卷间的分数连接。

（2）研究资料涉及 0、1 计分的客观题和多级计分的口试主观性试题。在多级计分题目的等值处理中，国内外研究中最常用的多级计分项目反应模型是等级反应模型（Graded Response Model，GRM）。GRM 也可以进行 0、1 计分题目的参数估计，因此研究采用 GRM 模型进行参数估计。

（3）使用项目分析软件 Parscale 进行每道题的参数估计，得到相应项目参数值和考生能力值。研究采用分别估计的方法，参数标定采用平均数和平均数方法（Mean/Mean Method，MM）及平均数和标准偏差方法（Mean/Sigma Method，MS）。

三、研究结果

（一）等值设计条件检验

将研究材料中 4 套组合试卷的其中 1 套视为标准卷，另外 3 套待等值试卷分别称为新卷 1、新卷 2、新卷 3，标准卷与新卷的相关统计分析如下：

表 3　主客观组合试卷统计数据

连接设计	听力客观题做锚题			
卷别	标准卷	新卷 1	新卷 2	新卷 3
样本量	7106	7077	7090	7030
题目数	40MC/3CR	40MC/3CR	40MC/3CR	40MC/3CR
锚题数	40MC	40MC	40MC	40MC
锚题平均分	26.717	26.917	26.552	26.325
锚题标准偏差	7.397	7.429	7.492	7.567
锚题与口试部分相关	0.651**	0.612**	0.613**	0.647**
锚题与总体相关	0.902**	0.892**	0.886**	0.899**

** 表示在 99% 的置信区间（P=0.01）的水平上达到显著水平

为了进一步说明组合试卷的单维性，将上述组合试卷中的 4 种题型（抑或看成 4 个分测验）作为变量进行因素分析，采用主成分分析法提取因素，结果发现每份组合试卷都只有一个因素的特征值大于 1，分析结果为听力理解部分作锚提供了支持。因素分析具体情况如下表：

表 4　各组合试卷探索性因素分析结果

试卷	特征值			
	因素 1	因素 2	因素 3	因素 4
1	2.388	0.702	0.496	0.413
2	2.274	0.761	0.500	0.466
3	2.332	0.719	0.504	0.445
4	2.418	0.726	0.435	0.421

（二）等值连接数据处理结果

等级反应模型既可以估计 0、1 计分，也可以估计多级计分。表 5、表 6 是采用分别估计的方法对4套组合试卷进行参数估计的结果：

表5　各组合试卷锚题参数估计均值—0、1计分

	GRM	
	a	b
标准卷	0.689	−0.748
新卷1	0.706	−0.740
新卷2	0.696	−0.669
新卷3	0.689	−0.648

表6　各组合试卷口试题参数估计—多级计分

	a			b		
	朗读题	问题一	问题二	朗读题	问题一	问题二
标准卷	1.081	0.647	0.863	0.016	−0.006	0.013
新卷1	0.940	0.604	0.805	0.011	−0.000	0.018
新卷2	1.019	0.617	0.818	0.020	0.007	0.019
新卷3	1.050	0.577	0.995	0.013	0.037	0.020

由于等级反应模型可以估计多级计分项目的参数，对于口试这种等级评分项目，等级反应模型在诸多模型中是概念假设上最适用的。

（三）等值连接系数标定

由三（一）参数估计的结果，按照MM与MS参数标定方法进行A、B系数的求取，然后使用转换公式，实现各组合试卷参数与标准卷之间的连接，得到了转换后的考生能力值，详见下表：

表7　等值系数表

	Mean/Mean		Mean/Sigma	
	A	B	A	B
新卷1	0.977	−0.010	0.962	−0.021
新卷2	0.990	0.071	1.068	0.130
新卷3	1.000	0.100	1.055	0.141

（四）等值连接效果判断

等值完成后需对等值结果进行评价，而评价的指标就是等值关系中误差的大小。等值误差包括随机误差和系统误差。随机误差由抽样造成，随着样本容量的增大而减小；系统误差则比随机误差复杂，造成误差的原因有多种情况，如：由等值方法的假设没有被满足、等值模型与等值数据并不拟合等引入的误差；由没有严格遵守收集数据的方法与要求而引入的误差，等等。本研究目的是探讨听力理解部分作锚为口试试题分数进行等值的可行性，因此研究设计中并不涉及等值模型选择、连接系数标定方法等等值方法的比较，主要是探讨使用听力理解作锚这种等值设计进行等值，能否缩小由试题难度差异带来的分数差异。比较理想的办法是使用共同组设计进行等值，然后比较听力理解作锚等值与共同组等值的一致性，但共同组设计因时间、人力和物力限制，目前无法完成。

对 MHK 数据及其施测情况进行分析，发现其有着独特之处：

（1）MHK 口试的施测形式是相同批次在不同考点同时进行，也就是同一批次考生是随机分布在各个考点的。前四个批次口试人数相当，其实际情况便是该批次的考生是来自新疆地区的各个考点的，同一考点的考生又是随机分配批次的。因此，前四套可以看成是在大样本量中分层随机抽样而来的样本，符合随机等组的抽样原则。

（2）为了验证这四批次是否为大样本的随机组，下面具体分析参加这四批次口试考生的笔试原始总分（包括听力理解、阅读理解、书面表达、写作四个部分）分布情况，结果如表 8，可以看出参加这四套组合试卷考生的语言能力水平分布十分相似。

表 8　各组合试卷考生笔试总分分布情况

	标准卷	新卷 1	新卷 2	新卷 3
均值	61.969	62.549	61.449	60.926
标准偏差	16.747	16.572	16.711	17.010
峰度	−0.692	−0.714	−0.710	−0.727
偏度	−0.327	−0.349	−0.329	−0.305

因此，本研究将参加 MHK 口试前四套测试的各批次考生视为随机等组，随机等组设计的思路是从同一总体中随机抽取两组考生，这两组考生被认为在能力

分布上是相同的或很接近的，考生所得分数上的差异反映出的就是题目难度上的差异。具体分析各组合试卷考生口试原始分分布情况，如下表 9：

表 9　各组合试卷考生口试分数分布情况

	标准卷	新卷 1	新卷 2	新卷 3
均值	8.887	8.643	10.372	10.978
标准偏差	2.493	2.484	2.716	2.508
峰度	0.093	−0.066	−0.082	0.427
偏度	0.268	0.208	−0.408	−0.376

由表 9 可以看出，新卷与标准卷之间平均值有差异，其中以新卷 3 与标准卷差异最大。本研究将以随机等组的考生原始分数分布情况与等值后考生的能力值转换后的分数分布情况进行了对比，比较等值处理后的分数在平均值附近分布上的差异是否减小，以此来初步判断听力理解作锚的等值设计的可行性。

表 10　等值后考生口试分数均值

	标准卷	新卷 1	新卷 2	新卷 3
MM 标定法	8.887	8.627	9.452	10.087
MS 标定法	8.887	8.627	9.611	10.515

由表 10 可以看出，两种标定方法得到的结果基本一致。与表 9 中考生原始分数的平均值之间的差异比较，可以发现经过等值处理之后各批次考生口试平均分差距缩小，且更接近标杆卷平均分，这种分布情况更符合各批次考生水平相近的实际情况。说明用听力作锚的等值处理后的分数更能代表考生的实际水平。

四、分析与讨论

（一）关于听力作锚进行等值的相关问题

通过相关分析及因素分析发现，MHK 听力理解与口试在很大程度上考查了相似的能力，客观题听力理解部分作为锚题进行口试等值这种等值设计在一定程度上能够缩小由试题难度带来的分数差异，具有可行性，上文等值处理结果是对其可行性的一次验证。

本研究是基于MHK实测资料中听力理解与口试有着实质性相关的特点，结合前人对听说关系的研究及国内外相关等值研究的基础上提出的，所得到的等值结果是基于MHK的等值情境。MHK等值情境的特殊性可能会限制其等值连接结果的可推广度，但是由于语言能力是一种综合的交际能力，即使测验在研制的时候是分技能进行考查的，各部分仍具有一定的相关，在没有其他更好的办法与途径的时候，这种间接桥接的等值连接思路是值得探讨的。

（二）关于等值效果比较的检验标准问题

与等值相关的研究的难点之一就是等值效果检验标准的确定问题。多数等值研究中所使用的等值检验标准多是用于比较等值方法是否一致的证据，但不能提供精确的程度，因为不同方法之间很难找到比较的基准，目前的研究同样面临这个问题。理想的情况是，在最短时间间隔内将两个不同的口试试卷施测于一组考生，以共同组等值方式作为检验标准，这样能对等值效果进行更有力的说明。但是这种方式很难实现，一是很难保证参加两次施测的考生具有相同的动机水平；二是口试阅卷评分任务量大，专门组织等值施测代价较高；三是这样连续施测两次，尤其对于口试这样的主观性试题来说，很可能会存在练习效应。因此依据MHK测试实施特点及其数据特点，研究选择了"随机等组设计"作为评价依据。从研究目的来说，是想探索听力作锚进行口试试题等值连接的可行性，并非要进行严格意义上的等值连接处理，因此暂不讨论其等值误差的来源及分析。

（三）有待进一步研究的问题

近年来，随着测量理论的发展，心理测量学家们对测验等值问题给予越来越多的关注，不仅提出了许多等值方法，而且围绕等值问题展开了许多方面的研究。研究问题包括：不同等值设计之间的比较，不同理论模型之间的比较，不同等值系数估计方法之间的比较，等值误差因素研究，等值误差估计方法研究，等等（谢小庆，2000）。但是多数等值研究都是针对客观性试题，缺乏对主观性试题等值连接的研究。然而，在实际操作中又有许多大规模测验都面临着主观性试题等值连接问题。由于等值存在着诸多的设计方案、模型和方法，而主观性试题等值连接又存在着诸多导致等值误差的因素，围绕主观性试题等值连接问题，可以在多方面展开进一步的研究。

参考文献：

[1] 戴海崎，曹绍游．高考作文阅卷者信度再探 [J]．教育学术月刊，1988（4）：56-58．

[2] 丁树良，熊建华．项目反应理论框架下几个等值问题的探讨 [J]．中国考试，2003（12）：14-15．

[3] 范鹏，张景华．大规模标准化考试网上评卷中的误差控制 [J]．中国轻工教育，2012（1）：88-91．

[4] 高丙成，秦旭芳．成人高考网上阅卷的评分者差异研究 [J]．乌鲁木齐职业大学学报，2007，（4）：96-99．

[5] 刘婷雁．HSK（高等）主观性考试评分员间一致性检验 [A]. 汉语测试、习得与认知探索 [C]．北京：北京语言大学出版社，2009．

[6] 刘庆升．计算机辅助普通话发音评测关键技术研究 [D]．合肥：中国科学技术大学博士学位论文，2010．

[7] 娄庆华．高考作文评分“趋中倾向”探因 [J]．教学与管理，2008（3）：73-75．

[8] 彭恒利．中国少数民族汉语水平等级考试（MHK）介绍 [A]. 考试研究文集（第 4 辑）[C]．北京：经济科学出版社，2008：167-173．

[9] 彭恒利，李蕊．多面 Rasch 模型在口语主观性试题网上评阅中的应用研究 [J]．考试研究，2015（3）：16-25．

[10] 彭恒利，俞韫烨．主观性试题网上评阅趋中评分控制研究初探 [J]．中国考试，2013（6）：3-9．

[11] 彭恒利，张秀秀，刘慧．主观性试题分数等值连接可行性初探 [J]．中国考试，2014（12）：24-31．

[12] 孙晓敏．多面 Rasch 模型理论及其在结构化面试中的应用 [J]．心理学探新，2008（2）：75-80．

[13] 田清源．HSK 主观考试评分的 Rasch 实验分析 [J]．心理学探新，2007（1）：65-69．

[14] 田清源．主观评分中多面 Rasch 模型的应用 [J]．心理学探新，2006（1）：70-73．
[15] 王士进，李宏言，柯登峰等．面向第二语言学习的口语大规模智能评估技术研究 [J]．中文信息学报，2012（6）：142-148．
[16] 温儒敏．应增加高考语文总分和作文分值 [N]．中国青年报，2012-6-11（4）．
[17] 谢小庆．HSK 和 MHK 的等值 [J]．考试研究，2005（1）：33-46．
[18] 谢小庆．对 15 种测验等值方法的比较研究 [J]．心理学报，2000（32）：217-223．
[19] 谢小庆．考试分数等值的新框架 [J]．考试研究，2008（8）：2．
[20] 谢小庆．中国少数民族汉语水平等级考试的理论框架 [A]．考试研究文集（第 1 辑）[C]．北京：经济科学出版社，2002：17-36．
[21] 杨惠元．汉语听力说话教学法 [M]．北京：北京语言学院出版社，1996．
[22] 俞韫烨，谢小庆．基于多面 Rasch 模型的作文网上评卷“趋中评分”判定研究 [J]．中国考试，2012（1）：6-13．
[23] 张洁．PETS 三级口语考试评分质量控制研究——基于多侧面 Rasch 模型（MFRM）的方法 [J]．考试研究，2008（4）：65-78．
[24] 章熊．评分误差的调查及分析——大规模考试作文评分研究系列之一 [J]．中学语文教学，1994（6）：1-4．
[25] 赵海燕，陈志国．网上阅卷双评过程可行计分方法探究 [J]．考试研究，2011（2）：54-61．
[26] Chi E.Comparing holistic and analytic scoring for performance assessment with many-facet Rasch model[J]. *Journal of applied measurement*，2000（2.4）：379-388.
[27] Dorans N J，Holland P W，Brennan R L，et al. *Educational measurement：Fourth Edition*[M]. New York：Praeger Publishers Inc，2006.
[28] Eckes T.Examining rater effects in Test DaF writing and speaking performance assessments：A many-facet Rasch analysis[J]. *Language Assessment Quarterly：An International Journal*，2005（2.3）：197-221.
[29] Ercikan K,Sehwarz R D，Julian M W，et al. Calibration and Scoring of Tests With Multiple-Choice and Constructed-Response Item Types[J]. *Journal of*

Educational Measurement，1998（35.2）：137-154.

[30] Harrison & Carrol Franklin. *A study of the relationship between speaking and listening comprehension in the single individual*[D]. Bozeman：Montana State University，1959.

[31] Hinks R.Using speech recognition to evaluate skills in spoken English[J]. *Lund Working Papers in Linguistics*，2009（49）：58–61.

[32] Kim S，Walker M E，McHale F.Comparisons among Designs for Equating Mixed-Format Tests in Large-Scale Assessments[J]. *Journal of Educational Measurement*，2010（47.1）：36-53.

[33] Linacre J M.*An Extension of the Rasch model to Multi-faceted Situation*[M]. Chicago：University of Chicago，1987.

[34] Linacre J M. *A User's Guide to Facets: Rasch-Model Computer Programs* [EB/OL]. [2009] www.winsteps.com

[35] Lunz M E. Variation among Examiners and Protocols on Oral Examinations [A]. *Paper presented at the Annual Meeting of the American Educational Research Association* [A]. San Francisco，CA，1989.

[36] Muraki E，Hombo C M，Lee Y W. Equating and linking of performance assessments[J]. *Applied Psychological Measurement*，2000（24.4）：325-337.

[37] Myford C M，Wolfe E W. When raters disagree，then what：examining a third-rating discrepancy resolution procedure and its utility for identifying unusual patterns of ratings[J]. *Journal of Applied Measurement*，2001（3.3）：300-324.

[38] Wolfe E W. Identifying rater effects using latent trait models[J]. *Psychology Science*，2004（46）：35-51.

[39] Woodford P. E. An introduction to TOEIC：The initial validity study[A]. *TOEIC Research summaries*[C]. Princeton，NJ：Educational Testing Service，1982.

第二章　公务员录用考试研究

公务员录用考试是公务员主管部门组织的担任主任科员以下及其他相当职务层次的非领导职务公务员的标准化考试，主要包括公共科目笔试、专业科目笔试和面试三部分。我国的公务员录用考试自 1994 年正式实施以来，为各级党政机关选拔了优秀的人才，有力地促进了干部人事制度的改革，对保证政府人员素质和提高政府的办事效率产生了重要的影响。无疑，成效是显著的。但是，我们也应清醒地看到，人才强国战略的实施对考试录用工作提出了新要求，深化干部人事制度改革对考试录用工作提出了新任务，民主政治建设、构建和谐社会对考试录用工作提出了新挑战。这就要求我们要认清形势、把握趋势、开阔视野、强化质量，积极面对挑战，不断提高公务员录用考试的科学化、规范化，只有这样，公务员录用考试才能适应社会发展的需求，逐步完善和提高。

第一节　公务员录用考试的发展现状

一、公务员录用考试取得的成绩与发展趋势

中国政治体制改革的一个重要进展就是国家公务员制度的实行和公务员考

试录用制度的建立。20年的考录实践，紧紧围绕高素质的公务员队伍建设，考试录用工作取得了显著成果：（1）实行“凡进必考”的力度不断加大，有效优化了公务员队伍的结构；（2）公开、平等、竞争、择优原则深入人心，有效维护了社会的公平正义；（3）考试录用制度体系逐步完善，有效提高了工作的法制化水平；（4）基础建设进一步加强，有效提高了考试的科学化水平；（5）服务水平逐步提高，有效维护了考生和招录机构的合法权益（杨士秋，王京清，2009）。具体体现在以下几个方面：

1. 体系更加完备

公务员考录体系的建设主要体现在考录方式、考试结构、适应范围和考录流程四方面。

公务员录用考试采用了分级管理的考录方式，国家和中直机关的招考由国家公务员局直接负责，省级以下单位的招考由各省公务员主管部门负责，全国各省区市基本实现了省、地、县、乡四级联考。

在考试结构上，公务员录用考试先后迈出了增加能力考试、增加申论考试、面试、取消知识考试等几大步。1994年，首次正式的公务员录用考试顺利举行，行政职业能力测验（以下简称“行测”）占本次公共科目笔试总分的50%；2000年，确定公共科目为公共基础知识、行测、申论三科；2001年，人事部下发《国家公务员录用面试暂行办法》，面试正式纳入考录体系；2002年，公共科目取消公共基础知识，考试科目变为两门：行测和申论。

2003年起，除党政机关和参公的人民团体和群体外，人民法院、人民检察院等系统也采用了考试录用制度。近年来，公务员考录越来越注重基层工作经历，不断加大对基层工作人员的考录力度，并不断探索分级分类考试，注重专业人才的选拔。

公务员考录注重考试的运用，但不唯考而定，而是确定了报考资格审查、公共科目考试、专业科目考试、面试、体检、考察和试用期管理七个环节，由此确保了考试录用的科学性和规范性。

2. 参考人数迅猛增加

由于就业形势的严峻和考录方式的公开透明，公务员录用考试的关注度日趋升温，报考人数逐年增加，成为当今社会竞争最激烈的考试之一，被一些媒体称为“中国第一考”（何忠洲、黄艾禾，2005）。从下图可以看出，2003 年—2010 年，报考人数呈快速增长趋势，2009 年审核通过的报名人数首次超过了 100 万；2011 年—2015 年，报考人数虽有波动，但仍在高位徘徊，2013 年和 2014 年分别达到了参考人数和审核通过人数的高峰。

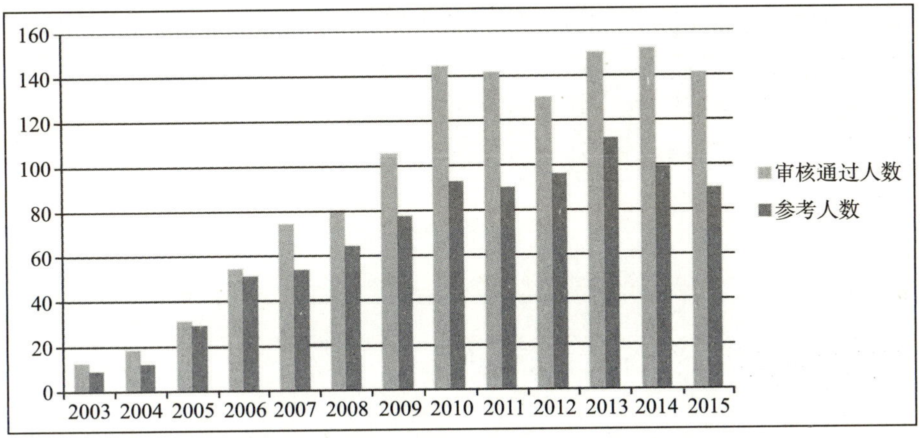

图 1　国家公务员录用考试报考人数统计

3. 考试质量稳步提高

考试质量的基础在于专家队伍的建设。为了确保考试质量，中央以及省级公务员主管部门建立了国家级和省级公务员命题的专家库，形成了一支规模适当、结构合理、素质优良、专兼职结合的命审题专家队伍，并实行动态管理；与此同时，加大了面试考官的培训力度，逐步形成了一支专业化的面试考官队伍，并积极与高校、考试服务机构合作，培养了一支相对稳定的高水平的阅卷人员队伍和专业技术团队。

以行测为例，通过试题质量评价标准体系的构建以及命审题专家队伍的建设，行测的试题质量得到了明显的提高。为确保行测的试题质量，国家公务员主管部门从 2001 年开始，每年在考后都要进行试题质量的分析。从 2001 到 2014 年的分析数据来看，行测试卷的整体质量较好：考生在全卷和各分测验上的分数分布都接近正态分布，试题打磨得比较精细，迷惑性不佳的迷惑项数量、区分度不佳的题目数量比例较低，难度适中，区分度在 0.2 以上，信度指标 α 系数在 0.8 左右，γ 系数超过了 0.8，测验分数的可靠性得到了保证；效度分析显示，行测与学历的相关达到显著性水平，重点院校考生在行测上的平均分高于普通院校考生，且两者在统计上存在显著差异；因素分析的结果显示试卷题目基本符合命题思路，行测所考查的能力维度具有稳定性；DIF 分析结果显示，试卷对不同性别、不同地区、不同专业的考生是公平的。

4. 考录科研全面开展

科学化是公务员录用考试的生命线。公务员录用考试的主管部门通过制订科研发展规划、发布科研课题、加大科研投入、建立科研网络、加强公务员考试科研的国际交流与合作等措施，使考录科研工作全面开展，提高了考录工作的科学性、针对性和有效性。

二、公务员录用考试面临冲击与挑战

在看到成绩的同时，我们也应清醒地看到，在科学技术飞速发展的今天，公务员录用考试面临的冲击和挑战是非常大的。这主要体现在以下几方面：

（一）考生人数剧增，给考试的组织实施带来巨大压力

在公务员录用考试推出伊始，1994 年至 2000 年，6 年的考生总和仅 4 万余人。2009 年，国家公务员录用考试的报考人数首次突破了 100 万。2010 年国家及中直机构招考职位 1.5 万个，报名人数超过 130 万人，通过资格审查人数超过 100 万人，实际参加考试的人数超过 90 万人，考录比高达 78 比 1，竞争最激烈的职位考录比高达几千比一，甚至在报名过程中，报名系统几次因拥堵而崩溃。

考生人数的剧增为试题的命制、试卷的运输和保管、考场的安排、监考人员的选聘、答卷的评阅、面试的组织等带来巨大压力。考试的顺利举办需要诸多环节的精心组织，细致安排，稍有疏忽，即可带来难以挽回的损失。

（二）培训机构重重包围，“应试效应”显现

中国是考试的故乡，千余年来，“学以应试”已经成为根深蒂固的中华文化，

深入人们的潜意识。相当多的人实际的学习目的不是增强能力、获取知识，而是应付考试。在这种应试文化的冲击下，考试的质量面临着严峻的考验。美国ETS在编制“托福”、GRE等考试的过程中，曾经付出了较大的科研投入。这些考试，曾经是一些相当不错的、质量较好的考试。但是，今天这些考试基本被中国的应试文化打垮了，“高分低能”已经成为这些考试带来的突出问题。国家公务员考试不可避免将面临这种应试文化的挑战。

报考的火爆，带来了培训市场的兴旺。公务员考试培训从授课、图书出版、网络教学到各种考试服务已经形成了一种利润丰厚的产业链。尽管人事部门一再重申从未委托任何培训机构做公务员考前培训，不指定考试教材，但“哪里有考试，哪里就有培训”。一些培训机构纷纷开设了各类冲刺班、强化班、保过班，有的甚至宣称请来了出题老师。目前，培训不再是一种简单性、季节性和临时性的活动，而是一种产业化、长期化的年复一年的过程。由于利润丰厚，许多培训机构成立了专门的研究机构，常年研究公务员考试，他们解剖真题，分析变化，预测动态，呈现出专业化、职业化的趋势。更令人担忧的是，个别培训机构为了牟取暴利，雇佣“枪手”深入考场窃题，有的甚至以身试法，铤而走险，不惜重金收买考试机构的工作人员。广西公务员考试“泄题”事件的发生，国内某著名培训机构的分公司就难辞其咎。

在市场经济的大环境中，如何应对“应试辅导”和“强化备考”，已成为公务员录用考试无法回避的现实问题。在应试辅导的冲击下，公务员录用考试的信度和效度都受到影响，部分题型已经失去了选拔优秀人才的功能。

（三）命题机制存在缺陷，专家队伍建设亟待加强

试题的质量是保障考试科学化的基础。要想命出高质量的试题，就要有高素质的命题队伍。毋庸置疑，在公务员录用考试主管部门的努力下，国家公务员考试的命题和审题队伍建设取得较大进展，但规模和水平仍不能适应考试发展的需求。受编制、意识等因素的影响，目前的命题和审题队伍依然是兼职担当主力。考试主管部门常常面临两难困境：时间充裕、可以保证投入精力的人，达不到考试部门的要求；考试部门请来参与公务员命题和审题的人，又往往是一些本职工作任务繁重、时间和精力有限的人。结果，由于精力投入不足，虽然命题队伍往往由一些非常优秀、德才兼备的人员组成，但对于公务员考试试题的研究深度，

却常常不及那些专心致志、全职投入的辅导队伍。

人才选拔中可能犯的错误有两种：一种是“误用庸才”，一种是“错拒人才”。在如此高的报考招录比例之下，“误用庸人”的可能性很小，但“错拒人才”的可能性却大大增加。在上述几方面的冲击下，公务员录用考试的命题已经陷入尴尬境地：为了提高测验在高分段的区分度，只好尽量加大试卷难度。导致的结果是，由于试卷过难，不少考生已经不是凭自己的能力水平入选，而是凭自己的运气入选。

第二节 行政职业能力测验的质量分析与改进建议

一、行政职业能力测验的分析结果

用于国家公务员录用考试的《行政职业能力测验》是公务员考试的公共笔试科目之一。按照中共中央组织部和人力资源和社会保障部的规定，行测成绩达到特定分数线是报考者进入面试的必要条件。

从 2001 年开始到 2014 年，受人力资源和社会保障部的委托，我们对历年的行测试卷进行了题目分析和试卷分析，不仅取得了关于行测各种题型的横向统计分析数据，而且取得了历年的纵向统计分析数据。

（一）总体评价

通过分析可以看出，十四年来，行测的整体质量较好，无论整卷，还是各个分测验，考生分数基本呈理想的正态分布；试卷的难度没有大的波动；试题迷惑项的设置逐步精细；试卷的区分度和信度达到较高水平；效度分析的结果显示，分数与学历的相关度较高；因素分析的结果显示，公务员考试想要考查的能力在试卷中基本得到了体现；DIF 分析显示，试卷对不同性别、不同地区、不同学历、不同专业的考生是公平的。

通过统计分析，我们也发现一些题型（如数列题、部分图形题）已经缺乏命题挖掘潜力，开始向偏题、怪题方向发展，背离了考查逻辑思维能力的设计初衷，使一些优秀的考生在此类题目中不再具有优势。从整体上看，近年来，行测卷的难度呈逐年加大的趋势，这一状况到 2014 年才得以扭转，回到 0.55，趋于合理。以 2010 年的数据为例，2010 年数量关系分测验的难度为历年最高，平均通过率仅为 0.345 ；资料分析和常识判断题的难度也达到历年最高，平均通过率分别为 0.388 和 0.434。一般来说，难度在 0.5 左右区分考生的水平最为有效，2010 年这三部分试题明显偏难。我们发现，“常识判断”的命题常常陷入悖论：如果考查的是常识，题目就缺乏区分度，通过率高达 90% 甚至 95% 以上；如果为了提高区分度而增加题目难度，所考查的内容就不再是“常识”而成为“专识”，即专业知识，如特定的生物、医学、工程、经济、法律等方面的专业知识。

（二）试卷结构调整的尝试

2010 年以来，行测试卷在保持主要结构基本稳定的前提下，一直在以“微调”的方式不断改进。主要体现在题量的增减、题型的调整、顺序的变化、考查范围的扩大等。总的变化趋势是题量增加，难度加大。2001 年行测的题量是 130 题，2010 年行测的题量是 140 题；2001 年行测的整卷平均通过率接近 0.7，2010 年行测的整卷平均通过率已小于 0.5。调整的目的主要是，在考生人数剧增、招报比例不断加大、“应试效应”越来越明显的形势下，确保公务员录用考试能有较高的信度和效度。

2010 年考试大纲对行测卷的结构进行了调整：（1）图形推理题量增加，类比推理题量减少；（2）数学运算题量减少、资料分析题量增加；（3）资料分析与常识判断顺序变化；（4）常识考查范围的调整。从统计结果来看，这些调整对试卷的难度、区分度等指标以及试卷的整体质量都产生了积极的影响。

1. 根据近两年考试试题分析的结果，图形推理是一个相对独立的能力因素。它考查的是考生对平面、空间图形信息的获取、加工和推理能力，与其他一些主要考查文字信息获取和加工能力的题型不同。2010年这一题型的题量由5道增至10道，并适当增加了空间推理的题目。类比推理题型相对容易，对高分区域考生的区分能力相对较低，为加大全卷的难度，这一题型的题量由10道减为5道。这些题量的变化带来了怎样的影响呢？

从难度上看，与往年相比，经过调整后的2010年行测卷判断部分难度明显增加。2004至2009年间，判断分测验的平均通过率在0.545～0.628之间，2010年的平均通过率为0.490，达到历年最低。从历年考试的试题分析来看，图形推理偏难，类比推理较易。有理由推测，判断分测验难度的增加与图形推理及类比推理两种题型的题量增减有关。

从因素分析的结果上看，2009年图形推理题型是一个独立因素，2010年的因素分析结果与之有所不同。图形推理题型不仅与判断推理分测验的其他三种题型都在同一因素上有较高负荷，而且在数字推理和数学运算因素上也有较高负荷。因素分析的结果显示，这可能是由两方面原因引起的：一方面，2010年的图形推理题在寻找规律题型外，增加了空间推理和立体几何方面的题目，与数学运算所考查的能力或许有部分重合；另一方面，图形推理题量的增加以及类比推理题量的减少，也会在一定程度上影响因素分析的结果。

2. 从因素分析的结果看，数学运算题与资料分析题在同一因素上具有较大负荷。这两种题型都在很大程度上考查了定量分析能力。考虑到数学运算辅导效应较大，在2010年的考试中增加了资料分析的比重。数学运算的题量由15道减为10道，而资料分析题量由20道增加到25道。资料分析这一题型综合性较强，资料来源广泛，出题角度变化大，不易强化备考，能够较为全面地考察考生的综合素质。

根据题目分析结果，2010年数量关系分测验难度为历年最高，平均通过率仅为0.345，平均区分度为0.415。资料分析题难度也是历年最高，平均通过率为0.388。其中，91～110题（前4篇资料题）的通过率为0.417，111～115（最后一篇资料题）的通过率只有0.274。

3. 分测验的平均区分度与题型顺序有关。在2009年的试卷中，资料分析为最后一部分，猜测度最高，区分度也最高。在2010年的试卷中，常识判断被调整为最后一部分，与2009年相比，平均区分度明显提高。2010年资料分析调整为第四部分后，与历年相比，平均区分度明显下降。

4. 在 2008 年以前，常识判断题目以法律常识为主。从 2009 年起，常识题覆盖了政治、经济、法律、历史、科技、地理等广泛领域。2010 年常识判断题的通过率为 0.434，平均区分度为 0.404。数据显示，常识判断命题方面的调整取得了积极的效果。

二、进一步完善行测试卷的建议

今天，公务员录用考试已经走到了一个非常重要的历史关口：是重蹈科举的失败覆辙，还是在科学研究的基础上闯出考试科学化的新路？这个问题已经尖锐地摆在了各级公务员录用考试主管部门的面前。

公务员录用考试的行测和申论的设计思想，都是力图考查那些“冰冻三尺，非一日之寒”的稳定的心理特点，从而选拔出称职的政府工作人员。研究结果显示，现有的一些行测题型应该调整，需要为行测开发新的题型，使试卷更具灵活性和弹性，使考试可以更好地向那些确实具有潜力、适合从事政府工作的人员倾斜。

根据研究结果，我们提出了关于改进行测试卷结构的建议：

（一）加强行测试卷结构的研究力度

按照最初的设计理念，行测所要测量的是与做好一般行政管理工作有关的影响面较广、稳定性较高、潜在的能力，由此设计了知觉速度与准确性、数量关系、言语理解、判断推理和资料分析五种题型。近 10 年以来，行测一直在根据实际施测情况进行着调整。综合考虑命题、题目分析、用人单位的反馈等因素，从 2002 年开始舍弃了知觉速度与准确性，增加了常识判断。一些题型的数量、位置、题目覆盖范围等也在调整。应该说，这些调整都是基于科学研究之上的，取得了积极的效果。但是，研究的深度和力度还不够；比如，虽然坚持了对行测题目质量的统计分析，但关于试卷结构改进的研究不够。虽然坚持为行测积累效度资料，计算了测验成绩与学历、年龄、工作年限的相关，而对公务员岗位职责需求与试卷所测查的能力因素之间的关系的研究不够。许多考生考完行测后纷纷诉苦：“140 道题在 120 分钟内根本做不完。”“行测”试卷的长度究竟应该多长最合适？对此，也有待进行更深入的研究。

（二）完善命题机制，组建国家队

如今，命题机制可以说是公务员录用考试的短板。建立一支高质量的、稳定的专兼职结合的命题和审题国家队是提高行测质量的关键。命题工作是一项对个人素质和创造力要求极高的工作，尤其是客观化试题。可以说，搞好客观性考试的关键在于建立一支高质量的命题队伍，而搞好主观性考试的关键则在于建立一支高质量的阅卷队伍。组建这样一支高素质的国家队，需要老、中、青结合，需要责、权、利结合，并逐步实现动态优化。这项工作有一定的紧迫性，否则，兼职难抵全职，业余难挡专职，"不出纰漏是万幸，出差错是必然"。这种被动的局面需要扭转。

（三）调整部分题型

在"应试辅导"的冲击下，行测的部分题型已经走入绝境，如数列题、部分图形题等。这类题型有一定的规律，命题点可以穷尽。通过钻研，可以总结出答题技巧。例如，某培训机构总结出解数字推理题的"逐差法""逐商法"等技巧，并画出解题流程图；总结出数学运算试题中的"数列求和""排列与组合""统筹问题""抽屉原理""容斥问题""工程问题"等 11 类题目；提出了行测万能解题技巧，如"排除法""去同存异法""印象认定法""比较法""猜测法"等。很多文科学生在解答数量关系这部分试题时在很大程度上都依靠猜答，答题结果很难反映考生的真实水平。这些题型的实际效用已很差，与设计理念渐行渐远，应考虑放弃。

（四）开发新题型

行测现有的一些题型已使用多年，已被培训机构充分琢磨，透彻解剖。今天，尽管命题人员"挖空心思"，也很难命出难度适中、区分度高的试题。为提高公务员录用考试的信度和效度，必须另辟蹊径，开发新题型。为此，应结合公务员的岗位分析，开发出不同层次、不同类别的新题型，使试卷的结构呈现多样化。只有这样，才会使公务员录用考试主管部门在与培训机构的博弈中占据主动。

第三节　申论阅卷科学化的探讨

近年来，随着大学生就业难问题的凸显，加之公务员职业的相对稳定，公务员考试的报考人数逐年攀升。2009 年，国家公务员录用考试的报考人数首次突破 100 万；2014 年，报考人数再创新高，达到了 152 万。报考人数的激增，使公务员录用考试面临着前所未有的挑战。

报考人数的激增给公务员录用考试带来的挑战之一，就是逐年增大的阅卷量，这对于采用主观性试题的申论来说，压力更为明显。一般来说，主观性试题的评阅较客观题复杂，阅卷流程大致包括：标答制订、阅卷员培训、试评、正评、评分质量监控、成绩合成等环节，工作的强度也成倍增加。以 2013 年度的国考为例，考生总数约为 112 万人，其中报考省级以上（含副省级）职位的人数约为 26 万人，当年申论科目实际参考人数约为 22 万人，以申论目前“背对背双评”的评分方式核算，加上复评的数量，实际的阅卷量可能会超过 45 万份。以现有的阅卷安排，平均每名阅卷员在阅卷期间至少要评阅 5000 份以上的答卷，而阅卷任务一般都要在 7 到 10 天内完成，工作的压力可想而知。在如此大的工作强度和压力之下，申论阅卷不可避免地会出现一些问题。

一、申论阅卷目前存在的问题

目前，申论阅卷工作整体平稳、顺利，但也面临着巨大压力，存在一些问题，主要体现在以下几个方面。

（一）分数趋中，区分度不高

大阅卷量造成的最大问题在于，评分过程更易引入评分误差，会对考试的区分度和评分质量带来较大影响。主观性试题的一个先天缺陷就是评分易受阅卷员的主观因素影响。目前的申论阅卷面临着阅卷量和时间带来的双重压力，随着阅卷工作的进行，疲劳效应不可避免地会使阅卷员的评分标准发生漂移，导致宽严度的变化和趋中现象的出现，由此，考试的区分度就会降低。

以近期某年的数据为例，我们按申论成绩总体分布随机抽出了一个 5000 人的样本，经检验，样本和总体的拟合较高，具有较高的代表性。用这 5000 人样本做出的分数分布直方图如下：

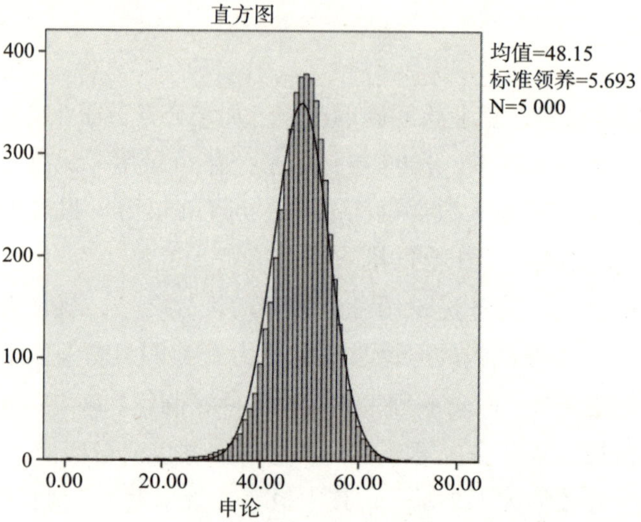

图 1　某年申论抽样 5000 人的分数分布图

从图 1 可以看出，分数高度趋中，区分度偏低。大量考生的得分集中于窄小的分数段内，分数的量表没有充分利用，由此很难通过分数将考生群体进行有效的区分，这就给录取分数线的划定带来较大的困难，由此也增加了“错拒人才”的可能。

（二）人力和财力耗费较大

为了确保申论阅卷的质量，国家每年为此都要投入较大的人力与财力。一方面，当前的申论阅卷工作以分题型、全国多点分散的方式进行，需要在全国征调大量的阅卷员，加上阅卷专家、领队和工作人员，每年直接在阅卷现场的各类人员就要超过 1400 人，并且每次的工作周期都在 10 天左右。另一方面，上述人员的选用均需国家专项资金的支持，涉及各类人员的劳务报酬、往返旅费、食宿以及机器设备调试、阅卷场地选择等诸多方面，参与阅卷工作的人员越多，花费也就越大。据统计，国家公务员考试每年仅在申论阅卷方面的直接投入就超过 2000 多万。

（三）分散轮转式的评分模式，评分的尺度难以统一

目前，为了调动各省市参与阅卷工作的积极性，确保阅卷任务顺利完成，国家公务员考试的申论阅卷采用分区域轮换的方式，每年确定5到6个省市具体承担阅卷的组织实施工作。哪个省市承担了阅卷任务，阅卷员就以哪个省市的人员为主，再加上周边几个省的人员就组成了阅卷人员队伍。由于阅卷点会在不同省市轮换，阅卷队伍的主体就会发生变化，加上各阅卷点对评分标准的理解和把握存在差异，这就给评分的公平性带来了较大的风险。

（四）评分方式不统一，影响评分质量

与客观题评分不同，主观题评分需要借助评分量表（rating scale）来完成。主观题评分量表主要有两种：整体评分量表（holistic scale）和分析性量表（analytic scale）。这两种评分方式体现在申论中就是整体照应赋分和采点赋分。前者是对考生作答的整体评判，后者依据考生在不同考查要素上的表现给出分数并得出总分。在申论阅卷的制标答阶段，一般会根据题目要求的不同确定评分方式和评分细则，以此确保评分工作顺利进行。

同样，以某年的真实数据为例。当年申论科目的第3题和第4题，满分同为20分，由于评分方式不同，第3题是按要素采点赋分，第4题为参照整体赋分，阅卷的结果也大不相同。通过分别计算两题的分数分布，得到下图：

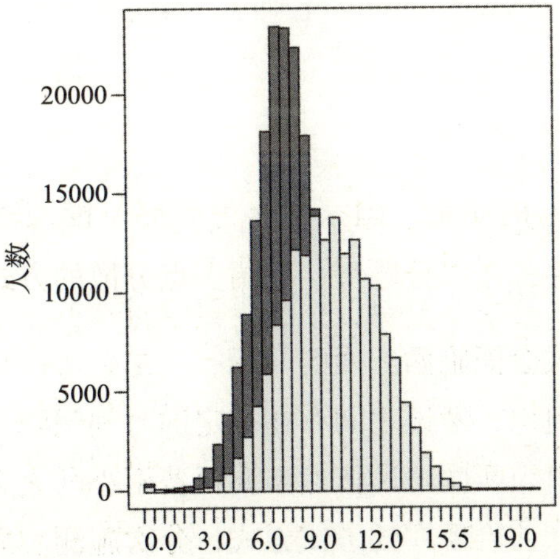

图2　某年申论第3题（深色）和第4题（浅色）分数分布对比

从图2可以看出，由于采用了不同的评分方式，第3题和第4题在各个指标上均表现出一些差异：（1）从均值来看，采用整体评分方式的第4题的均值大于第3题，反映出按要素采点赋分的评分方式相对于整体评分方式更为严苛。（2）第4题的标准差和差异系数均大于第3题，它的峰度值小，分数分布相对低平，区分能力明显比第3题要高。

从以上的分析可以看出，由于阅卷量大，时间紧，申论阅卷工作面临着巨大的压力和风险。根据中央和国家的部署，公务员的分级分类工作将进一步推进。可以预想的是，随着这一工作的落实，今后的公务员录用考试将更加细化，更加贴近岗位的要求，会分级、分类地进行更有针对性的能力测查，“一卷统考”到“多卷考试”将是未来公务员考试的发展趋势。就申论阅卷而言，目前的分级测试已困难重重，如分类施测，阅卷的压力必然会更大。这就要求我们既要立足解决现实问题，更要未雨绸缪，先行探讨可行的申论阅卷优化方案。问题的根源既然源于申论阅卷量过大，那么解决的思路就要从减量着手。

二、减量是实现申论阅卷科学化的前提

基于公务员录用考试笔试阶段的整体构架，申论的减量主要可通过优化考试方式或优化阅卷方式来实现。考试方式的优化方案包括行测与申论分次施测、计算机无纸化考试两种；阅卷方式的优化则是在保持一次施测的前提下，把行测分数线的区分作用前置，在阅卷处理上将考生群体进行区分。

（一）考试方式的优化

实现阅卷任务减量，最直接的方法就是将行测和申论分两次施测，即先考行测，只有达到行测合格线的人员才有资格报名参加申论考试。这种分次施测的方式，既能有效减少申论的考生数量，同时也更符合人们对考试方式的认知，更易接受。但采用这种方式会面临两方面的问题，一是在考试程序上，需要进行前后两次报名、两次考试组织，考试之间存在一定的时间间隔，对于公务员录用考试如此大规模的考试，组织两次考试依然需要耗费不小的人力和财力，并不是最经济的做法；二是公众已认可现在的考试方式，分次施测实质上是强调了行测的区分作用，由此会带来公众的认可度和接受度的问题。因此，目前最现实的考试方式仍是一次施测。

计算机无纸化考试（Computer-Based Test，CBT）应用于客观性试题时，在没有等值设计的情况下，可实现同步计分和现场报分，这样能有效缩短考试的周期。英美国家的一些考试在组织正式的大规模集中测验前，会利用计算机答题等方式对考生先进行一轮筛选，剔除一些不适应岗位要求的报考者，以提高考录的效率。例如美国的联邦公务员考试（Federal Civil Service Exams），一些地区的政府会要求申请者在递交申请材料的同时，通过网络在线完成一个职业问卷（occupational questionnaire），主要是评估申请者的工作胜任力。若申请者未按要求进行答题，则会被判定为“不合格”，即没有资格再参与后续正式组织的职位考试笔试。若将计算机无纸化考试应用于行测，公共科目的考试仍可在一天内完成，上午考行测，考试结束后测试系统会自动给报考者报告分数，达到分数线的考生可接着参加下午的申论考试；未达到分数线的考生考试结束。这一技术的运用，既能保证行测和申论在同一时间内进行一次性施测，也能通过行测淘汰一些不合适的报考者，减少申论的考生人数，提高公务员考试效率，为招考工作节省大量的时间和经费。但这一方案的缺点在于，对硬件设备条件的要求较高，需要使用大量的计算机教室，设备的安全措施也需要大大加强，因而目前全面推行的时机尚不具备。

（二）阅卷方式的优化

减量方案的选择基于多重分段的思想，依靠分段分数划定，即我们通常所说的录取合格线设定，对报考者进行淘汰。与一般的资格认证或能力类考试不同，国家公务员录用考试是能力选拔考试，其目的在于“择优”。基于公务员考试的现状，有三种减量方案可探讨：

1. 行测设槛：采取“自上而下”“掐尖设线”的方式，以当前行测分数线设申论“阅卷差别线”，线下考生改为不评。

美国外交人员测验（Foreign Service Officer Test，FSOT）的试题包括选择题和作文两部分，同卷一次施测。测验的选择题部分设有合格最低分数线，只有被试的选择题部分达到分数线，作文才会被评分。这种特别的一次施测实际达到了两次施测的效果，在阅卷环节先对被试进行了一次筛选，既避免了二次组织测试的麻烦，又能有效减少不必要的主观题阅卷工作的耗费，这一做法对申论减量的优化方案具有参考借鉴价值。从考试的目的来看，作为一种选拔性考试，公务员录用考试分数的作用在于将考生进行排序选拔，而不在于为考生提供诊断性评价，因此，在预先设定好行测分数线的前提下，可以认为未过线的考生已被淘汰，申论分数已对其录取没有作用，可以不评。

目前，公务员录用考试在确定面试人选时，既设定了公共科目笔试最低合格分数线，也有行测科目的最低合格分数线，即进入面试资格的考生，必须在公共科目的总分和行测的分数线上都达标。国家公务员录用考试 2013 年度副省级以上与市地以下职位行测分数线分别为 55 分和 45 分（均为导出分），2014 年度副省级以上与市地以下职位行测分数线分别为 60 分和 45 分（导出分）。若以此分数线对当年申论考试减量，2013 年副省级以上可减量 71.26%，阅卷周期约可缩短 6 天，市地以下可减量 35.59%；2014 年副省级以上可减量 55.02%，阅卷周期约可缩短 4 天，市地以下可减量 11.39%。

2. 在行测设分数线的基础上，以行测低分组考生分数设线，线下考生由双评改为一评，配合专家抽检确保阅卷质量。

一般在考试系统的设计上都要考量考生群体对测试规则的可接受程度。从目前的情况来看，减量方案一与国内考生“考试后就能得到分数”的认知是相悖的，或许难以被广大考生所接受。考虑到现实操作性，可以做出一定的妥协：将行测低分组分数线作为申论阅卷工作前的“隐性栅栏”，对申论阅卷任务进行一定的减量，简化低分组考生的申论评分程序，采用单评而非现在的“双评法”，使“未过线”考生也能得到完整的分数反馈，“过线”考生的评分更加准确。这一方案的减量效果虽不如方案一，但也能达到减量、提高评分质量的目的。

采用相对保守的方案，以低分区抽取 27% 的考生这一心理测量学中的经验值为例，将其行测分设为申论阅卷的操作分数线，那么，2013 年副省级以上的阅卷就可减量 27.26%，阅卷周期约可缩短 2 天，市地以下可减量 27.19%；2014 年副省级以上可减量 30.92%，阅卷周期约可缩短 2 天，市地以下可减量 28.46%。

3. 低档改一评，以五级评分等级为例，将四、五类的卷子由双评改为一评，结合专家抽检确保阅卷质量。

申论第 5 题的赋分占申论总分的比重最大约为 40%，分析显示，申论总分和第 5 题的相关度约为 0.74，因此，把得分四、五档考生的其他申论试题由双评改为一评，是有一定现实依据的。若以这一方式减量，2013 年度申论 1 ～ 4 题阅卷，副省级以上可减量 29.43%，阅卷周期可缩短约 2 天，市地以下可减量 12.92%。

通过以上的分析可以看出，后两种减量方案虽有一定的减量效果，但单纯将减量放在阅卷环节，对阅卷周期的缩短并无多大的实质意义。谢小庆（2009）提出了开展“从特定选拔考试向一般任用资格考试的过渡研究”的建议。这一建议的初衷是为了减轻考生多地奔波赴考的压力，如将这一建议深化，实际上就可以将行测变为资格性考试，实现行测与申论的相对分离。这一设计与方案一有异曲同工之用，这样，只有行测达标的考生才能参加申论考试，不仅申论的阅卷量可以减少，而且还实现了国考和省考的联动，整体上的减量效果更为明显。但正如谢小庆（2009）所言，其中还有许多理论问题需要探索，需要“对得失利弊进行分析”。

三、优评是实现申论阅卷科学化的基础

提高申论阅卷的质量，实现申论阅卷科学化是个系统工程，需要多种措施、多种手段的综合运用。

以上我们探讨了申论减量的多种方法，有的效果明显，有的实质意义不大，有的实施的时机尚不成熟，但这些探索都是有现实意义的，至少可以让我们知道减量是实现申论阅卷科学化的前提。在现有的考试模式下，即使实现申论有效减量还有许多工作要做，真正实施尚待时日，但也不意味着可以袖手等待，其中还是有许多工作可以进行。

（一）制订申论阅卷的质量标准

相比较而言，国家公务员考试的申论阅卷无论在流程设计上还是在组织管理上都是相当严格和规范的，也制订了一些实施细则，这就确保了每年申论阅卷的顺利实施。但是，由于没有一个严格、细致的质量标准，因而在具体的组织实施上还是带有一定的主观性和地区差异性。目前的申论阅卷采用的是点长和专家组相结合的领导机制，点长由人力资源与社会保障部人事考试中心委派，专家组由公务员局考试录用司和人事考试中心共同聘任；点长负责阅卷员的组织、后勤保障以及与地方人事考试部门和技术服务商的协调、阅卷进度的掌控及阅卷信息的安全等工作，专家组主要承担阅卷员的培训、试评和正评的组织、复评和阅卷质量的监控等工作。两者虽有分工，但在实际操作中许多工作有交叉，主体责任没有

明确界定，因而常会产生一些矛盾。加上各点长和专家组长在工作方式、个性等方面的差异，各阅卷点在阅卷工作的具体实施上还是有不小的差异。另外，申论各题型究竟应该采用何种阅卷方式，每种题型的评分等级应该分为几等，这些目前也都没有明确规定，多依据专家组的理解确定，因而带有一定的随意性。这也是造成上文提到的评分尺度不统一、评分方式不统一的主要原因。因此，申论阅卷亟待建立严格的质量标准，对人员分工、操作方式、过程控制、评分方式和评分等级等做出明确的要求和说明，这样才能从制度和规则上确保阅卷工作的科学化。

（二）强化专家队伍的建设

这些年申论的命题和阅卷工作能够顺利完成，一项重要的举措就是建立了一支高水平的专家队伍。专家主要由高校的教师、科研人员以及行政机构的高级公务员组成，他们以国家的利益为己任，不计名誉，甘于奉献，出色地完成了每年的命题和阅卷任务。十五年的考试实践证明，这支专家队伍责任心强、业务精湛、素质过硬，是经得起考验的。但是，我们也应该清醒地看到，这支专家队伍主要是靠情感维系的，在聘用和管理上还缺乏严格、完善的机制；而且，这支队伍的主体已呈现老化的趋势，年富力强的年轻人明显偏少。如何应对专家队伍的老化问题，如何处理好专家队伍的培养和使用问题，如何强化机制而不再单单依靠情感维系，这些问题都有待公务员考录管理机构的深入思考和研究。这也是实现申论阅卷科学化的基础性工程。

（三）进行评分技术的科学化研究

申论阅卷除了在管理体制、专家队伍建设上要提高管理水平外，还要强化评分技术的科学化研究，如进行评分阈限设定研究、评分趋中控制研究、计算机阅卷平台的性能优化等。

评分阈限，即双评允许的最大差异，是主观性试题评阅的一个关键数值。以往的评分阈限设定多依据经验确定，根据考试的不同一般在十分之一到五分之一之间，没有一个确定的设定标准。申论评分阈限的设定也是根据经验值确定，缺乏相关的论证研究。评分阈限对申论阅卷也十分关键，它既关乎申论总体分数分布的情况，也会对阅卷工作的进程产生显著影响。阈限设定过大，会增加评分员打分的随意性，阅卷员更倾向于打“保险分”，评分误差难以有效控制；阈限设定越小，分数分布愈平坦，离散程度愈大，分数对考生的区分性就越好，能促使阅卷员更仔细地对待考生作答，但同时也会直接导致复评卷数量增多、复评率大幅上升，增加阅卷工作负担。因此，评分阈限的合理设定，需要在评分误差控制、评分员行为监控和阅卷效率三方面寻找平衡。

评分趋中是多种因素共同制约的结果，命题、分数等级设定、评分标准的制定、阅卷报酬的计算方式、阅卷员的疲劳效应等均会导致趋中评分。而且，趋中评分对评分质量影响较大，分数趋中，考试的区分度就会降低，“错拒人才”的可能性增大。这些年申论阅卷一直存在分数趋中的问题，过去的研究明显偏弱，这也是这一顽疾没有得到有效控制的一个根本原因，今后应把此当作提高申论阅卷科学化的攻关课题来做。

申论的计算机阅卷平台是依靠专业公司开发的，阅卷现场也由专业公司提供技术支持。近年来的阅卷实践表明，这一系统整体上是稳定、可靠、安全的。但在实践中也发现，这套系统的操作界面过于复杂，实用性和友好性不够，阅卷信息的提取比较复杂。今后应突出重点功能，简化显示界面，使其更加直观、简洁、实用。

四、余论

公务员录用考试已走过二十多年的历程，第一个十年侧重制度建设，第二个十年重点是保证实施的公平性。未来十年，公务员录用考试将步入以科学化为重心的新阶段。如何把真正需要的、适合的人才选拔出来，这是时代发展的需要，也是政权建设和公务员队伍建设的需要，而它的实现很大程度要靠考录的科学化建设。

从考试的形式上看，公务员考试是在“择优选才”，但就考试的目的而言，它的实质不是“择优”，而是在选拔“适合的人才”。目前，因考试环境的影响，公务员考试较多注重了外界的反应，许多做法无奈地追求了形式上或外在的公平，背离了考试的真正目的。作为选拔性的考试，公务员考试的重心应放在潜在的适合人群上，而不是全体考生，特别是那些抱着试试看心理的‘打酱油’者上。

每年的申论阅卷，就考试目的而言，阅卷人员为了使每一名考生都能有成绩，做了许多耗费时间、精力的无效劳动；为了大多数人的外在公平，削弱了潜在适合人群的公平。这种看似公平的“公平”，实质上也是一种不公平。如果能在这一点上形成共识，那么许多看似“冰冷”的做法就会变得合理自然、高效公平了。如果真能这样，公务员考试就可以参照美国外交人员测验的做法，以行测分数为槛设线，不阅低于分数线人群的申论卷，这样做不但公平，而且是合情合理的了。

公务员考试的“热”并不是一个好现象。为了应对“热”，科学性就要让位于公平性。一旦公务员考试由盲目的“热”变为理性的选择，公务员考试就能回归它的实质，真正地为考试的目的服务。因此，申论阅卷的科学化进程虽然减量是前提，优评是基础，但仅考虑减量优评这类的技术性问题是不够的，其中还涉及政策、公众心理等诸多因素，需要统筹兼顾。

第四节　美国《员工招聘程序统一指南》介绍

一、美国《员工招聘程序统一指南》简介

公平公正是人事选拔工作的核心问题。美国均等就业委员会、公务员委员会、劳工部、司法部为消除美国各级各类部门人员聘任中存在的歧视等问题，于1978年联合制订了《员工招聘程序统一指南》(以下简称《指南》)。《指南》全文分为十八章，重点介绍了颁布目的、实施范围、人事选拔的流程以及与此相关的效度等问题。《指南》将原有的一系列招聘原则进行了合并，目的是帮助雇主、

劳工组织、职业介绍机构、资格认定委员会更好地执行联邦法律、法规，严禁使用存在基于种族、肤色、宗教、性别、族裔歧视的选拔程序。同时，也为确定测验及其他选拔程序是否得到了合理的应用提供相应的框架。《指南》还着重表明，它适用于人事选拔测验及其他一切为人事决策提供参考的选拔程序。这里所说的人事决策不仅限于雇用、提升、降级、会员资格（例如，劳工组织的会员资格）、推荐、留任和执照、证书的发放（仅限于适用联邦平等机会就业法的执照、证书），其他与人事选拔决策相关的选拔过程，像培训、调任选拔也同样受该指南的指导。

《指南》涉及的内容比较多，但主要是围绕公平性和效度这两个核心概念来展开的。

（一）公平性

《指南》在第一章就开宗明义地指出，它颁布的主要目的就是为了消除人员聘任与管理过程中存在的歧视与不公，所以明确规定：若相关主管部门确定某一人事选拔程序存在歧视，或者对某一人群存在不利影响，就可认定这一人事选拔结果无效。美国均等就业委员会通常采用五分之四法则检测选拔程序和结果的不利影响。其内容是：当一个群体的录用率低于其他平行群体中最高录用率的五分之四，就认为此种选拔方法对某一或某些群体可能存在不利影响。例如：若对于某一工作，白人的录用率为60%，美洲印第安人的录用率为45%，西班牙人的录用率为48%，黑人的录用率为51%，那么用美洲印第安人、西班牙人、黑人的录用率与这些群体中最高的白人的录用率相除，结果分别为45/60、48/60、51/60。其中45/60小于4/5，就可以认为：此种选拔测试或程序对美洲印第安人可能存在不利影响。五分之四虽然不是法律规定的数值，但它是基于经验得出，适用于人数适中的大部分样本。另外，对于比较大的样本，若组间成绩差异较小，但在统计学和实践中已经达到显著性的指标，也可以认定相关的选拔程序对这一族群可能存在不利影响。对于可能存在不利影响的选拔程序，应对其做进一步的效度分析，即分析分数的差异是否能够代表工作表现的差异。如果效度分析也认定此选拔程序确实存在不利影响，使用者应及时对其做出修改、调整与替换。

（二）效度

效度是衡量一项测验质量的主要指标。《指南》全文 18 章，其中 6 章直接阐述了与效度有关的问题。除特殊情况外，《指南》要求用人单位必须对存在不利影响的选拔程序进行效度研究，以保证招聘过程的科学性、公平性；同时还鼓励各级人事部门主动进行效度研究、开展合作，并欢迎社会各界进行监督；绝对禁止通过测试、开发者的名称、各种形式的宣传资料等经验性的材料臆测效度。另外，还要求各用人单位所做的效度研究与美国心理协会制订的行业标准相一致。现阶段，《指南》接受的效度证据有三种：效标关联效度证据、内容效度证据和构念效度证据。效标关联效度预测选拔测试或程序中获得的经验值与工作表现中一些重要因素的相关程度；内容效度关注选拔测试或程序的内容对工作内容的代表性；构念效度是针对胜任该工作员工所具有的素质的测量。三者从不同的方面考察选拔程序的有效性。效度研究报告中应包括以下内容：选拔程序的使用者、使用环境、职位分析、样本描述、选拔程序描述、工作内容与选拔程序间的相关性、效标测量、所使用的统计方法、统计结果、其他可能适用的选拔方法、与其他方法的比较，等等。由此可以看出，效度研究对保证招聘测试的质量、招聘程序的科学性、公平性具有不可替代的保障作用。

二、《指南》对我国公务员考录体系改革的启示

《指南》作为美国民权法案的一部分，自 1978 年实施以来，以其科学性、完备性、规范性产生了广泛的影响，有效地规范了美国各级、各类组织人员的招聘和管理行为。对于美国这样的多民族国家，在保障公民就业公平性方面，《指南》起到了不可替代的作用。

今天，公务员考录制度在我国已推行了二十多年，根据公务员法和公务员录用的有关规定，我国各级公务员的选拔录用主要采用公开考录的方式，“凡进必考”已成为不可逾越的门槛。随着报考人数的屡创新高，歧视、缺乏效度等问题日渐突出。这些问题的存在将会对我国的公务员考录制度的科学性和公平性带来消极影响。因此，出台一套科学、行之有效的统一指导性法规，无疑会对规范各级公务员的考录和选拔起到指导作用。在这一方面，美国的《指南》对我们有很

好的参考和借鉴意义。美国的《指南》对人事选拔过程中所涉及的问题进行了细致的论述，在消除歧视、确保公平、效度证明、职位分析等方面积累了丰富的经验，这些对于制订我们统一的考录指导性文件具有参考和借鉴意义。它带给我们的启示有很多，概括起来有以下三点：

（一）消除歧视是确保考录公平的基础

目前，我国就业歧视现象还比较严重，根据中国政法大学宪政研究所所长蔡定剑主持的《中国就业歧视的现状》的研究表明，我国的就业市场上普遍存在年龄、性别、地域、户籍、学历等方面的歧视，这些歧视也同样体现在公务员的考录中。由于缺少像《指南》中对歧视和不利影响界定的法规，一些行业和地方公务员考录中的歧视现象非常严重。以性别为例，很多职位的报考条件直接注明要男性，而且在其他职位的竞争中，同等条件的男性报考者的成功率也远远大于女性，甚至对于很多传统由妇女从事的岗位都有了威胁。学者杨珍君（2008）指出："有的地方妇联招考都不想录用女性，理由是'妇联全是女的了，连个能搬桌子的都没有，所以想尽量招个男的。'而在广西，一名女青年报考了一个适合于女性工作的会计兼文秘公务员岗位，经过笔试和面试，她在所有应试考生中名列第一，随后体检和考核也均合格，可最终还是落选了，用人单位最后录用的是综合成绩排名第二的男青年。而用人单位对此的解释是'被录用的那名青年是男生，在处理突发事件的能力上比女生强'。"

要消除歧视，确保公平，必须尽快出台规范公务员考录的统一法规，健全相关的监督机制，以保证少数、弱势群体的合法权益。美国是一个移民国家，人口背景复杂。我国的国情与美国虽然有很大区别，各个族群报考者的背景和条件也有较大差异，不适用于"五分之四"法则，但是《指南》中提出的监督机制还是值得我们借鉴的。在考录结束之后，各级主管部门应对录用结果进行审查，运用统计学的方法检测考录过程中是否存在歧视和不利影响，若有存在不利影响的可能，就应进行相关的效度验证——验证分数的差异是否反映了报考人工作表现的不同，从而使公务员录用考试成为公平就业机制的典范。

（二）效度验证是保障考录质量的关键

我国各级公务员录用考试没有要求使用部门进行效度研究，因此，相关研究也就比较少，只有一些学者就面试环节做了一些效度研究。那么，是不是我国各级的公务员录用考试的效度很高呢？公务员录用考试的笔试一般包括行测和申论。由于报考人数的剧增、命题机制的限制和辅导效应的影响，行测的命题已经陷入困境：“为了提高测验在高分段的区分度，命题者只好尽量加大试卷题量与难度。这种做法导致的结果是，由于试卷过难，不少考生已经不是凭自己的能力水平，而是凭运气入选”（谢小庆，2009）。申论考试所提供的材料或者是社会热点问题，或者是焦点问题，被猜中的概率也非常高。例如，2009 年江西省公务员招录考试中出现的“金融危机”问题，就被多家考试辅导机构猜中。学者陈妙云（2009）评述：“申论考试全部为主观性试题，没有也不可能有一个确切、固定、唯一的标准答案，评价的主观性很强。尽管在阅卷中采用双人评分的办法，也未必能保证评判的准确和公允。”面试常采用结构化面试的方式，模式单一，不能有效反映报考者的真实水平。而许多地方公务员的面试由用人部门自行组织，题型、程序随意性强，缺乏科学性。这些问题都反映出我国各级公务员的录用考试中存在效度问题。我们以为，要解决公务员录用中的效度问题，可借鉴《指南》的经验，即制定统一的指导法规，明确要求有条件的人事部门进行效度研究，同时还要确立效度研究的统一标准，由专业人员对招聘的各个环节进行内容、构念等方面的评估；相关人员还要对新录用人员进行跟踪调查，以试用期为限进行评估，主要考察新录用人员的素质和能力是否符合岗位的需要，并以此为效标考察招聘程序的有效性，保证考试质量，为考试录用提供合理的改进意见。强化监督机制，使录用机制更科学、公正、合理。另外，根据《国家公务员暂行条例》，我国公务员的考试和录用统一由一个部门负责，缺乏法定的监督机制。没效度的考试，同样也是不公平的考试，因此，效度研究也可以作为监督考录机制的一个补充。

（三）职位分析是提高考录功效的核心

为了保证招聘效度，《指南》规定，美国各部门在确定招聘条件之前必须提供相关的职位分析资料，并说明职位分析所采用的方法。职位分析应包括工作行为描述、工作任务描述，如果工作产生工作产品，还要有产品描述。招聘者还要根据这几部分在工作中的重要性，给这几部分的测试合适的权重，同时提供确定权重的方法。工作所需要的知识、技能、能力，也应在招聘测试和程序中有所体现。为了操作方便，招聘单位做职位分析，还应提供工作中所需知识的操作性定义、工作技能和能力的具体表现、它们之间的关系以及确定这些关系的方法。工作环境描述也是职位分析的一个重要组成部分。在不同工作条件下，合格的工作者应具备的知识、技能、能力及其相关的难度，招聘单位都要给出明确的说明。

我国现行公务员录用考试一般缺少职位分析这一环节，职位的资格条件大都由各级用人部门自行规定，随意性、不确定性和盲目性较大。纵观历年的职位报考资格条件，不难发现，同一职位的任职条件在3年内会有很大的变化。我们不否认时代要求的变化，但因为没有相应的法律、法规的指导，人为因素在任职条件的确定中占有很大的成分。这样就不能保证其科学性，甚至还存在因人设岗的情况。近年来，由于“公考热”的升温，很多职位的学历要求也水涨船高，2008、2009两年中央国家机关招录公务员考试学历要求硕士及硕士以上的岗位占总招考岗位的50%左右；一些地方的公务员招录考试也都要求硕士学历甚至是博士学历。这样高的学历要求，使得很多适合该岗位、实际工作能力很强的人被拒之门外。加上用人单位缺少职位分析，对公务员的岗位职责和任职资格的描述也过于简单，导致许多考生盲目报考，人才资源浪费的现象比较严重。

因此，应制定我国公务员统一的考录的法规，明确要求各用人单位在确定职位资格条件前先做职位分析。根据行业标准，对招聘职位的工作环境、岗位职责、日常工作等做出详细描述，除学历要求以外，对胜任者的知识、技能等做出合理的评估，同时提供检测这些知识所需的操作性定义和所需技能的具体表现。为保证科学性，用人单位还应提供确定这些要求所采用的具体方法，从而避免考生报考的盲目性，引导考生准确定位。

参考文献

[1] 安迎春. 中国公务员考试录用制度存在问题与完善 [J]. 社科纵横,2009(12): 56-57.

[2] 北京语言大学教育测量研究所. 2001—2010 国家公务员录用考试分析报告 [R]. 北京：北京语言大学.

[3] 蔡定剑. 中国就业歧视现状及反歧视对策 [M]. 北京：中国社会科学出版社, 2007.

[4] 陈妙云.《申论》刍议 [J]. 写作，2009（1）：27.
[5] 第十届全国人民代表大会常务委员会. 中华人民共和国公务员法 [Z]. 2005.
[6] 范鹏，张景华. 大规模标准化考试网上评卷中的误差控制研究 [J]. 中国轻工教育，2012（1）：88-91.
[7] 何忠洲，黄艾禾. “中国第一考”之重 [J]. 中国新闻周刊，2005（46）：42-45.
[8] 李庆钧. 公务员考试录用制度存在的问题及对策 [J]. 人才资源开发. 2006（4）：15-16.
[9] 美国教育研究协会，美国心理学协会，全美教育测量学会主编，燕娓琴，谢小庆译. 教育与心理测试标准 [M]. 沈阳：沈阳出版社，2003：257-261.
[10] 彭恒利，任杰. 关于行政职业能力测验基于统计分析的改进建议 [A]. 考试研究文集（第 6 辑）[C]. 北京：经济科学出版社，2011：160-169.
[11] 王博，卞冉，车宏生，王蓉. 主观评分保守现象的形成机制与控制研究 [J]. 心理学探新，2012（5）：429-438.
[12] 王世潮，韩飞麟. 公务员录用考试：管理实践与理论研究 [M]. 北京：中国人事出版社，2014：43-60.
[13] 谢小庆. 公务员录用考试面临挑战 [J]. 人力资源，2009（5）：16-19.
[14] 行政职业能力倾向测验课题组. 行政职业能力倾向测验 [M]. 北京：中国铁路出版社，1999.
[15] 杨翊，彭恒利. 美国《员工招聘程序统一指南》简介及对我国公务员考录体系改革的启示 [J]. 中国考试，2011（2）：39-42.
[16] 杨士秋，王京清. 公务员录用 [M]. 北京：中国人事出版社，2009.
[17] 杨珍君. 我国公务员考试的弊端及对策研究 [D]，北京：中央民族大学硕士学位论文，2008.
[18] 张东阁. 国家公务员考试录用制度的科学性研究 [J]. 考试周刊，2009（38）：192.
[19] [英]Alderson, J. C. 等. 语言测试的设计与评估 [M]. 北京：外语教学与研究出版社，2000：106-139.
[20] Equal Employment Opportunity Commission C，Equal Employment Opportunity Commission. Uniform guidelines on employee selection procedures[J]. *Federal register*，1978（43.166）：38295-38309.
[21] U.S. Department of State. *Guide to the Foreign Service Officer Selection Process* [S]. Washington, DC: U.S. Department of State, 2011.

第三章　考试研发与考试安全

纵观语言测试的发展历史，测试的内容和形式一般会随着理论、技术、市场和需求的变化做出相应的调整和改变。伴随着语言学、第二语言教学理论、心理和教育测量理论以及测试技术的发展，作为世界上使用人数最多的语言，汉语的测试也不例外，其发展呈现出以下的特点：一是数量由少到多，在汉语水平考试（HSK）之后，许多国家和地区相继推出了自己的汉语测试，如华语能力测验等；二是测试对象的分类由粗放到精细，如作为第二语言的测试，原 HSK 的测试对象包括了国内少数民族，2001 年教育部又专门研发了针对国内少数民族的中国少数民族汉语水平等级考试（MHK）；三是考试的功能从重视选拔转变为重视评价，不仅测试的结构更加完善，而且在报告分数的同时注重反馈，注重提供诊断信息。

但无论测试发生什么样的变化，都离不开总体设计，特别是对新的考试项目来说，总体设计不仅关乎测试的内容结构，也与测试研发的效率、运营推广的效果以及它所产生的影响密切相关。华文水平测试（以下简称“华测”）是专门为测试海外华人的汉语水平而研制的标准化考试。2010 年，暨南大学华文学院启动了华测的研制工作，在机构、人员、场地等相关基础建设稳步推进的同时，研发者也就华测总体设计以及华测的基本性质、华语标准、华测能力标准、华测拟突出的内容与特色等做了大量细致的研究和探讨。本章将以华测为例，就测试研发的路线图以及与整体设计相关的问题展开讨论。

毋庸讳言，目前国内的考试环境非常严峻，考试作弊屡禁不止，而且呈蔓延的趋势。在传统的观念中，与考试安全有关的作弊防范、打击等问题主要是施测之中和测试后所要重点关注的问题。其实不然，考试安全与考试研发也有着密切的关系，若能在考试研发中就将考试安全的理念贯穿其中，未雨绸缪，无疑会变被动为主动，对防范和打击考试作弊起到一定的预防作用。本章将就此问题谈谈看法。

第一节　华文水平测试研发的路线图及相关问题探讨

一、华测研发的路线图

谈到测试研发，自然会面临“为什么要测”“测什么”“怎么测”的问题，清楚地解答了这些问题，实际上也就将测试研发的路线图描绘出来了。

谢小庆（2010）认为，语言能力测试的研发有两条路线可选择，一是“观察—归纳”的路线，二是“猜测—反驳”的路线。“在语言能力测验的研发中，在许多涉及复杂心理特征的能力测验和职业测验中，理论上似乎合理的‘观察—归纳’路线图在实践中是行不通的。在这些测验的研发中，我们往往需要采用‘猜测—反驳’的路线图”。他还用汉字应用水平测试研发的实践为自己的观点进行了佐证。

测试是妥协的结果，常常需要在科学性和现实性上做出选择。采用哪种路线图不仅是方法论的问题，也体现着工作的效率问题，需要决策者权衡利弊，做出选择。我们欣喜地看到，华测的研发者对此已有深入的思考，在谈到华语标准制订时已涉及此问题（王汉卫等，2013）。从现有的文献来看，研发者似乎在沿用

“观察—归纳”路线，并希望研发《华语语音标准及语音大纲》《华语听力能力等级标准》等“至少有10个属于华测自己的标准性基础文件”来“构建它的标准系统，来支撑其最基本的运作”（王汉卫等，2013）。无疑，这是一个浩大的工程。以作者的经验，这一工程耗费巨大，需要多人协同攻关，特别是功能、意念、文化大纲的编写非短期可以完成。

说“观察—归纳”路线困难，主要是基于测试对象所处的复杂环境。目前，关于海外华侨华人的总数说法不一，所查到的最新数据显示，我国海外华侨华人的总数约为5000万（王辉耀，2014）。这些海外华人分布在世界各地，由于所处的语言环境的不同，各地华文教育的历史和基础不同，不同地区海外华人的华语水平有较大的差异，加上受居住国语言和文化的影响，华语在海外也有了很多的域外变体。面对如此复杂的现状，要想对华语进行全面完整的描述短期内几乎是不可能实现的任务。

因此，从测试研发的可行性和效率来看，华测不妨采用“猜测—反驳”的路线。首先从海外华文教育的教学经验出发，以海外华人比较集中的东南亚华人为典型样本，编制测试，并假设这是一个有效的工具；之后对编制的测量工具进行检验，比较不同国家、不同地区、不同学历、不同职业、不同年龄被试的成绩，并通过多种渠道，从不同的方面收集效度资料；然后根据收集到的效度资料对试题进行修改，删除效度不好的题目，对不太适合的题目和内容进行调整。通过对不同背景的应试者的多次试测，对测试内容进行不断地调整，使测量工具日臻完善，然后再根据这一测试的分数来建立等级标准。从考生的需求和市场的观念来看，重要的是做起来，以应急需，然后再系统化，再修订，再完善。

二、华测的体系设计

在测试研发中，体系设计是一项非常重要的工作。如果我们用市场化的观念把测试当成一种产品来看，那么体系设计实际上是在建构一项测试的框架结构，其中包括产品序列、等级设置和测试形式等。在建构测试的体系时，有两个因素需要重点考虑，一是考试的对象，这一问题实际上是要回答为谁设计产品的问题；二是等级结构和等级标准，它要回答的是产品的序列种类和各自应达到的技术标准。从测试研发的理论和实践来看，这两个问题在测试研发时是绕不开的，需要深思熟虑、全盘统筹。因为从实质上讲它们都与测试的目的和用途密切相关，必须在测试研发的伊始即制订测试设计方案时就明确下来，否则后续工作就无法展开。

王汉卫等（2013）在《华文水平测试的总体设计》一文中谈到了华测的纵向结构和能力分级，其中重点谈了华测的等级构成和标准制订的设想。从现有的描述来看，因要考虑与母语能力的关联，现有的等级设置向母语能力形成的关键期——小学阶段倾斜，六个等级小学阶段就包括了四级，并与国内义务制教育学段的概念相对应，1 级（入门级）作为小学的入学标准，2 级（基础级）作为小学第一学段结束应达到的标准，3 级（提高级）作为小学第二学段结束应达到标准，4 级（初通级）作为小学毕业应达到的标准。如果是一个主要面向教学的测试，这样前细后宽的等级设置是自有道理，无可厚非的。

但问题是，海外的华人汉语学习者不仅是在校学生，成人的学习需求也很大，许多成人想通过测试检验自己的学习效果，为求职、旅游服务和贸易往来提供证明和检测。华测包不包括成人？如果包括成人学习者，现有等级设置的描述就略显粗糙，不够精细全面。或许研发者对此已有考虑，只是我们没有从《华文水平测试的总体设计》中清晰地看到。

关于测试的对象，《华文水平测试的总体设计》只有笼统的界定，没有细致的说明，测试的用途也没有明确的表述，因此，对于华测将来的用途我们不能下定论。我们认为，一项测试要想生存发展，必须要考虑市场，考虑运营。华测要想在汉语测试之林立足，不仅要重视测试的科学性，重视测试的质量，而且要考虑它所处的环境和面临的市场。在现有的体制下，华测要生存发展仅靠拨款输血是远远不够的，它自身必须要有强大的造血功能，这就需要有较强的市场意识。我们以为，在建构华测等级结构时设计应宽泛，可将华测设计成面向教学和面向社会的两个序列，在优先研发教学序列时为开发社会序列留下空间，以使产品具备较强的适用性、竞争力和生命力。

三、华测研发的策略

随着现代测验理论、心理与教育测量学、计算机技术的迅速发展，语言测试的内容与形式都有了很大的变化，测试的个性化、计算机化成为重要的发展趋势。现代测验理论与技术的更新为华测的研制提供了便利，也为华测的创新奠定了良好的基础。但这绝不意味着华测的研发是轻而易举、水到渠成的事。像其他测试的研发一样，华测也面临着人力、物力和经费的困扰，面临着理论和技术选择的纠结，面临着许多技术难题等待突破，面临着市场等待开发……这一切都需要华测研发的决策者高屋建瓴，集贤纳士，博采众长，以务实、高效的策略先重后次，先急后缓，先易后难，以先考起来，以应急需为要。以下几点建议供研发者参考。

（一）高起点

作为新世纪推出的新测试，华测要想立足、赢得认可一定要有高起点。这绝不是凭空要求，而是激烈竞争的市场使然。华测要想占领汉语测试的制高点，至少应做到以下几点：

首先，要充分借鉴和吸纳其他汉语测试的经验和教训。先华测推出的新HSK、MHK、北京语言大学的汉语应用能力测试（C.TEST）、台湾地区的华语文能力测验、日本的中国语能力检定、美国的AP中文考试①等，这些汉语类的测试一方面是华测的竞争对手，另一方面尽管它们在测试对象等方面和华测有所差异，依然有许多方面值得华测借鉴和学习。如它们在体系设计、大纲制定、题型设计、试题命制、市场开拓等方面积累了丰富的经验，华测应以此为基础，广纳良言，取精用宏，使自己少走弯路，快捷地走向高的平台。

其次，要充分吸收应用心理与教育测量学的新理论、新技术。随着心理与教育测量学自身的不断发展，以及与其他学科的碰撞交融，测量领域的新理论、新技术不断涌现，如概化理论、心理测量学与认知心理学的结合、认知诊断技术、主观性试题计算机的自动评阅技术，等等，这些都为华测提供了很好的理论和技术支撑，也使得华测研发可依据的理论更加充实，可选择使用的测量技术更为宽绰。

再次，要充分利用计算机科学和网络技术的最新成果。目前，随着计算机技术的不断发展，测试的计算机化已成为标准化测试发展的一个显著趋势，越来越

① HSK、MHK、C.TEST、台湾地区的华语文能力测验是依据第二语言教学理论研发的考试，日本的中国语能力检定、美国的AP中文考试从严格意义上讲属于汉语作为外语的测试。

多的测试开始由纸笔测试（Paper-based Test，PBT）向计算机化测试（Computer-based Test,CBT）[①] 转变，美国的托福考试已经完全放弃纸笔测试，国内的大学英语四六级考试以及新 HSK 也都推出了计算机化测试，这些都为华测提供了很好的借鉴。

网络的日益普及、平板电脑的推出为华测实现计算机化测试提供了快捷途径。通过平板电脑，可以将声音、图片、视频等多媒体引入试题，使得测试的内容更加接近考生的实际生活，测试的形式更加灵活，更容易准确地考查出考生的实际水平。而且，平板电脑重量轻、携带方便，可重复使用，不仅能降低测试成本，减少测试环节，增强测试的安全性，还可以提高测试的效率，快捷地反馈信息，更好地为考生服务。我们认为，在华测开发中，不妨做些大胆的尝试和创新。

（二）整体设计，分步实施

受人力、财力等因素的制约，华测的研发不可能一蹴而就。这就需要决策者做好顶层设计，制订详细的规划，把握好研发的工作节奏。目前，研发者对目标群体的具体语言能力状况尚在调查分析中，加上人力有限，测试研发不可能面面俱到，同时推出所有级别的测试。所以在研发初期，研发者应选好突破口，集中精力开发最急需或影响力最大的级别的试卷，并尽快将测试推出。通过对测试实测数据的统计分析，细化和完善考试的总体规划，争取在较短时间内使测试得到考生及使用机构的认可，然后再逐步推出其他等级的测试，使测试逐步序列化，日臻完善。

（三）突出特色

同为第二语言的教学、测试对象，外国人、海外华人、少数民族有共性，也有明显的差异。学习汉语，外国人更注重语言的工具性，而海外华人和少数民族

① 计算机化测试（Computer-based Test，CBT）泛指在测试过程中使用计算机的测试，其中包括计算机辅助测试（Computer-assisted Test）和计算机适应性测试（Computerized adaptive Test）。前者主要是利用计算机管理测试或把传统的纸笔化测试试题用计算机呈现，测试任务与构念都与传统的纸笔测试并无本质区别（李清华，2009）；后者主要是利用计算机对试题进行在线调整，以保证挑选出能最大限度测量出受试能力的试题（张宝钧，2003）。

则是工具性和人文性兼顾。而“华文”对于海外华侨华人来说不仅是交际工具，更是文化认同和民族认同的工具（王汉卫等，2013）。郭熙（2012）认为，华侨华人学习华语是文化寻根，他们不希望下一代失去自己的文化、自己的精神家园。但问题是，文化的测试历来都是个难题，是单独测，还是融入试题中测更好，学界尚无定论。王汉卫（2009）认为，目前我国在汉语作为第二语言的测试上淡化文化的做法对华裔来说有欠考虑。更好地把语言和文化融合起来，使语言测试在内容上体现更多的文化性是华测的目标，是对海外华人母文化情结应有的回应，也是主张研发华语测试的重要原因。这一问题在华测的研发时是需要着重考虑的，希望华测在此方面能有所突破，有所创新。

华裔和非华裔学生学习汉语时有诸多差异，如：开始学习时的汉语水平不同、汉语各种语言技能和语言要素的发展不平衡、语言学习的结果不同等（曹贤文，2014）。王汉卫等（2013）特别指出，海外华侨华人汉语习得方式的差异、听说读写能力的失衡是一种普遍存在的客观情况。鉴于此，华测在体系、模块设计以及施测上就要有一定的针对性和灵活性，可以把听说测试和读写测试分开，设计成“组合式测试”，即考生在测试时可以根据自己的实际水平进行选择，将听说测试和读写测试进行自由组合。例如，考生如果听说能力较强而读写能力稍弱，那么他就可以选择参加高级别的听说测试，同时参加低级别的读写测试。在报告成绩时，根据其在测试中的表现，分别对其听说能力和读写能力给出评价。这样有利于考生或测试的使用者根据不同的需要灵活使用测试的结果。

（四）突出服务意识

作为专门针对海外华人的华测，主要的服务对象以东南亚为中心遍及五大洲，无法像国内的一些大型测试一样，通过行政手段强令推广。它要想立足，赢得市场，就得像托福等考试一样要靠质量和服务。因此，华测无论是在研发阶段和还是在推广阶段都要突出服务意识，针对用户的需求开发产品，以用户为中心，提供优质特色的服务，并要把它当成自己生存发展的核心竞争力。

（五）以开放的姿态，走合作开发的路线

测试的开发和推广不仅需要心理与教育测量、计算机以及专业领域的人才，还需要配备必要的设备，有进行研发工作的场地和一定的经费支撑。往往在开发

初期，人力有限，硬件和资金没有足额匹配，人力资源和经费都会面临不小的缺口，特别是在一些耗费较大的项目如试题命制、系统开发等方面捉襟见肘的状况时常会出现，仅以己之力大包大揽显然是无法如期完成任务的。即使前期的研发任务可以完成，测试走向良性的循环也需要一定的周期。随着测试的推广，客观条件的先天不足以及有限的人力、财力也会制约着测试的规模化发展。在市场化日益成熟的今天，专业分工越来越细，许多工作并不需要亲力亲为。因此，对华测的研发来说，以开放的姿态，积极寻求与相关部门、机构以及有关的科研院所合作是一条比较务实高效的路子。华测在研发过程中要善于“借力”和“借脑”，除核心部分以外，其他非核心的工作都可以寻求合作。有些可以合作开发，有些可以委托研发，有些可以“借鸡生蛋”，有些可以外包服务，总之，可以调动一切积极因素为之所用。

四、华测研发需要考虑的几个问题

目前，华测的开发处于研发初期，千头万绪，有许多问题需要研讨，有许多困难等待克服。对于研究中面临的问题，有些必须理清头绪，阐明观点；有些需要量力而行，确立优先原则；有些需要搁置争议，寻求共识；有些则可暂存设想，从长计议。

（一）考教分离还是考教结合

在如何处理教学与测试的关系问题上，新旧汉语水平考试（HSK）采取了截然不同的两种态度。旧 HSK 一直坚持“考教分离”的原则，强调命题“不以任何特定教材为依据”；而新 HSK 则相反，强调“考教结合”，在考试之外还开发了配套的教材以及相关学习、辅导材料，变“单一的考试系统”为“以学习、培训为主，以考试为辅的汉语学习系统”。MHK 作为与 HSK 类似的以测试应考者汉语实际运用能力的水平考试，强调教学应遵循自身的规律，为避免应试对教学的干扰，与旧 HSK 一样采用了“考教分离”的原则。

那么，华测在考教关系问题上应该怎样做呢？王汉卫（2013）认为，华测的推出，是对海外华人这个巨大的语言文化群体的关注，是对考教关系的关注。显然这一问题已引起研发者的重视，但研发者的倾向性意见如何，还不得而知。

明确地回答这一问题并不是一件轻松的事，需要结合测试的目的做出审慎的选择。华测的研发以促进和服务于海外华语教学为出发点，那么它扮演的不应仅是评价的角色，而应更大地发挥测试对教学的反拨作用。因此，简单地归类“考教分离”与“考教结合”对华测并不合适。一方面，华测要对海外的华语教学给予具体指导，它必然要对各地的华语教学进行深入地了解；另一方面，海外的华语教学千差万别，它又不可能面面俱到。由此，华测对海外华语教学的指导应是宏观性的，华测应通过华语能力标准这个“纲”的制订，引领华语教学的大方向，不局限在世界各华语区“教什么”“怎样教”之中，各华语区在教学目标上应逐渐向华语能力标准靠拢，在教材编写和教法上完全可“八仙过海，各显神通”，并把教学的自主权更多地留给教师，最大限度地激发他们在教学上的主动性与创造性，推动华语教学的蓬勃发展。

综上，在考教关系问题上，研发者不妨采用实用主义的策略，可暂且搁置“考教分离”与“考教结合”之分，以引领教学、服务教学为先。

（二）题库建设

所谓题库就是以一定的教育测量理论为依据，按照一定的规范编制、收集的有相当数量和较高质量、附有试题性能参数，并经过分类编码的大量题目的科学集合（黄光扬，2002）。由此可以看出，题库建设是一项系统工程。华测要不要建设题库，回答是肯定的。但在华测研发的伊始，是否需要把题库建设列入日程是可以商讨的问题。

纵然，题库建设是测试科学化、标准化的需要，是测试规模化发展的需要，欧美等经济发达国家的许多测试专业机构都根据测试的科学化的需要和市场的要求，建立起了大型题库。同时，为了实现计算机化的自适应性测试，必须拥有一个较大规模的题库（谢小庆，1998）。但毋庸讳言，题库建设是一项投资巨大，费时费力的工程，非少数人短时间可完成。从实用的角度考虑，华测可将题库建设列入长期规划而非短期计划。这绝非是说题库建设对于华测来说不重要，而是说不迫切。也就是说，华测在研发伊始就应该树立“题库意识”，有题库的构念和框架，在题目和技术等方面有意识地积累，一旦时机成熟，资金和人力得到保证，题库建设即可顺势而为。

（三）计算机适应性测试

适应性测试（Adaptive Test，CAT）是指在测试施测过程中根据考生特点调节试题数量和难度的测试，因其“量体裁衣”的特点而又被称为“裁缝测验”(Tailored Test)(谢小庆，1998)。适应性测试作为一种测验形式，与传统的纸笔化测试相比，具有省时、高效等诸多优越性（张青华等，2006）。借助计算机实现的适应性测试不仅可以使测试的次数成几何数地增加，成绩报告的时间也大为缩短，由考后两个月变为考后即时报告。更重要的意义在于：它可以使测试更具针对性，更加个性化，从而可以达到更高的信度；可以使测试的情境与现实生活更接近，从而达到更高的效度。作为21世纪新研发的标准化测试，华测理应把实现适应性作为自己的努力目标。由于适应性测试是以题库为基础的，因而实现计算机适应性考试（Computer-Adapted Test，CAT）目前只能作为华测的远期目标，比较现实的策略是纸笔化测试和计算机化测试双管齐下。

（四）认知诊断

随着教育的发展，一个单纯的测验分数已经不能满足实际教与学的需要，家长、学生及教师都希望测试能够提供具体的、个性化的诊断信息。考生掌握了哪些知识，哪方面的能力还需要加强，怎样加强，等等，这些有针对性的建议对教师的教和学生的学更具建设性。这实际谈论的就是心理与教育测量中的认知诊断。认知诊断测验可以对个体知识结构、加工技能或认知过程进行细致评估(Leighton and Gierl，2007)。认知诊断是认知心理学与现代测量学相结合的产物，现已成为心理和教育测量学研究的一个热点和趋势，具有较大的应用价值，一些大型考试的研究机构如美国的教育考试服务中心（Educational Testing Service，ETS）等都在进行应用研究。如前所述，认知诊断可以为教学提供更丰富的诊断信息，可以给教学活动提供更具针对性的建议，可以为教学评价工作提供更加科学、合理的信息依据，鉴于此，华测在研发伊始就应将认知诊断的理论引入测试，以使对海外华语教学的引导和促进更具实效。

第二节　考试作弊的现状分析与惩治作弊的困境和出路

如今，考试作为一种高效快捷的评价和选拔手段进入社会的各个领域，被各界广泛接受和采用，“凡选必测”“凡进必考”已成为社会共识。科技的发展，使考试的手段越来越现代化。与此同时，作弊也“与时俱进”，不仅保留了传统方法的精髓，而且花样也在不断地翻新，完全跨越了时间和空间的限制；在作弊手段和技术上更是不可同日而语，种类越来越多，手法越来越隐蔽，设备也越来越先进，呈现出高科技化、集团化、产业化的发展趋势，而且有蔓延的态势。无论是高考、研究生考试等教育考试，还是国家医师资格考试、司法考试、公务员录用考试等资格考试都难以幸免，纷纷被染指。

考试作弊看似是弄虚作假的小事，其危害却巨大，不仅破坏了考试的公信力，也破坏了社会秩序，破坏了社会的公平公正，必须高度重视和严肃惩治。对于考试作弊，不能仅仅停留在揭露和声讨上，需要拿出切实可行的应对措施。考试作弊历史悠久，成因复杂，涉及心理、利益、技术、管理等多个层面，而要有效打击和治理考试作弊，必须对考试作弊的现状进行分析，把握作弊发展的趋势和脉络，克服体制和观念上的束缚，突破困境，需找突破口，多管齐下，综合治理方能有效。

一、考试作弊的现状与趋势

（一）现状分析

作弊犹如毒瘤与考试相伴而生。在标准化考试日益普及的今天，考试作弊的新闻层出不穷，而且，考试的“含金量”越高，作弊现象越普遍，越多发。仅以

2014年为例，6月，央视报道了河南杞县等地高考替考事件，山东18名高考“枪手”被抓；9月，全国一级建造师考试，四川各考点抓住213名作弊者；10月，执业药师资格考试中，仅西安考区就有2440人作弊……有人形容作弊多得让人产生了审丑疲劳。考试作弊践踏了公平竞争的原则，违背了诚信做人的社会公德，破坏了安定和谐的社会环境，不仅有损考试的声誉，对社会、对国家的长远发展也产生了不可估量的危害。陶行知先生早在1913年就发表文章《为考试敬告全国学子》，指出“考试舞弊之五恶德：欺亲师、自欺、违校章、辱国体、害子孙”。

目前，考试作弊呈多发态势，虽然没有做确切的数据统计，仅是主流媒体和网站的报道，就足让我们对考试作弊行为发生频率之高、涉及范围之广、作弊手段之丰富有切身感受。《北京青年报》2013年6月30日的第九版，整版刊登了八条消息，其中三条与考试作弊有关，一则是“清华拒绝承认四川‘二级运动员’高考加分”，一则是“无锡‘公考’舞弊视频曝光”，另一则是“长春中考替考事件涉事校长被免职”。这三则消息分别涉及了人们广泛关注的高考、公务员考试和中考。我们随便在网络搜索引擎上输入“考试作弊”，就可以搜索到不计其数的相关报道。

当然，考试作弊也不是国内各考试的“专利”，国外考试作弊的现象也很普遍。用与作弊相关的关键词进行搜索，国外报纸和网站上关于考试作弊的报道也俯拾即是，美国、英国、韩国、日本、古巴等国的媒体上均有报道。

以上掀开的只是考试作弊问题的冰山一角，较于实际作弊情况可能只能算作“九牛一毛”，考试作弊问题的严重性远非新闻报道所能涵盖。综观当前国内外的考试作弊，我们不难发现：考试作弊涉及考试的各个环节，波及多个考试领域，作弊人群呈低龄化，个人作弊多发，集团化作弊凸显，作弊手段多样化，作弊工具高科技化。

（二）发展趋势

近年来，随着科学技术的飞速发展，一些新理念、新方法得以在考试中应用，使考试的手段和呈现方式越来越现代化、信息化。与此同时，作弊也“与时俱进”，在方法上不仅保留了传统方法的“精髓”，而且花样翻新，作弊工具越来越高科技化。由此带来的是效率的提高，作弊变得越来越容易，越来越隐蔽，并且打破了考场、地域的限制，出现了跨考场、跨区域的大规模集团化作弊。为获取更多的利润，在一些地区，考试作弊甚至形成了一条完整的产业链，“枪手”活跃，多人依附在产业链进行分工明确的商业化运营。考试作弊出现的新动向、新趋势可概括如下：

第一，作弊形式多样化，作弊工具高科技化。目前，考试作弊呈现多样化的发展态势，从考试过程来分，可分为考前作弊、考中作弊和考后作弊；从涉及的人员来分，可分单独作弊与联合作弊，联合作弊又可分为两两、小团伙和集团作弊；以考场来分，可分为同考场作弊和跨考场、跨区域作弊；从方法上分，可分为传统的作弊方式，如夹带、抄袭、交换试卷以及替考等，和借助高科技实施的作弊，如使用短信橡皮、手机、入耳式耳机等。

科技的飞速发展，带动了电子设备向“高、精、尖”的方向发展，越来越多的高科技被用到了作弊工具的发明和生产上。作弊设备的种类越来越多，越来越先进，越来越隐蔽，如作弊专用笔、作弊专用手表、短信橡皮、入耳式耳机、口腔骨传导耳机等，有些作弊器材的技术含量甚至可与专业的间谍设备比肩。

第二，作弊向团伙化、集团化、专业化发展。目前，从作弊的实施方式来看，同考场的“打小抄”、两人抄袭依然多发。由于作弊器材的广泛使用，很多考生选择了隐蔽性更强的团伙、集团式的作弊，原本的个体作弊扩展为动辄十多人甚至百余人的团伙行为；考试作弊突破了时空的限制，从简单的同考场座位临近抄袭发展成为跨考场、跨考区，甚至是跨地区的大规模集团作弊。作弊的专业化主要体现在三方面：一是作弊人员的专业化，二是作弊工具的专业化，三是考试组织形式的专业化。

第三，考试作弊逐渐形成“产业链”，向商业化的运作模式转变。随着近年来考试作弊“市场需求”的增加，“助考”“替考”“枪手”队伍迅速发展壮大，逐渐发展成为有组织、策划严密的专业作弊团伙，考试作弊逐渐形成了一条完整的产业链，从作弊器材生产、运输、销售到发布广告招揽“生意”，再到试卷答案获取、传输，形成了“一条龙”式服务。

二、惩治考试作弊的困境

客观地讲，为净化考试环境，维护社会公平，国内有关管理部门还是高度重视惩治考试作弊工作的。公安机关开展了集中打击惩治涉考违法犯罪的专项行动，教育部等有关部委也相继出台了一些规定和办法，采取了一些防范措施，惩治行动取得了明显的效果。但我们也应该清醒地看到，考试作弊的现状并没有得到根本性的扭转，重大的作弊事件依然频发，惩治工作走入频打频发的困境之中。这里既有惩治基础薄弱的因素，也有体制和观念上的束缚。而要根治考试作弊这种顽疾，首要的任务是厘清惩治工作面临的主要问题和困难有哪些。惩治考试作弊面临的困难很多，主要体现在以下三个方面：

（一）专门法缺位

近几年来，几乎每年都要发生重大考试舞弊事件。针对 2015 年全国硕士研究生考试武汉考区出现的作弊事件，《广州日报》发表评论：考试舞弊猖獗，《考试法》何时发威？

目前对于考试舞弊，主要是依据《中华人民共和国教育法》《高等教育自学考试条例》《普通高等学校招生暂行条例》《国家教育考试违规处理办法》《普通、成人高等学校本、专科招生全国统一考试工作规则》《公务员录用考试违纪违规行为处理办法（试行）》等法律法规来处理，对于一些重大的考试舞弊案件，还会依据《保守国家秘密法》和《刑法》的相关规定对违法者做出相应的惩处。

从以上列举的法律法规可以看出，其中大多属于部门规章和行政法规类文件，考试制度方面的立法近乎空白。这也使得有关考试纠纷事件的解决缺乏法律依据，行政干预手段力不从心，考生的合法权益得不到及时有效的司法维护。惩治考试作弊，凸显了现行法规的先天不足：其一，现行的法律法规并非专门立法机关制定，立法层次较低，法律位阶偏低。其二，有关考试方面的法规标准不够统一，立法主体、内容等方面相对混乱，对于考试作弊的评判宽严不一，处罚也没有统一尺度。其三，有关考试的法律法规对于作弊行为的处罚力度明显偏轻，与其作弊成功后可以获得的利益相比微不足道。

考试作弊践踏了公平竞争的原则，违背了诚信做人的社会公德，破坏了安定的社会环境。显然，在考试环境错综复杂、日趋严峻的今天，仅靠纪律约束、道德教化、行政处罚的手段不可能达到根治的目的。对于利用高科技手段进行的有组织地的网络化、专业化的集团作弊，必须依据法律的武器，猛药去疴，重典治乱。也就是说，在现代法治社会，考试既要强调纪律层面的规范，也要重视将其纳入立法的视野；既要有纪律、规章等的弹性约束，也需要法律这一正式制度的刚性制约。事实上，在我国的法律体系中，目前正缺少一部规范各类考试的基本法，亟须制定一部能够规范各类国家考试的《考试法》。

从现有的文献来看，有关《考试法》的立项研究从 2002 年就启动了，2005 年呼之欲出，成为两会的热点话题。《考试法》至今迟迟不露面，本身也说明了考试作弊涉及问题之复杂，立法并非易事。但现行的法律法规位阶低下，使惩治考试作弊缺少了最直接、最有力的武器，不能满足保障公民教育权和社会公平的需要，制定一部适用各类考试的《考试法》，依法治考，已经是众望所归。有关部门应加快立法的速度，使这部专门法能尽早问世。可以说，《考试法》的缺位是目前惩治作弊工作面临的最大困难。

（二）体制有局限

从体制上讲，国内目前没有建立统合各类考试的统一的国家级考试院，实行的是分类管理的模式，各类考试机构条块分割，归属不一，分属不同的部门和行业机构管理。教育类考试如高考、研究生考试等由教育部考试中心组织实施，公务员录用考试由国家公务员局管理，司法考试由司法部下属的事业单位组织管理，医学类考试更是由卫计委下属的两个不同的考试测评机构来实施。

这种体制上的先天局限直接造成了政出多门，各行其是。针对日趋严重的考试安全局势，一些考试的主管部门或实施机构也相继出台了一些规定和条例，采取了一些技防措施，甚至设立课题进行了专项研究，但这些举措所发挥的作用是局部的、有限的，超出了管辖范围就没有任何约束力。按照现行的体制，如一考生在高考或研究生考试中违纪作弊，丝毫不影响他参加公务员考试、司法考试。因而，即使有关考试机构对考试舞弊行为采取了严厉的惩罚措施，由于没有形成合力，往往是孤掌难鸣，难以形成高压。

（三）观念待改变

考试作弊复杂的成因要求惩治作弊的举措也应是多层次、多维的，不仅需要以法律为依托，在体制上有突破，在观念上也要有创新。近年来，为确保考试的公平、公正，有关部门和考试机构也采取了众多有力措施。但从实施的效果来看，这些举措重防轻甄，重技术轻理论，具体来讲，就是重视考前和考中的防范，轻视考后的雷同答卷甄别；重视利用高科技的技术，如监控、屏蔽手段，轻视与反作弊有关的理论研究，因而，惩治的力度明显不足。

由于专门法缺位，现行的法规条例有局限，处理考试违纪舞弊的成本往往比较高。一是现行的有关法规条例对作弊行为的认定不够清晰明确，很多作弊行为又很隐蔽，缺乏直接证据，在具体的执行中争议颇多。二是一些考生钻法律或规章的空子，一旦被处理，往往会提出质疑，自己或动员家长上访，取闹，如是团伙作弊甚至会形成群体性事件。由此，为息事宁人，不少考试机构采取了多一事不如少一事，大事化小，小事化了的策略。这一方面反映出一些考试机构的担当意识不够，另一方面也在一定程度上助长了违纪舞弊考生的气焰。

三、惩治考试作弊的出路

从以上的分析可以看出，对于目前严峻的考试安全局势，有关部门或考试机构虽然采取了许多措施，但从惩治的效果来看并不理想。而要改变目前的被动局面，必须主动出击，摒弃观望、等待的观念，以雷同卷甄别为突破口，引导第三方机构参与甄别，多管齐下，综合治理方能取得突破和实效。

（一）摒弃观望等待的观念

《考试法》的起草已过去了十多年，何时颁布还不明确。而且,《考试法》的适用范围是仅限教育类考试还是对各类考试均适用也不得而知。因此，期待《考试法》出台，立解缺乏依据之忧尚不现实。此外，体制的改革也会举步维艰，长期以来形成的条块分割的格局短时间也不会有突破性进展，这种各考试机构独立运行的局面还会长期存在，他们之间真正形成合力也不是一蹴而就的。而考试安全日益严峻的形势是现实的考验，这要求各考试机构摒弃观望等待的观念，积极行动起来，主动出击，以实际行动力促《考试法》尽早出台，并使各自的惩治措施相互呼应，形成行业的统一标准。只有这样，考试公平公正的愿望才能得到保障。

（二）积极寻找突破口

高科技的应用使作弊更加隐蔽，加上一些考场监考的松懈、渎职，从目前掌握的情况来看，实际作弊的考生要远远大于作弊被发现的考生，这也是作弊屡禁不止的一个重要原因。侥幸心理畸形地刺激着一些期望牟取不当利益的机构和个人一次次地冒险，成功的利润又在强化侥幸冒险的冲动，由此形成了不当利益的恶性循环。如果对这些“漏网之鱼”放任不管，不仅无法维护考试的公平公正，惩治考试作弊很大程度上就成了高举轻打、纸上谈兵。

利用高科技手段进行作弊的方法主要是作弊团伙或机构利用无线传输系统向考场内传递答案，考生接收并抄袭答案有一对多和多对多的不同表现形式。尽管利用高科技手段进行作弊有多种表现形式，归根结底，最后体现在卷面上就是考生作答的两两雷同。

对于答案雷同的判定，常用的方法是抄袭甄别。甄别主要是采用统计的方法在试后进行，基本上是通过作答数据的分析运算进行无直接证据的推测判断，或依据有限的线索进行分析判断。它强调的是，如果考生之间实际作答相同的概率小于由偶然因素造成的作答相同的概率，那他们之间就存在抄袭嫌疑。

Saupe（1960）把甄别考试作弊的统计方法又分为经验（empirical）方法和机遇 (chance) 方法。前者指的是把一对考生的实际反应模式同其他成对的独立作答的考生形成的分布相比较，后者指的是把一对考生的实际反应模式和一个已知的分布（如二项分布或者标准正态分布）相比较。

早期的一些方法（Bird，1927，1929；Crawford，1930；Angoff，1974 等）都属于经验方法，这些方法国外已不再大规模使用，国内的错同率方法（张颖、赵世明等，2002；赵世明，2003）也属于经验方法。目前国外研究的重点是机遇方法，比如 g1 和 g2（Frary，1977）、ESA（Cody，1985；Bellezza，1989）、ω（Wollack，1996，1997）等。国外的各大考试机构也在陆续提出一些方法来甄别答案抄袭，如美国教育考试服务中心的 K 指数。机遇方法把统计量同已知的分布相比较，从概率上来推断考生抄袭答案的可能性有多大。这种方法尽可能多地利用了考生的信息，如选同、错同、对同以及考生的分数、能力等，因此计算更为精确，且估计更为可靠，在很好地控制了 I 型错误率的同时又提高了统计功效。

随着测验理论及心理学等学科的进一步发展，人们对甄别考试抄袭的方法有了进一步的认识，许多统计学家对先前的统计量进行了修正，或提出了新的统计方法，或改造了已有的用于其他测量领域的统计量，或利用其他学科的研究成果，如 Sotaridona（2003）的神经网络技术等。从发表的研究报告来看，这些改进后的方法甄别率都很高，是非常有潜力的统计量。

利用统计方法进行作弊的判定和甄别研究，除上述国外的相关研究外，国内的医学考试中心、司法部考试中心、国家公务员局等机构也做过专门的研究，并将研究的成果应用在实测之中，取得了明显的成效。

遗憾的是，上述的积极尝试在国内考试界并没有起到良好的示范作用，国家公务员局等机构实际上是孤军突进，应者甚少，多数的考试机构还在观望、等待。从公务员录用考试雷同甄别的实际应用的效果来看，多种方法的综合运用是惩治考试作弊的有效手段，利用高科技手段的集团作弊现象明显减少是对其可靠性和功效的有力佐证。如各考试机构能积极行动，雷同甄别完全可以成为惩治考试作弊有效的突破口。

（三）引导和支持第三方专业机构参与甄别

李克强总理 2014 年 8 月在听取第三方评估机构的汇报后指出，要用第三方评估促进政府管理方式的改革创新。他建议，今后第三方评估要吸纳更加广泛的社会力量积极参与，使问题论证更加客观、科学、实事求是。同时，评估也要进一步扩大范围，对各项重点工作，不管是事前决策、事中执行还是事后评价，都可以引入第三方评估，使各项工作真正形成合力。

李克强总理的建议为惩治考试作弊拓宽了思路，指明了方向。一些考试机构之所以对雷同甄别持观望等待的态度，一个重要的原因在于身份的尴尬，如自己亲自做，难免有“既做教练员又做裁判员”之不便，甄别结果可能会受到考生的质疑。如委托第三方专业机构来做，考试机构仅承担管理的责任，扮演监督的角色，那么考试机构的困惑不仅可以得到解决，甄别的可靠性和效率也会大大提升。国家公务员局近些年就是这样做的，效果也非常明显，希望能有更多的考试机构积极行动，加入到这个行列中来。

（四）多管齐下，综合治理

回顾考试的发展史，作弊与反作弊的博弈始终贯穿其中。“一部科举史，在一定意义上可以说就是一部作弊与反作弊的历史，就是少数人挖空心思实施作弊与制度设计者绞尽脑汁防止作弊互相较量的历史”。（刘海峰，2002）作弊之所以成为顽疾在于它的成因复杂，涉及心理、利益、技术、管理等多个层面。因此，反作弊就不能靠单一手段，而是要“打组合拳”，需要防范、屏蔽、核查、甄别等多种措施、多种手段的共同作用。以常见的同考场“打小抄”为例，防范手段再严，屏蔽技术再先进，如果监考不按规章办事，巡视流于形式，同考场答卷雷同的现象就不可能得到有效遏制。

为应对考试中不断升级的高科技作弊趋势，目前的反作弊的技术和手段也在不断升级，虹膜识别、指纹验证、电子眼、手机屏蔽器等高科技手段纷纷登台亮相。考前，进行专业“反作弊”培训，让考生签署“诚信考试承诺书”，利用网警监控，打击贩卖作弊器材的不法利益集团；考中，多部门联合行动，进行无线电屏蔽；考后，采用雷同答卷甄别技术，让“漏网之鱼”显影露馅儿。这些有力举措如能综合使用，形成一种多管齐下的高压态势，惩治的效果一定倍增。

惩治考试实质上是维护社会的公平公正，而社会公平公正的实现是一个持续努力、永无止境的过程。同样，反作弊也将是一项长期性的工作，作弊今天存在，今后也无法彻底根除，作弊与反作弊之间的博弈将会成为考试界的一个永恒的话题。我们所能做的就是尽力控制，使其危害降到最低程度。展望考试的未来发展，可以预想的是，信息技术将会得到更为广泛的应用，计算机化的考试将取代纸笔考试成为考试的主流。毋庸讳言的是，考试作弊的技术也会“与时俱进”，这就要求我们未雨绸缪，做出科学的预判来。客观地讲，现有的各种作弊甄别技术基本上囿于作弊本身，属于“就事论事”的分析，缺乏前瞻性和预判性。在大数据时代，很多工作的思路和方法将发生革命性的变革，如果还把作弊甄别工作的重心放在屏蔽和甄别上，显然是跟不上时代的要求了。应用当今信息技术的先进理念，引入大数据和云平台的思路，将惩治作弊工作与整个社会的个人信用体系有序链接，将是作弊甄别的未来发展方向。

参考文献

[1] 曹贤文．“继承语”理论视角下的海外华文教学再考察 [J]．华文教学与研究，2014（4）：48-56．

[2] 陈小雁．考试舞弊猖獗，《考试法》何时发威 [N]．广州日报，2014-12-30（2）．

[3] 郭熙．论海外华文教学的性质和地位 [A]．华语研究录 [C]．北京：商务印书

馆，2002：233-248.

[4] 韩丹，郭庆科，王昭等．考试抄袭识别的心理测量学研究回顾 [J]．心理科学进展，2008（1）：175-183.

[5] 黄春霞，李桂梅．中国汉语水平考试对汉语作为第二语言教学的反拨效应 [J]．中国考试，2010（2）：26-32.

[6] 黄光扬．教育测量与评价 [M]．上海：华东师范大学出版社，2002.

[7] 李清华，孔文．基于计算机的语言测试及其效度验证 [J]．外语界,2009（3）：66-72.

[8] 刘海峰，田建荣，张亚群等．中国考试发展史 [M]．华中师范大学出版社，2002.

[9] 刘景玉，肖立宏．甄别多项选择题考试中答案抄袭的不同方法的比较 [J]．考试研究，2008（3）：90-100.

[10] 彭恒利．惩治考试作弊的困境与出路之我见 [J]．中国考试，2015（2）：13-19.

[11] 彭恒利．华文水平测试研发的路线图及相关问题探讨 [J]．华文教学与研究，2015（1）：41-46.

[12] 任胜利，赵婀娜．河南高考替考查实 127 人 [N]．人民日报，2014-06-18（9）.

[13] 王汉卫．论“华语测试”的三个基石 [J]．暨南大学华文学院学报,2009(1)：83-88.

[14] 王汉卫，凡细珍，邵明明等．华文水平测试总体设计再认识——基于印尼、菲律宾、新加坡的调查分析 [J]．华文教学与研究，2014（3）：45-52.

[15] 王汉卫，黄海峰，杨万兵．华文水平测试的总体设计 [J]．华文教学与研究，2013（4）：84-89.

[16] 王辉耀．中国海外国际移民新特点与大趋势 [A]．中国国际移民报告 [C]．北京：社会科学文献出版社，2014：1-48.

[17] 谢文新．大学生考试作弊的特点、心理起因与防治 [J]．广东广播电视大学学报，2003（3）：77-80.

[18] 谢小庆．考试发展的新方向——计算机化自适应性考试 [J]．百科知识，1998（5）：28-30.

[19] 谢小庆．谈语言能力测验开发的路线图 [J]．考试研究，2010（1）：66-72.

[20] 邢磊. 作弊与反作弊一对“李兄弟”[N]. 广州日报，2014-6-9（8）.
[21] 杨惠中. 语言测试与语言教学 [J]. 外语界，1999（1）：16-26.
[22] 杨洁. 高科技作弊器材制售团伙“瞄上”国考，成员在上海等多地落网［EB/OL］. [2014-11-28] http://www.thepaper.cn/newsDetail_forward_1281627
[23] 张宝钧. 简论计算机自适应语言测试的工作机制 [J]. 语言教学与研究，2003（3）：18-24.
[24] 张青华，袁一萍，张厚粲. 适应性测验的发展：历史与现状 [J]. 心理学探新，2006（2）：84-87.
[25] 张颖，赵世明，于惊涛. 多选题雷同的判定标准研究 [J]. 中国考试，2002（9）：15-16.
[26] 曾用强. 对计算机化考试的几点思考 [J]. 外语电化教学，2010（1）：52-55.
[27] LeightonJ P，GierlM. Verbal Reports as Data for Cognitive Diagnostic Assessment[A]. *Cognitive Diagnostic Assessment for Education：Theory and Applications*[C]. Cambridge，UK：Cambridge University Press，2007：146-172.

第四章　基础教育评价研究

改革开放以来，我国的基础教育虽然取得了辉煌成就，但总体水平不高，“应试教育”的痕迹依然明显，原有的基础教育课程已不能完全适应时代发展的需要。为迎接知识经济时代的到来，应对日益激烈的国际竞争，全面提高国民素质，提升国家的综合国力，2001 年，随着《基础教育课程改革纲要（试行）》等一系列政策文件的颁布，新一轮基础教育课程改革正式启动。

今天，基础教育新课程改革已步入了第二个十年，作为课程改革重要组成部分的“课程评价改革”，在评价理念、评价体系、评价主体、评价方式等方面均取得了显著的成效。但是，也应清醒地看到，当前的基础教育评价体系仍存在一些不足：如分数和升学率依然是评价教师和学校的主要依据，评价内容仍然偏重书本知识而缺乏对综合素质的考查，甄别与选拔仍是评价的主要目的而未能实现“以促进学生的全面发展”为核心，注重评价结果，忽视对过程的评价，缺乏实用、系统的评价技术和专业化的评价团队等。

在此背景下，《国家中长期教育改革和发展规划纲要（2010—2020 年）》（以下简称《纲要》）第十一章明确提出，要“建立国家义务教育质量基本标准和监督制度”，完善“推进素质教育实施和创新人才培养”的考试招生制度。以此为蓝图，《教育部 2012 年工作要点》第四点明确提出了“全面提高教育质量，着力提升人才培养水平，构建国家基础教育质量监测评价体系，对基础教育质量进行全面监测和科学评价”的具体要求。

与国外重视学业成就概念、将教育测量领域的先进技术广泛应用于学业质量评价中的做法相比，以往国内的学业评价制度仍强调“甄别与选拔”的功能，忽视了学业质量评价在促进学生全面发展、提高教师教学水平及改进教学实践等方面的作用，以考试成绩代表学业成就的“一考定终身”的状况并未得到根本性扭转，这显然不符合《纲要》的精神。

为贯彻《纲要》的要求，近年来，国内各地相继开展了形式多样的学业评价研究。在此背景下，新疆在双语教育体系初步建成的基础上，决定在全区进行旨在检验双语教育质量的学业水平质量监测工作。希望采用科学、有效的监测手段，了解和掌握全疆双语教学质量的现状和发展水平，研究提高双语教学质量的途径和方法，探索双语教学质量监测的有效手段和方式，为在全区逐步建立中小学双语教学质量保障体系，最终形成县（市）、地州、自治区三级联动的监测模式和工作机制奠定基础。

与此同时，处于新一轮基础教育改革阶段的美国，将高质量评价工具的研发作为了其基础教育改革的一项重要目标，目的是避免应试教育的窠臼，真正帮助学生获取知识竞争时代所必需的核心知识和技能，这无疑对我国基础教育的改革具有启发意义。本章所要介绍的基础教育评价系统 PARCC（the Partnership for Assessment of Readiness for College and Careers）是美国新一轮基础教育改革的产物，在评价理念、系统构建、评价技术方面将对我国基础教育质量评价体系的改进起到一定的借鉴作用。

第一节　教育测量技术在新疆学业水平质量监测中的应用

新疆的双语教学质量监测工作始于 2011 年，采用考试结合问卷调查的方式进行。监测工作首先从汉语学科入手，采用等比例抽样的方式，选取了七个地州的50个县（市）双语实验班的四年级和六年级学生进行样本采集。随后两年，采用同样的方法，完成了四年级学生升入五年级和六年级的样本采集工作。监测工作委托专业测试机构命制了四至六年级的学业水平质量监测汉语试卷，并设计了面向校长、教师、学生的调查问卷。汉语试卷遵循与中国少数民族汉语水平等级考试（MHK）相同的构念命制而成。下面简要介绍在新疆学业水平质量监测中采用的两项测量技术。

一、汉语试卷的纵向量表化

（一）纵向量表化

从监测目的来看，新疆进行学业水平监测不仅关注所测年级的学习状况，更关注其发展趋势和增长状况，这就是说，监测不只是静态的监测，而是动态的监测。由此，一个现实的问题摆在面前，即如何描述学生的学业发展，实现跨年级的分数连接？就跨年级的学业水平测验而言，各个水平测验所涉及的知识内容、测试难度和参加测验学生的能力分布等均存在差异，而且每一个年级的教学目标也不一致，通过同一个测试工具（比如编制一份包含所有测试年级学习内容的试题）施测来评估其发展水平，测得的结果既不好解释，也不可靠，更无法满足水平等值的条件。另一种方法是根据不同年级学生的实际情况，编制特定的测试工具（试卷）来施测。虽然这些不同的测试工具在构念上相同，但在难度和测验内容上均不一致，加之被试的水平也存在差异，其结果也无法直接进行比较。

由此可见，学业水平测试显然不同于一般的成绩测验和水平测验，其特殊性加大了对学业发展进行量化的难度。为解决这一难题，研究者提出了许多新的方法，以此实现跨年级的分数连接，描述学生的学业水平发展情况。这些方法主要包括两类模型：增值模型和增长模型（Briggs & Weeks, 2009）。作为一种典型的增长模型，纵向量表化（Vertical Scaling）是指在测验的构念相同、信度相似，但考试难度和被试总体不同的情况下，将被试在符合上述条件的不同测验中的分数转换到同一个分数尺度上进行比较的过程，这一分数尺度通常被称为纵向量表或发展性分数量表（Developmental Scale）。在实现原始分转换到量表分的同时，研究者可以基于自身理论假设为这一量表分数赋予各种意义，通过发展性量表来获得学生在特定知识领域中的发展信息，并据此评估被试的学业水平或能力的发展情况。

据上，新疆学业水平监测要实现其监测目的，就要进行系统设计，不仅要遵照与 MHK 相同的构念，并根据所测年级的实际情况编制针对不同水平学生的试卷，也要采用纵向量表化的方法实现跨年级试卷间的分数连接。

（二）实证研究

纵向量表化是“一个受多种因素影响的复杂过程”（Kolen and Brennan, 2004），包括数据收集设计、测验内容覆盖范围、测验结构、量表分转化方法甚至研究所使用的程序等环节在内，任何一者发生变化都可能影响到最终的结果。因此，数据的收集设计、量表分的构建均需结合研究样本的实际情况预先进行精心设计。就本研究而言，具体包括数据收集设计、原始分数计算、量表分数转换以及对发展性分数量表进行初步解释等过程。

1. 研究样本

本研究所采用的样本为新疆双语实验班四至六年级学生 2011—2013 年度在新疆学业水平监测汉语试卷上的答题数据。由于研究数据的选取对纵向量表化的研究结果存在一定程度的影响，为了使计算结果更有说服力，最大程度减少重复测验导致的误差因素，同时结合客观情况，本研究将相邻年级样本分为“交集”和“总体”两个研究组。其中，交集指参加过低年级学业水平监测考试并升入高年级的学生，总体是指该年级包含“交集”部分考生在内的全体考生。测验题目的命制兼顾了学业水平质量监测评价体系的完整性和延续性，以 MHK 考查“汉语实际运用能力”的理念为命题依据。对四、五年级学生，使用根据 MHK 理念研发的新试卷；对六年级学生，虽然使用的是 MHK 一级试卷，但通过共同题使五年级和六年级试卷间建立了联系。监测试卷是以《全日制民族中小学义务教育阶段双语教育汉语课程标准》为参考标准的标准参照式测验，测量的结构、覆盖范围、考查的能力以及题目的格式等都有严格的规定，题目在命制过程中均经过了专家组的审阅和试做。

在构建发展性量表，或者进行其他任何有关学业水平的测量时，检测不同等级的试卷是否都在测量同一构念，即测验是否满足单维性假设，是保证测验分数得到有效处理的重要前提条件。本研究以三个年级听力、阅读、书写及作文四个分测验的原始分数为对象，通过 SPSS 软件（16.0）的主成分分析法进行了因子分析。结果表明，测验呈现明显的单维性特质，最终确定提取出一个具有高度解释性的“因子”，将其定义为“综合汉语交际能力”。这说明测验考查学生实际汉语运用能力的预期构念得到了较好地满足。

本研究的全部原始数据都经过了专业的“雷同答卷判定程序”的处理，均为剔除了作弊嫌疑的“干净”数据。具体信息如表 1 所示：

表 1　原始数据信息

研究样本	平均分（标准差）	样本数量（人）
G4 — G5（交集）	3.50（2.58）～ 4.05（2.63）	6889 ～ 6889
G4 — G5（总体）	3.53（2.60）～ 3.77（2.55）	19350 ～ 9624
G5 — G6（交集）	3.74（2.54）～ 4.49（2.52）	9080 ～ 9080
G5 — G6（总体）	3.77（2.55）～ 4.64（2.64）	9624 ～ 19552

注：G4、G5、G6 分别代表四年级、五年级和六年级。此次研究中所有结果均保留两位小数（后同）。

2. 纵向量表化方法的具体决策

数据收集设计及量表分数的构建，是纵向量表化方法的研究过程中最重要的两部分内容。数据收集设计主要包括共同题设计（Common-item Design，CI design；Kolen and Brennan，2004）、共同组设计（Common-group Design，CG design）及量表测验设计（Scaling-test Design，SC design）三种传统数据收集方法。量表分数的构建分为计算测验分数的原始分及进行分数转换两个步骤，最终目的是将各年级测验原始分转换到具有同一尺度的量表中使其相互可比，并向测验的使用者及相关教育机构报告纵向量表化的研究结果。量表分数的构建方式主要包括 Hieronymus 方法、Thurstone 方法及 IRT 方法。目前，对量表分数的评价标准集中于三个方面：年级间的学业发展幅度的增减；年级间发展差异性的增减以及年级分布间隔的大小。

在纵向量表化的实证研究过程中，研究者需要做出很多决策，而不同的决策通常会得出不同的发展性分数量表，进而产生不同的报告分数，使相关教育者做出不同的决策。根据国外相关实证研究，结合现实因素的考量，本研究选取了 Thurstone（1925）、Thurstone（1938）方法和 IRT 同时标定方法（3PLM 模型，使用 BilogVer 3.09 和 ParscaleVer.4.1）进行量表分数的转化，以从理论角度比较不同量表转化方法以及不同软件对研究结果的影响。最后，将通过量表分数转化计算出的平均值、标准差和在此基础上计算得出的效应值（Effect Size）作为学业增长情况的参照指标。

3．数据收集设计

参加监测的学生由当地教育部门抽样选取，来自全疆的多个地区。在这一背景下，共同题设计显然是最实际可行且最可靠的数据收集方法。四至六年级的监测试卷均包括听力、阅读和书面表达三部分。由于三个年级书面表达的题型不同，且均包括主观性试题，因此，共同题只在听力和阅读两个分测验中设置，所有题目均为 0、1 记分的多项选择题。共同题设计方案如图 1 所示：

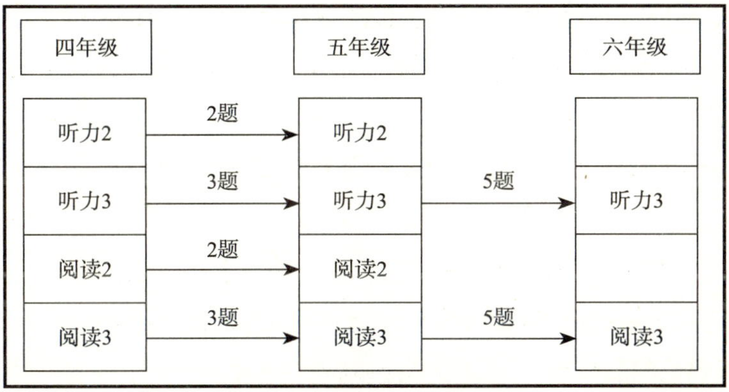

图 1　共同题设计示意图

共同题选取的原则是选择难度大且区分度高的题目。难度、区分度主要依据 MCAT 软件计算出的题目通过率及点双列相关这两项指标。根据以往等值研究的经验，确定共同题的选取标准是通过率低于 0.5，点双列相关大于 0.3。

4. 量表分数转化

本研究所采用的量表分数转换方法包括 Thurstone 方法及 IRT 方法两种。

Thurstone 方法方面，包括 Thurstone（1925）、Thurstone（1938）两个版本。Thurstone 方法的计算公式如式（1）、式（2）所示：

$\mu U = \sigma_L[\bar{X}_L - (S_L/S_U)\bar{X}_U] + \mu_L$ 式（1）

及

$\sigma_U = (S_L/S_U)\ \sigma_L$ 式（2）

其中 $\mu_L = 0$ 且 $\sigma_L = 1$

Thurstone 方法在计算前需要进行原始分数转换。原始分数转换是该方法两个版本的不同点所在：在（1925）版本中，对两个相邻年级而言，通过被试的作答反应计算每题的通过率（P 值），然后通过反向累积正态函数（Inverse Cumulative Normal，也称 Logit-transform，即 Logit 转换）将每道题目的 P 值进行正态化处理，转换为 Z 分数；在（1938）版本中，通过两个相邻年级的原始分频次分布（Raw Score Frequency Distribution）获得同一年级内每个被试原始分数所对应的百分等级，然后对每个百分等级的值通过 Logit 转换进行正态化处理，使用经正态转换后的百分等级分数取代正态转换的 P 值。

其次，需对数据进行效度检验，检测数据是否满足 Thurstone 方法的两个假设：假定年级内考生的分数呈正态分布；假定年级间考生的分数呈线性相关。前者需要生成数据的双变量散点图（Bivariate Plot），后者需要计算两者的皮尔逊相关系数（Pearson Correlation）。效度检验的目的是测试 Thurstone 方法是否得到了有效的使用。

IRT 方法方面，本研究选取在满足单维性假设条件下更为便捷、稳定的同时标定方法，即对所有水平测验上的所有反应项目同时进行参数估计。在 IRT 模型上选取对客观性测验的计算结果更为精确的三参数模型（3PLM），如式（3）所示。同时，分别通过 Parscale（4.1 版本）和 Bilog（3.09 版本）软件进行计算。

$$P_{ij} = P_i(\theta_i) = P_i(\theta_i|a_j, b_j, c_j) = c_j + (1-c_j)\ \frac{\exp[\mathrm{Da}\ (\theta_i - b_j)]}{1+\exp[\mathrm{Da}\ (\theta_i - b_j)]}$$ 式（3）

效应值（Effect Size）方法将相邻年级之间的分数差异进行了标准化处理，需要使用到量表分数转化方法计算出的平均值及标准差。效应值与学生的学业水平发展程度呈正相关：其值越高，表明学生学业水平的发展程度越高；反之亦然。

（三）结果分析

1. 研究结果

表 2 对不同纵向量表化方法的计算结果进行了对比。表中的数值即为三个年级原始成绩通过两种分数转化方法所得到的发展性分数量表，包括平均值、标准差以及效应值三项指标。

表 2　发展性分数量表

统计指标	分类	年级	Thurstone_1925	Thurstone_1938	Bilog_Con	Parscale_Con
Mean（平均值）	交集	G4—G5	0.29	0.21	0.01	0.03
		G5—G6	0.07	0.29	0.14	0.29
	总体	G4—G5	0.12	0.11	0.01	0.04
		G5—G6	0.47	0.38	0.19	0.41
S.D.（标准差）	交集	G4—G5	0.55	0.97	0.94	0.98
		G5—G6	0.90	0.95	1.09	1.07
	总体	G4—G5	0.80	0.96	0.93	0.98
		G5—G6	1.15	0.99	1.12	1.36
Effect Size（效应值）	交集	G4—G5	1.08	0.18	0.95	0.65
		G5—G6	0.78	0.25	0.39	0.19
	总体	G4—G5	0.42	0.07	0.14	0.25
		G5—G6	1.06	0.34	0.56	1.52

2. 结果分析

在所有的方法中，低年级的平均值都被设定为 0，标准差被设定为 1。其中，平均值指标的正负，反映的是学生汉语学业水平的增长或降低；标准差指标跟 1 的大小关系，反映的是年级间汉语学业水平增长差异性的扩大或缩小；效应值的大小反映的是学生汉语学业水平的增幅大小。根据表 2，本研究的具体结论包括下述三个方面：

（1）通过四种方式计算出的平均值和效应值两项指标显示，所有研究组学生的学业水平都实现了不同幅度的增长。其中，五年级到六年级（总体）学生的汉语学业水平增幅最大（平均值指标均值为 0.36，效应值指标均值为 0.87），四年级到五年级（总体）学生的学业水平增幅最小（平均值指标均值为 0.07，效应值指标均值为 0.22）。

这表明多次参加学业水平汉语测验的学生并没有体现出更高幅度的学业水平增长，这意味着学生整体实际汉语水平的高低对于学业水平发展幅度的影响更为显著。

（2）通过四种方式计算出的标准差指标显示，多数研究组学生的汉语学业水平增长差异呈现了并不一致的发展趋势。其中，4 个研究组的标准差均值依次为 0.86、1.00、0.92 及 1.16。

这表明两个相邻年级间学生的汉语学业水平增长幅度与其学业水平增长变异性发展并不呈线性相关，即某一年级学生汉语学业水平幅度较大，并不意味着其中学业水平增幅低的学生与学业水平增幅高的学生之间的差距也变得更大，反之亦然。

（3）通过不同量表分数转化方法得到的结果显示，各研究组学生的学业水平增幅或发展变异的程度并不一致：平均值指标方面，Thurstone（1938）＞ Thurstone（1925）＞ IRT-Con（Parscale）＞ IRT-Con（Bilog），其均值依次为 0.25、0.24、0.19 及 0.09，Thurstone 方法的计算结果显示了更为显著的学业水平增长；标准差指标方面，IRT-Con（Parscale）＞ IRT-Con（Bilog）＞ Thurstone（1938）＞ Thurstone（1925），四种方式计算出的均值依次为 1.10、1.02、0.97、0.85，IRT 同时标定方法的计算结果显示了更为显著的学业增长变异；效应值指标方面，Thurstone（1925）＞ IRT-Con（Parscale）＞ IRT-Con（Bilog）＞ Thurstone（1938）四种方式计算出的均值依次为 0.84、0.65、0.51 及 0.21。

两类方法内部，除了效应值指标，Thurstone 两种方法及 IRT 同时标定方法使用两种软件计算出的结果，均无显著差异，结果较为接近。这一结论从实证角度再次证明了纵向量表化研究过程中，在研究样本、数据收集方式等基本决策相同的情况下，不同量表分数转化方法计算出的结果存在差异。

（四）结论

本研究基于标准化的学业水平测验，并进行了单维性假设检验及效度检验，其结果具有较强可靠性。研究结果证明纵向量表化方法适用于学业水平质量监测工作，同时从实证角度证明了新疆少数民族学生的汉语学业水平呈现出发展上升的趋势，为新疆的汉语教学工作提供了可参考的量化指标。研究结论如下：

（1）各年级之间的“交集”研究组是参加多次学业水平汉语测试的学生，但其结果显示，他们并没有体现出更高幅度的学业水平增长，这意味着学生整体水平的高低对于学业水平发展的影响更为显著，说明“为了考试而考试”的应试教育方式并不会带来更好的成绩。学校应致力于提升实际教学水平，学生应通过更为有效的学习和应用，才能切实提升汉语水平与汉语考试成绩。

（2）两个相邻年级间学生的汉语学业水平增长幅度与其学业水平增长差异性并不呈线性相关，即学业水平增长幅度大，并不意味着增幅低的学生与增幅高的学生之间的差距也变得更大。但标准差指标中大部分研究组的结果都小于1，说明低水平学生的汉语学业水平发展幅度大于高水平学生的汉语学业水平发展幅度，即两者的差距在缩小。意味着学生的整体基础方面，有了较为明显的提高。

从本研究可以看出，纵向量表化主要以某一特定范围的学生总体为研究对象，而增值性评价主要针对每个学生、教师及每所学校进行个体评价研究。两种研究的结果相结合，可以为考生、学校、教育主管机构等相关方面提供更具有参考性、更为科学的量化评价指标及更为全面的反馈信息，有利于教育行政部门今后开展更加科学、公正、积极、健康的教育评价工作，实施更具针对性的教学指导与规划。

二、增值性评价

随着教育评价理论与实践的不断发展，传统的基于平均分、升学率等结果的“终结性评价”显然已经不能适应时代发展的需求。竞争的日趋激烈，要求人们不仅要关注评价的结果，更要关注评价的过程。如何在不同起点、不同条件下构建一个公平、公正的评价体系？这已成为当代教育工作者关注的焦点。在此背景下，增值性评价（Value-added Assessment）应运而生。增值性评价是国际上目前最为前沿的教育评价方式，它不以学生的考试成绩作为评价教师和学校的唯一标准，引导学生多元发展。所谓“增值”就是在一段时间内，学业成绩在原有基础上的“增进”程度。增值评价一般采用回归分析法，通过运用回归方程等统计分析技术，同时考虑学生起点水平、学习者背景、学校特征等因素，计算学生实际成绩与预期成绩间的差异，即增值量，超出预期越多则增值越大。采用增值评价能促进教育公平，促进学校的均衡发展，它能使不同起点的学校和学生具有可比性，为学校客观公正地评价教师的教学效能提供了客观科学的依据，有助于学校的自我评价、自我完善。同时，它关注每一个学生，面向全体学生，将学生进步和变化作为评价的核心，发现每一个学生的进步程度，促进学生的个性化发展，以每个学生的增值情况累计为学校的增值结果。这样，不仅能为学校提供自我评价、自我完善的客观依据，还能帮助教育行政部门和学校建立公平有效的质量监控机制。

以往少数民族地区汉语教学效果的评价主要是基于计算一次考试的平均成绩的终结性评价，没有充分考虑学生学业成绩的进步情况，也没有系统分析影响学生学业成绩的各种因素。

凡细珍（2013）以新疆学业水平监测的实测数据为基础，撰写了以《增值理念下的新疆双语教学质量评价——以小学五年级汉语学科教学质量评价为例》为题的硕士论文。该文系统地介绍了增值性评价的有关概念和应用原则，并以新疆学业水平监测四年级与五年级的汉语学科教学质量评价为例，采用两个年级的测验分数进行了增值性评价的实证研究。研究采用了新疆学业水平监测汉语学科监测四年级考生在 2011 年的汉语成绩数据和五年级考生在 2012 年的汉语成绩数据，以四年级为评价的起始阶段，学生四年级的汉语考试结果为前测成绩；五年级为评价的终结阶段，学生五年级的考试结果为后测成绩。利用阶层线性模型构建教师 – 学生、学校 – 学生二层增值模型计算，得出了学生、教师、学校的不同增值情况，对影响学生学业成绩的不同层次因素进行了诊断性分析与讨论。研究结果显示，学生自身的学习兴趣、学习策略、学习认同感对学生的汉语学习有着正向的促进作用，教师的自我效能、教龄、职称等后天经验性因素对学生的汉语学习起着较为明显的促进作用，学校所在地区、所属类型、教学模式和教学管理对学生的汉语学习有着显著的影响。在此基础上，该文提出了相应的教学改进建议，并从实践的角度提出了构建科学合理的增值性评价模式的有关建议。

凡细珍（2013）的研究结果和提出的具体建议如下：

1. 学生的基础成绩是影响后续成绩增长的最关键因素，因此，在汉语学科的教学中，要注意起始阶段的教学，打好基础，为学生日后的汉语学习做好铺垫。

2. 学习兴趣、学习认同等学习的主观能动性是影响学生汉语学习的重要内在要素，教师在实际的教学中要注意传授学生有关汉语学习的策略，同时更要注意调动他们学习的积极性，使他们建立对汉语学习的认同感和自豪感，不应只关注语言知识与技能的传授。

3. 不同的双语教学模式，其学生能力增长的情况不同。采用模式二和模式三（所有科目使用汉语授课）进行汉语教学的学校，其学生的能力增长优于模式一（只有汉语文课与数学课以及科学课使用汉语授课），而模式一要优于所有科目使用民族语言授课的模式。因此，要使汉语教学取得良好效果，必须将学与用结合起来，而在学校的授课中使用汉语是最有效的促使学生理解、使用汉语的途径。所有科目使用汉语授课的教学模式应大力推广。

4. 汉语学校和汉民合校、民族学校之间的汉语教学效果也有不同，汉语学校的教学效果要优于汉民合校，而汉民合校又要优于民族学校。语言的学习必须要有具体的情境，汉语学校或汉民合校给学生日常接触和使用汉语提供了一个自然的母语语境，将更有利于学生汉语的习得与掌握。

5. 学校的汉语教学与组织也是影响学生学业成绩的一个重要因素，那些经常组织教师培训、教学研讨和学生兴趣小组活动的学校，教学效果要优于那些不组织或很少组织这些活动的学校。

6. 从影响学生学业成绩的教师因素来看，职称与教龄是两个影响较大的因素，这说明教学经验的积累对于实际的汉语教学是非常重要的。学校应以老带新，借助老教师的教学经验带动新教师的成长，从而提升整个学校的教学水平。

第二节 美国基础教育评价系统——PARCC

一、美国基础教育评价系统PARCC产生的背景

PARCC 全称为“入学入职适宜程度评价合作组织”（the Partnership for Assessment of Readiness for College and Careers），由美国 22 个州及美属维京群岛组成，旨在建立一套 K-12 测试来对基础教育阶段的学生进行持续性评估，最终在毕业时判断其是否具有接受高等教育或工作所需的数学及英语语言能力。这套 K-12 评估系统预期能够发挥如下作用：（1）为所有的学生顺利进入大学或工作岗位提供支持；（2）为一线教师教学提供支持；（3）开发出与《共同核心州立标准》相适应的高质量试题；（4）在评估中最大化地结合科学测量技术；（5）为学生不同水平的表现提供更好的描述。为了更清晰地了解 PARCC，下面就其形成的背景做一简要的分析。

20 世纪 60 年代以来，美国的基础教育领域进行了三次改革运动——以公平为基础的改革、择校运动以及以标准为基础的改革。其中的“标准化改革”运动始自 20 世纪 80 年代末，此后的每一届美国政府对此都十分重视，通过教育立法、颁布政策、制订学术标准等措施对基础教育改革予以推进。

在这场标准化改革运动中，最具影响力的法案是 2002 年通过的布什政府的《不让一个孩子掉队法案》（No Children Left Behind，NCLB）。该法案希望通过建立学术标准及与标准相一致的评价体系来促进公立学校的变革，通过让学生、教师和学校承担更多的责任来实现公立教育的变革。其结果是使大型标准化测验的结果在学校绩效评价系统中成为一个非常重要的指标。这样的做法也成为许多人诟病 NCLB 法案的理由，因为其评价体系存在诸多不足。这主要表现在：以提高学业成绩为根本目的，造成了应试教育现象；评估系统中的评估手

段单一，忽视了知识的建构性和学生发展的多维性；在施行过程中，各学区设置的及格标准各异，很难建立评价教育质量的统一标准。因此，进一步的改革势在必行。

有鉴于 NCLB 法案在科学评价方面的不足，奥巴马政府对新一代基础教育评价系统加大了投入力度：在资金上，奥巴马政府首先于 2009 年启动了“力争上游”（Race to the Top）计划，提供 43.5 亿美元推动中小学教育改革，采用新型的评价和标准，改革方向是“为学生进入大学和走向工作领域做好准备，并使其获得全球竞争力”。

在立法上，美国教育部于 2010 年 3 月发布了《改革蓝图——对〈初等与中等教育法〉的重新授权》(简称《改革蓝图》)，为所有学生设置了比以往更高的学术标准——“为大学和就业而准备”。《改革蓝图》强调并支持各州“开发与此标准相结合的新的评价体系，以便更好地评定学生是否获得了成功所需的技能”。这就更加细化了“力争上游”计划在评价和标准方面的改革方向。

在实施上，评价系统所依据的课程标准问题首先得到了解决。因以往各州在标准和评价方面各自为政，不利于联邦政府度量全国的基础教育状况，也不利于对不同学区实行问责制度，因此奥巴马政府极力促使各州采用统一的标准。奥巴马政府规定，申请“力争上游”资金的条件之一就是采纳共同的课程标准，所以作为各州在国会代言人的全美州长协会（NGA）和为教育提供指导的州首席教育官理事会（CCSSO）于 2010 年 6 月颁布了“共同核心州立标准”（CCSS）。至今，CCSS 已得到了美国 45 个州、4 个海外属地、哥伦比亚特区和国防教育活动部（DoDEA）的承认，标志着“美国统一全国课程标准的教育改革迈出突破性的步伐”(周琴、杨登苗，2010)。标准问题解决之后，奥巴马政府同样希望各州采用与此课程标准匹配的统一的评价工具，因此制订了“力争上游测评计划”（RTTTA)，规定 15 个以上的州可以共同申请一定资金进行新一代测评系统的开发，新的评价系统需与 CCSS 相对应。2010 年 9 月，美国教育部同意在 RTTTA 的申请项目中给予 5 个考试开发合作组织以资金支持，PARCC 即为其一。

PARCC 评价系统的开发以“共同核心州立标准”为依据，在测验设置和评价理念方面与其密切相关：在学科上，CCSS 延续了美国基础教育改革对数学和阅读的重视，所发布的两个文件分别为《共同核心州立数学标准》与《共同核心州立英语语言艺术与历史 / 社会、科学、技术学科中的读写标准》，对幼儿园至高中毕业（K-12）的学生在特定年龄阶段应该学习什么和掌握什么做出了框架性规定；在理念上，CCSS 希望能够弥补已有的全国标准和州立标准的不足，其最终目标与“力争上游”计划和《改革蓝图》相一致，即让所有学生为升学和就业做好准备，以确保美国的国际竞争力。

二、PARCC的组成及其评估系统的开发

除自身一些职能机构外，PARCC 与专业技术组织和考试机构有着广泛的合作：Achieve① 被选为 PARCC 的项目管理合作伙伴，负责定期在各参与州召集 K-12 领导小组、高等教育领袖和政策制定者讨论有关问题；美国国家数学和科学倡议会（NMSI）负责实施教育领导骨干计划（ELCs)，对各州教育工作者代表开展培训活动及其他相关项目；培生公司（Pearson）和智能平衡测量合作组织（Smarter Balanced）② 负责各州的技术需求评估；太平洋测量公司（Pacific Metrics）③ 负责技术服务架构和系统实现服务；美国教育考试服务中心（ETS）和培生公司（Pearson）负责试题的初期开发。

PARCC 计划于 2014—2015 学年期间全面实施新的测试系统，其计划进度情况参见图 1 和图 2。

---

① Achieve 是一个非营利性教育改革组织，始建于 1996 年，任务是在课程设置、教育标准制订、评估系统及教育问责系统设计等方面为各州提供技术及科研支持，以确保所有的年轻人在未来的高等教育、工作和公民生活中取得成功。参与的项目包括全美文凭项目网络（The American Diploma Project Network)，与 NGA、CCSSO 合作的《全美共同核心标准》，与美国国家科学院国家研究委员会（NRC)、全美科学教师学会（NSTA)、美国科学促进会（AAAS）合作的《下一代科学标准》等。

② Smarter Balanced 测量合作组织（Smarter Balanced Assessment Consortium，简称 Smarter Balanced)，成立于 2010 年，与 PARCC 一样，由美国教育部提供资金支持，目标是开发一套以 CCSS 为标准的测试评估系统。

③ Pacific Metrics 是一个提供全方位服务的测量技术供应商，为大型测试提供先进的基于计算机的定制化解决方案，在主观题自动评分和在线测试系统建设方面独树一帜。

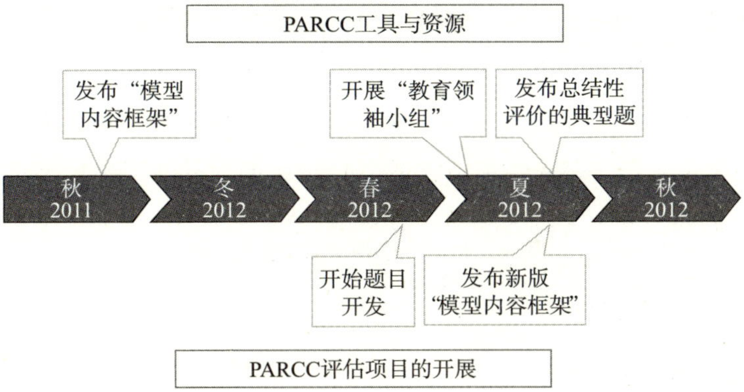

图 1　PARCC 2011—2012 年度开发进度表

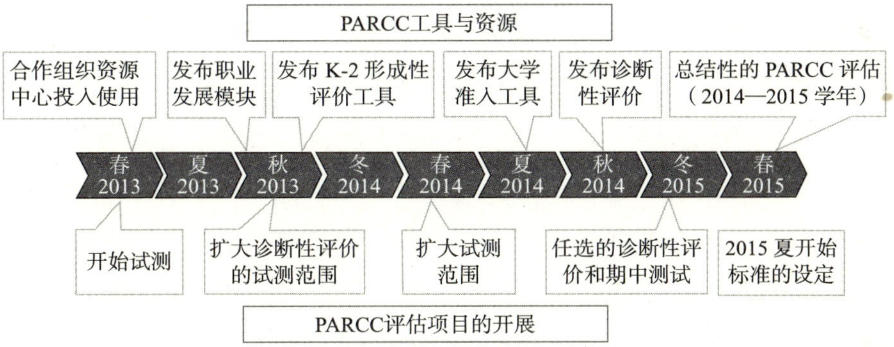

图 2　PARCC 2013—2015 年度开发进度表

(一) PARCC 评估系统的组成

按照年级区分，PARCC 评估系统包括以下几个部分：

1. K-2 形成性评价，面向幼儿园至小学二年级，采用适于测量发展性表现的评估手段，比如观察法、清单法、课堂活动法和档案袋式评估。这部分主要作为一种教师工具来使用，不属于必考项目，预计 2015 年夏季可以使用。

2. K-3 ～ K-8 评估，面向小学三年级至初中八年级，包含两个必考部分、两个选考部分和一个附加的口语、听力测验。必考部分的主要目的是通过测量《共同核心州立标准》涉及的所有方面来对学生是否达到了本年级所应达到的水平做出判定，并度量学生学业水平增长情况；选考部分的主要目的是及时为整个学年的指导提供数据支持。

3. 高中评估，面向九至十二年级，同样包含两个必考部分、两个选考部分和一个附加的口语、听力测验。

与 CCSS 相一致，PARCC 对 K-3 ～ K-11 的评估包含数学、英语语言文学两个科目，各个科目包含多个功能不同的子评估系统，并贯穿整个学年。

表 1　PARCC 评估系统的设计

施测时间	评价类型及年级	说明	
灵活	形成性评价 幼儿园～ K-1	选考 教师辅助工具	自适应测验形式，测量 CCSS 所强调的概念领域，尤其是基础技能，使用和评分方法简便，能够以易懂的语言刻画学生强弱项。
灵活	早期诊断性评价 K-2 ～ K-8	选考 用于解释学生的学业成就	自适应测验形式，用于估计学生当前的知识技能状态，方便个性化指导。
灵活	基于表现的 形成性评价 K-3 ～ K-11	选考 不用于解释学生的学业成就	测量难以考查的特质，让学生为基于表现的总结性评估做好准备，并对教师对过去的指导工作进行反馈；教师也能借助在线的评分工具进行评分，以加深对 CCSS 标准的理解，此部分有可能成为必考部分。
3/4 学年时	基于表现的终结性评价 K3 ～ K-11	必考 用于解释学生的学业成就	主要使用电脑及其他电子设备，强调通过表现性任务测量难以考查的特质，两周内给出成绩。
9/10 学年时	学年末终结性评价 K3 ～ K-11	必考 用于解释学生的学业成就	主要使用电脑，涉及多种类型的测试项目，包括使用技术性工具的题目，电脑评分，即时给分。
灵活	口语和听力附加评价 幼儿园～ K-12	必考 不用于解释学生的学业成就	属于英语语言文学测试部分，当堂施测，考试时间自由，由教师借助标准化手册进行评分，分数仅限年级内使用。

（二）PARCC 评估系统的开发

与其他测验项目不同，PARCC 首要强调对 CCSS 标准的充分理解。为保证这一点，PARCC 首先制订了基于标准的“模型内容框架”文件（Model Content Frameworks），刻画了每一年级所要重点考查的内容、能力及其在不同模块中的分布。而且其不同模块对应了 CCSS 不同方面的“转变”（所谓“转变”即 CCSS

标准相对于以往其他评估标准的变革之处)，例如，对数学来说，转变包括以下几个方面：(1) 焦点，关注每一年级水平的重点内容和重点技能；(2) 连贯性，不同年级的内容具有关联性；(3) 严格性，强调对概念的理解、对程序性技能的熟练掌握以及应用能力。对英语语言文学来说，转变包括以下几个方面：(1) 复杂性，对复杂文本和学术性语言进行常规性练习；(2) 证据，强调阅读和写作需以文本为依据，包括文学类文本和各种情报类文本；(3) 知识，强调在阅读非小说文本的基础上获得知识。

在框架的基础上，PARCC 通过评估蓝图、证据说明表格等文件对测试系统进行了更加细致的刻画：蓝图描述了评估系统的内容和结构，包括每一个评估部分中所含任务和项目的类型及数量、对应的 CCSS 标准、对应的分值；证据说明表格描述了一个测试项目或任务具体测查的知识和技能。

在题目开发阶段，PARCC 为题目编写提供了指导性文件，涵盖内容广泛而详细，对每一个题型的性质、设置原因、预期效果、对应的标准、考生反应、编写规范、语料选择等都有所说明。

在审题阶段，各州专家、教育工作者对每道题目进行了严格审阅，确保其具有较高质量，保证其与 CCSS 相一致，保证其对所有学生都是公平的。在题目编制完成后，PARCC 公布了一批典型题目，帮助测试使用者熟悉各种题型和题目风格。

2013 年夏季，PARCC 开展了第一轮试测工作，在所有参与州的范围内根据人口统计资料随机选择了一批有代表性的样本学校、样本班级，参与试测的学生需完成 1/4 的内容而不是整套测试。2014 年春季，PARCC 将扩大试测范围，发布一个与正式施测环境相同的免费在线练习平台。

这种由粗到细的开发方式保证了 PARCC 评估系统向教师、学生、测验开发者传达同样的信息，使他们都紧紧围绕《共同核心州立标准》完成自己的工作：教师按照 CCSS 指导学生，学生会取得好成绩；教师根据 PARCC 考试结果指导学生，学生就能达到 CCSS 提出的标准。

更好的标准需要更好的测量工具，如果想避免应试教育的窠臼，就要提高评估系统的质量。从 PARCC 公布的典型题来看，其题目一方面反映了 CCSS 的一些转变，如要求学生从文本中选择支持自己观点的证据；另一方面融合了新的测量技术和平台，如通过计算机交互界面设备捕捉学生复杂反应，对多步骤题目采用机器评分等，总的来说，PARCC 评估系统体现了对能力的考查，对批判性思维的重视。

在测验实施、评分和结果报告方面，PARCC 还提供便利性操作手册指导学校怎样保证测验对残疾学生、英语二语学生的公平性。同时，编写了大学入学和职业准备内容标准、特定年级和科目的表现水平描述（PLDs）等，对各年级学生在数学和英语语言文学方面应达到的要求进行了描述，并用 5 个等级水平刻画学生表现。此外，还进行了混合题型（既包括能够由机器直接打分的客观性试题，也包括建构反应类试题）的等值设计，以保证同一年级的不同套题和不同年级的试题之间结果的可比性。

三、PARCC对改进我国基础教育评价系统的启示

2010 年，我国发布了《国家中长期教育改革和发展规划纲要（2010 — 2020 年)》(以下简称《纲要》)，提出要“改进教育教学评价”的要求。从前文可以看出，PARCC 融合了最新的教育理念和评价技术，是美国最新的教育评价系统之一。通过对其产生背景、系统组成和开发过程进行分析，我们认为，它对改进我国基础教育质量评价体系具有以下启示：

1. 应建立与课程标准相配套的内容标准与学业标准（表现标准）

标准参照考试的开发首先要有作为依据的内容标准和表现标准。《共同核心州立标准》作为具有全国性质的课程标准，是 PARCC 评价系统开发的依据，PARCC 据此编写了大学入学和职业准备内容标准（CCR)、针对特定年级和科目的表现水平描述（PLDs)，分别描述了学生在英语语言文学与艺术和数学这两个方面应该具备的学术知识、技能和实践能力以及特定年级达到特定等级标准的学生在上述两个方面的表现是怎样的。

根据我国《基础教育课程改革纲要（试行)》的要求，我国现阶段施行的义务教育学科课程标准（2011 年版）和普通高中课程标准（实验）同样是考试命题的依据。如要建立一套类似 PARCC 评估系统的基础教育阶段学业成就评价体系，我们需要将课程标准转化为评价标准，即需要对内容标准和表现标准进行技术考量，然后才能开发并使用相应的考试，这样才能对考试分数做出合理解

释。然而，目前我国并没有基于课程标准的内容标准与表现标准，很多省市的学业水平考试“毫无例外地规定要用等级制来报告学生的学业水平……对学生进行分类决策的依据都是学生的百分位分数。以学生的百分位分数为依据，从本质上来说，是人比人，是以其他学生的表现为依据衡量学生的学业，这是常模参照比较。”（雷新勇，2010）因此，制订与课标相匹配的学业标准应纳入我国教育改革的调整范围之内，这样有助于测验编制和分数报告向更加科学有效的方向发展。

2. 使过程评价与结果评价充分融合

我国基础教育阶段较大型的测验有初中毕业生升学考试（简称“中考”）、中学毕业学科水平考试（简称“会考”）、高等教育入学考试（简称“高考”），其中，中考和高考都是一种选拔性考试，其分数被当作评价教育质量的主要依据，属于考试的误用。而会考要求考生达到学科最低临界标准，属于一种基础性的结果评价，不能提供更多诊断性信息。

当前，我国越来越多的教育工作者和政策执行者都认识到选拔性考试“一考定终身”的弊端，并开始了探索和尝试。如云南省取消中考制度，代之以初中学生学业水平考试制度和初中毕业生综合素质评价制度①；上海市计划以更具灵活性的高中学业水平考试取代高校自主招生笔试，并逐步取代高考②。然而，我国现阶段仍缺少融合过程评价与结果评价的大规模教育评价系统，各个学校或学区自行组织的期中、期末考试有以下几点不足之处：（1）使用范围仅限于地方，不属于全国水平的评价系统；（2）体系上缺乏连贯性，年级之间没有密切联系；（3）题目编制缺乏专业性且形式单一；（4）结果评价简单依靠各科分数，没有经过等值和量表化处理；（5）结果解释较为单一，以排名为主，缺乏个性化诊断和指导。反观 PARCC，贯穿了学前教育到高中教育，融合了诊断性评价、形成性评价和终结性评价等多种评价方式，试题编制委托高素质的专业考试团队，这些都值得我们学习和借鉴。

3. 加快专业考试机构发展，提高评估部门服务水平，提供更多支持性资源

PARCC 评估系统的开发依托了两大专业考试评价机构——美国教育考试服

---

① http://edu.ifeng.com/gundong/detail_2012_01/05/11758197_0.shtml?_from_ralated

② http://pinglun.eastday.com/p/20130902/u1a7633427.html

务中心（ETS）和培生公司（Pearson），两者与美国大学考试中心（ACT）合称美国教育和心理测量领域的三巨头。由此可知，PARCC 评估系统开发背后拥有一支高水准的专业技术团队，这就保证了测验具有较高质量。除此之外，PARCC 在支持性资源的开发和平台搭建上投入了很多精力，其目的是帮助学校、教师、学生顺利过渡到新的评价标准和评价系统上。这些资源包括：公开精选典型题目；开展“教育领导骨干计划”帮助各地教育人员熟悉 CCSS 和典型题目；为学校提供容量计划工具估计现有计算机硬件与施测要求的匹配情况；开发在线职业发展项目帮助各地教育人员、考务人员熟悉新的测试系统；提供在线大学入学准备工具帮助学生发现弱项；为教师提供诊断工具以提高指导的准确性；建立合作组织资源中心整合支持性工具。

我国目前教育评价队伍的状况是：高水平、高素质的专业评价队伍尚未建立，现有的评价队伍基本上都是由教育专家兼职组成，这无疑在很大程度上制约了我国教育评价技术的研究开发和运用。此外，从政策上来看，《纲要》指出要“完善专业考试机构功能，提高服务能力和水平”，这就为教育评价事业的发展指明了方向。因此，不论从现实需要还是国家政策要求上看，我们在新时期既需要加强专业评价机构的队伍建设工作，也需要为专业评价机构提供更多发挥其专业特长的机会，最终实现以公正、公平的标准化考试帮助学生、教师和学校获取诊断信息，谋求更好的发展的愿望。

4. 加强与高等教育系统的联系，打通人才输送渠道

PARCC 专门成立了“高等教育领导小组”，就遇到的高等教育方面的问题协调各方，并与美国大学入学咨询委员会（ACCR）密切合作，确保在评判学生大学入学标准问题上与高等教育领域的观点保持一致，从而使新一代评估系统作为预测大学生活成功的标志得到认可。同时，ACCR 也会协助 PARCC 有效开展干预项目，使更多符合大学入学标准的高中毕业生提前进入大学。

目前，我国存在基础教育与高等教育脱节的情况，“长期以来，基础教育与高等教育的衔接存在着许多问题。在应试教育的模式下，中学关心的是如何提高升学率，而大学关注的是如何招收到更多的尖子生，而对中学与大学在教育过程的衔接中究竟存在哪些问题、如何解决这些问题缺乏交流与研究”。PARCC 的做法启示我们，基础教育评价工作需要上下打通，在培养理念上与高等教育系统达

成共识，一方面可以减轻中小学生负担，另一方面可以为高等教育输送更多优秀人才。

5. 将特殊群体纳入评价系统，关注教育公平

美国的教育公平主要涉及移民、残疾学生群体和种族歧视问题，针对此，几乎每所学校都设有专门服务特殊群体的机构，如 IEP 小组①。PARCC 的特殊群体便利性和公平性操作工作组与特殊群体便利性和公平性技术工作组就是为了实现教育公平而设立的，其目的是减少试题设计和实施方面对英语二语学习者（EL）、残疾学生（SWD）和其他服务匮乏群体造成的不便和不公平因素的影响。

在我国，教育公平问题主要涉及农民工子女、残疾学生群体以及城乡教育资源差距等问题。政府和社会对此采取了很多应对措施，如健全对困难生的资助体系，放宽农民工子女在城市的入学限制，加大对农村教育的投入，提出对残疾学生实行从学前至高中的免费教育等。尽管教育公平问题已越来越受到广泛关注，但由于出台的一些政策缺乏强制性和约束力，服务匮乏群体的受教育状况仍未得到根本改善。另外，就我国教育评价考试的开发而言，其过程中也存在一些不公平现象，如对城乡学生采用了统一的评判标准，对残疾学生的不便性没有给予充分考虑，对农村学校没有实行统一的学业水平监测等。因此，我国基础教育评价部门还需在力所能及的范围内为解决教育公平问题做出自己的努力。

参考文献

[1] 曹德卿，彭恒利．美国基础教育评价系统 PARCC 对改进我国教育评价体系的启示 [J]．考试研究，2014（3）：52-59．

[2] 崔允漷，夏雪梅．试论基于课程标准的学生学业成就评价 [J]．课程 • 教材 • 教法，2007（1）：13-18．

[3] 凡细珍．增值理念下的新疆双语教学质量评价——以小学五年级汉语学科教学质量评价为例 [D]．北京：北京语言大学硕士学位论文，2013．

[4] 凡细珍，任杰．增值理念下的新疆双语教学质量评价——对小学五年级汉语

① 美国《残疾人教育法》将“IEP 小组”定义为负责为残疾学生制订、审阅及修改个别教育方案（Individualized Education Program）的一组人。

学科的实证研究 [J]. 中国考试，2013（10）：17-23.
[5] 勾月，单中惠. 从《改革蓝图》透析奥巴马政府的基础教育公平政策 [J]. 全球教育展望，2011（1）：73-78.
[6] 孔凡哲. 关注教育评价技术的研究 [J]. 教育测量与评价，2009（6）：卷首.
[7] 雷新勇. 我国学业水平考试的基本问题及反思 [J]. 教育测量与评价（理论版），2010（1）：4-14.
[8] 刘尧. 我国基础教育评价的回顾与反思 [J]. 教育测量与评价（理论版），2008（1）：9-13.
[9] 田迅. 基础教育课程评价改革十年研究 [D]. 长沙：湖南师范大学硕士学位论文，2011.
[10] 王彬，郭朝红. 关于基础教育创新人才培养中评价的思考 [J]. 考试研究，2011（4）：61-67.
[11] 王烨晖，边玉芳，辛涛. 垂直等值的应用及最新发展述评 [J]. 心理学探新，2011（5）：472-476.
[12] 辛涛，李珍，姜宇，崇伟峰. 美国教育标准化改革现状及其启示 [J]. 清华大学教育研究，2011（6）：69-75.
[13] 严隽琪. 推进基础教育评价制度改革 [N]. 人民日报，2013-5-29（20）.
[14] 叶萌，辛涛. 矩阵设计的垂直量尺化在大规模测验中的应用 [C]. 南昌：第十届海峡两岸心理与教育测量学术研讨会——暨全国教育与心理测量学术年会文集，2012：125.
[15] 袁硕，彭恒利. 新疆学业水平质量监测汉语试卷的纵向量表化实证研究 [J]. 中国考试，2014（7）：3-8.
[16] 张布和. 我国学业成就评价改革现状及对策 [J]. 教育学文摘，2009（4）：50-53.
[17] 张莉. 基于课程改革基础上的对教育评价的探讨 [J]. 文教资料，2013（8）：98-103.
[18] 张琳琳. 对美国“力争上游”基础教育改革计划的理性反思 [J]. 中国电力教育，2012（9）：8-12.
[19] 张向众. 基础教育改革中的评价改革问题及析因 [J]. 教育科学研究，2010（5）：29-31.

[20] 周琴，杨登苗．为升学和就业做准备：美国“共同核心州立标准”述评 [J]．比较教育研究，2010（12）：13-17．

[21] 周迅，刘茜．基础教育与高等教育衔接势在必行 [EB/02] [2001-10-7] gmw. Cn / o/8mrb/2001-10/08/05-6 ED6D90175DA133048256AD008OEBC 6.htm

[22] Andrews K M．*The effects of scaling design and scaling method on the primary score scale associated with a multi-level achievement test*[D]．University of Iowa，1995．

[23] Briggs D C，Weeks J P．The impact of vertical scaling decisions on growth interpretations[J]．*Educational Measurement*：*Issues and Practice*，2009（28.4）：3-14．

[24] Dorans N J，Holland P W，Brennan R L，et al．*Educational measurement*：*Fourth Edition* [M]．New York：Praeger Publishers Inc，2006．

[25] Kolen M J，Brennan R L．*Test equating*，*linking*，*and scaling*：*Methods and practices* [M]．New York: Springer - Verlag, 2004.

[26] Ito K，Sykes R C，Yao L．Concurrent and separate grade-groups linking procedures for vertical scaling[J]．*Applied Measurement in Education*，2008（21.3）：187-206．

后　记

键盘上敲下最后一行字后，压在心头多日的石头终于落了地，释然的感觉油然而生。窗外“吼”了一天的排风扇也累了，悄无声息地停了，夜很静。松弛的身体感到了疲惫，内心却难以平静。想着半年多来每日伴着星星而归，思绪万千。

记得一次和学生聊天儿时说过，一个人的职业选择有很大的偶然性，学什么不一定非要去做什么，关键是要找到快乐。学什么有偶然性，干什么可能可以选择，但更多的是要看机遇。以自己为例，毕业分配来北语是偶然，从事测量工作也是偶然。在大学读书期间就给自己的未来定了位：不是做学问的人，是个做事的人。做学问是需要悟性和韧劲儿的，心沉不下来，没有坐冷板凳的定力，是做不出学问来的。而且，要想做真学问，一定要有忍受孤独、享受孤独、甘于寂寞的心。李青兄说我做事心细、踏实，适合干一些具体的实事。因此，在大学毕业选择职业方向时，我第一自愿就填了编辑，希望做个幕后的人，“为人作嫁衣”，从没想过去研究学问。来北语后先在组织部干了两年，当了“组织部新来的年轻人”；后又迈进了测试的门槛，一猛子扎了进去，时至今日已干了整整 26 年，算起来也应该是个老考试人了吧。十多年的考务工作，足迹遍及十多个国家，20 多个省市。想当年，曾在卢浮宫里徜徉，也曾在尼亚加拉瀑布下穿行；曾在圣彼得堡无人的街上感受白昼，也曾在飞往雅加达的空中上下颠簸。2001 年加入 MHK 的研发团队，15 年中，曾在泸沽湖畔目睹浪漫，也曾在文成公主入藏的途中经历缺氧；曾在呼伦贝尔的大草原上潇洒地和博克高手过招，也曾在吐鲁番回乌鲁木齐的途中被 14 级狂风围困 9 个小时……当年闻不得羊肉味、滴酒不沾的腼腆小伙儿，如今已两鬓染霜。激动的时候也可以手拿着大块的手把肉，端着酒杯，借着几分豪情，用五音不全的粗嗓吼着：酒喝干，再斟满，今夜不醉不还。血液里多了几分豪情，多了几分洒脱。

编写的初衷，有应俗的成分，更多还是想趁着自己的记性还好，把 MHK 的那些事、那些人都记下来，免得给后人留下一笔糊涂账。如果非要说点儿有学术味的话，那就是给自己近些年的研究做个阶段性的回溯。十多年来，除民族汉考外，自己的精力和兴趣主要在公务员录用考试、考试安全以及主观性试题的评测上，在这些方面做了一些工作，也有了一些思考，系统地梳理一下也可为今后的研究提供一些思路和借鉴。

本书的框架是基于以上的考虑搭建起来的：第一部分为民族汉考研究，通过研发背景、总体设计、试题质量控制、施测与评分、篇章与话语分析、研究进展与未来展望六个章节，把自己这些年在民族汉考方面的工作体会和思考做了个小结。其中的大部分是这次利用资料重写的，个别章节是在已发表的论文基础上按照结构的需要改写的。从结构上看，有背景介绍和未来展望，也有研究重点，这样读起来系统性会更好一些。第二部分是教育测量理论的应用研究，围绕主观性试题的评阅和等值、公务员录用考试研究、考试研发与考试安全、基础教育评价研究四个主题，报告了自己这些年所涉猎的研究领域和思考的重心。这部分的内容以十篇论文（九篇已发表，一篇为新作，其中七篇是独作或第一作者，另外三篇是和学生合著，为第二作者）为蓝本，分主题重新进行了改写。

以上从事的维度勾勒了全书的框架。写这本书还有一个重要的目的，是想通过事的梳理记录下那些曾经为民族汉考研发和推广做出贡献的人。民族汉考的研发和推广是一个系统工程，不同的人在不同的岗位为民族汉考的发展流过汗、出过力，奉献过智慧。希望历史能铭记每一个为民族汉考付出的人。

按时间顺序，曾经在课题组工作过的研究人员有：谢小庆、刘士勤、鲁新民、王晓丽、李桂梅、宋绍周、姜德梧、张晋军、朝格巴依尔、孔娜，还有于萌、董祥旻、杨翊、李蕊四位同学做过短期的项目助理。这些同志、同学或因年龄原因离职退休，或因工作调动、求学等离开。我想，在回首往事时，他们一定不会忘记自己曾经在民族汉考课题组工作过，自己曾经为少数民族地区的繁荣和发展付出过。目前还在民族汉考工作岗位上为这项事业默默奉献的四位同事是：任杰、朱宏一、孔祥、刘慧。

一项事业的成功总是需要有人进行宏观上的顶层设计和总体谋划，承担这一历史重任的是教育部民族教育司阿尔宾达来、张强、沙玛加甲、赵卫等同志。再好的政策，如没有地方的贯彻执行，全力配合，也只能流于形式。把民族汉考事业落在实处，上下协调、奔波的是有关省区的民教处处长，他们是，吉林的黄崇植、青海的雅拉毛、四川的沈成军、内蒙古的杨惠良、新疆的戴翔等同志。正是由于这些领导同志的齐心协力，相互配合，才营造了民族汉考的一片蓝天。

新疆是民族教育的重镇，也是HSK、MHK考生人数最多的地区。20年前，张贵亭、李儒忠同志高屋建瓴，以高超的政治智慧和强烈的社会责任感力排众议，引进了HSK，指挥了这场提高民族教育质量的攻坚战。20年间，从HSK到MHK，有观察，有思考，有实效，也有争议，更多的还是理念的更新和视野的开阔。这期间，李儒忠教授退而不休，常常深入基层，倾听百姓呼声，不为成绩或繁荣所惑，着眼未来，冷静观察，深入思考，笔耕不辍，分析现象背后的深层问题，为民族间的未来和谐发展殚思竭虑。如果说，20年前展现的是他作为领导干部的敏锐和果敢，那么现在则是体现了他作为知识分子的良知、担当和家国情怀。当然，新疆HSK、MHK的推广还离不开负责具体事务的同志的日夜辛劳，鞠文雁、王晓琴等同志20年的坚守，从寒冬到酷暑，倾心竭力，辛勤耕耘，她们的工作看似平常、琐碎，却功在千秋。

为民族汉考做过贡献的人还有许多，教育部考试中心、北京语言大学出版社、人民教育出版社以及各位审题专家、教研部门的同志都为此奉献过力量和智慧，一一道来，难免会挂一漏万，在此仅表达我个人的敬佩和谢意，各位辛苦了！

在这里，有一个人需要浓重着墨，他就是阿尔宾达来同志。达司长是MHK项目的奠基人，他为少数民族的教育事业操劳了一生。达司长是成吉思汗的直系后裔，但他平易近人，为人忠厚，做事坦荡，在少数民族教育领域有极高的威望。很可惜，在该享受天伦之乐的时候，他却离我们而去。每当想起十多年前去锡林郭勒盟试测，他为不吃羊肉不喝酒的我特意点的鸡肉、特意挡的酒，我的眼泪就禁不住要流下来。此刻，我只能在这儿默默地为他祈祷：愿远在天国的达司长一切安好！

有缘和谢小庆老师相识是我这一生的荣幸。至今还记得和谢老师的第一次会面，那天他戴了一顶鸭舌帽，正从楼下走向老主楼的办公室，楼层里回响着他快步上楼留下的“咚咚”的脚步声。那时的他40刚过，活力四射。谢老师是我的学术领路人，认识他之前，我主要从事考务管理工作，整天忙于事务，无暇思考学术。2001年，我加入了民族汉考课题组，人生职涯从此发生了重大转变，工作重心也由考务转到了命题。从那以后，我的视野由民族汉考扩展到了公务员录用考试、职业汉语能力测试、国际汉语教师能力认定考试、汉字应用水平测试等领域。如果说这些年在考试领域小有收获的话，那都与谢老师无私的提携分不开。至今，以我为主出的三本书，都是谢老师写的序，肯定和鼓励溢于言表。转眼认识谢老师已经20多年，共事也20多年，这期间我从谢老师身上学到了很多，他的勤奋、热情、单纯和达观深深地感染着我，影响着我。在谢老师60岁生日的纪念册上，我写下了这样的两句话："亦师亦友，风雨同舟二十载；同心同德，自由飞翔四十年。"前一句是对我们20多年共事经历的真实写照，后一句表达了我的期盼。在当今社会，风雨同舟二十载不易，没有彼此的信任是做不到的；自由飞翔四十年更难，但心向往之。

2007年，为了提携我，谢老师提议我和他合带学生，从此我走进了导师的行列。最初两年给谢老师当助手，扮演着"帮厨"的角色，积累了指导学生的经验。两年之后独立"掌勺"，几年下来，慢慢地也有了心得。教学相长是我带学生的最深体会，也是自己近几年最大的收获，书中就有几篇和学生一起写的文章。他们带给我压力，也给了我动力。记得有一天和学生的家长沟通选导师的问题，我说，学生一般会选有名的导师，我虽然没名，但我会做一个负责任的导师。这样做要求很高，也很累，我会尽力而为。这些年，自己是这么说的，也是这么做的，尽管也有遗憾，但问心无愧。我也很庆幸，像谢老师说的那样，运气非常好，碰到的都是好学生。八年来，学生们带给我很多快乐和成就感，也给予我许多帮助。书稿的参考文献部分是曹德卿、张丽、张秀秀帮助整理的，为我减少了不小的工作量，谢谢你们！

能写出这本书还要感谢中科院自动化所和科大讯飞公司的几位博士，他们是王卓、王士进、柯登峰，是他们拓展了我的研究领域，给我的研究带来了启发和灵感。

最后，还要感谢我的家人。特别要感谢80多岁的老母亲、待己如母的姐姐以及妻子和女儿，感谢她们的理解和宽容。这些年忙于工作，对老母亲和姐姐疏于问候，对女儿的关心不够，家务事也多是妻子包办。对她们我心有愧疚，希望闲暇的时候能好好地回报她们。

因有当编辑的愿望，一直对编辑充满敬意。这些年和北京语言大学出版社的合作很多，每次合作都非常愉快。特别是和双语部的合作更是信任无间，各位编辑给予我很多鼓励，我的第一本书就是在他们的策划和鼓励下完成的。这次，他们又给予我充分的理解和包容，给我提供了宽松的写作时间，把更多的辛苦和疲劳留给了自己。张程、金季涛、潘虎、王静、吴清，衷心地感谢你们！本书能顺利付梓还得到张健总编辑、赵中平书记的大力支持，在此一并感谢！

转眼已过50，到了知天命的年龄。一日，看到一位同龄人发的微信，一向“潜水”很少出来“冒泡”的我少见地回了两个字：同感。微信这样写道：“到了现在这个年纪，跟谁在一起舒服就和谁在一起，包括朋友、亲人也是，累了就躲远一点儿。取悦别人远不如快乐自己！

苏岑说，

宁可孤独，也不违心；

宁可抱憾，也不将就。

能入我心者，我待以君王；

不入我心者，不屑以敷衍。

往事浓淡，色如清，已轻。

经年悲喜，静如镜，已静。

指缝太宽，时光太瘦，一辈子真的很短……

若懂，请惜！

不懂，无语……”

说得极是！都这把年纪了，也该任性一次了。

未来会怎样？世界变化太快，想了也是白想。至少，接下来该做些什么，能做些什么还是大致清楚的。作为一名教育测量的工作者，能为身在边疆牧区的少数民族同胞做点儿实实在在的事，是责任也是福气。不求功在千秋，只愿润物无声。算起来，自己应该是北语目前去新疆次数最多的人，前后已近40次，过几天又要背起行囊远赴新疆。诗人汪国真《热爱生命》中的几行诗句正映此时心境：

我不去想是否能够成功，

既然选择了远方，

便只顾风雨兼程。

……

2015年5月10日晚写于

北语综合楼1208室